民國歷史與文化研究

初 編

第 **4** 冊

政制轉型與山西政治秩序重構研究
（1911～1928）（下）

張文俊 著

花木蘭文化出版社

國家圖書館出版品預行編目資料

政制轉型與山西政治秩序重構研究（1911～1928）（下）／張文
俊 著 — 初版 — 新北市：花木蘭文化出版社，2015〔民 104〕
目 4+200 面；19×26 公分
（民國歷史與文化研究 初編；第 4 冊）
ISBN 978-986-404-142-8（精裝）
1. 地方政治 2. 民國史 3. 山西省
628.08   103027657

ISBN-978-986-404-142-8

民國歷史與文化研究
初 編 第 四 冊   ISBN：978-986-404-142-8

政制轉型與山西政治秩序重構研究（1911～1928）（下）

作　　者	張文俊
總 編 輯	杜潔祥
副總編輯	楊嘉樂
編　　輯	許郁翎
出　　版	花木蘭文化出版社
社　　長	高小娟
聯絡地址	235 新北市中和區中安街七二號十三樓
	電話：02-2923-1455／傳真：02-2923-1452
網　　址	http://www.huamulan.tw 信箱 hml 810518@gmail.com
印　　刷	普羅文化出版廣告事業
初　　版	2015 年 3 月
定　　價	初編 32 冊（精裝）台幣 56,000 元

政制轉型與山西政治秩序重構研究

（1911～1928）（下）

張文俊　著

目
次

第三章 軍主紳輔：軍紳政權的 實踐表達

第一節 地方意識與政治區域化：「用民政治」的創設

一、村政思想的文本建構

　　民國時期閻錫山在山西推行的村制影響深遠，村制中獨特的地方治理使山西的政治在當時具有典型意義。這種村制的「典型性」是閻錫山施政理念的具體表現。閻之所以能夠產生村政思想，並對晉省展開自治，其有四方面的原因：

　　一是山西自庚子之亂與辛亥革命後，商人失業，正貨短缺，金融閉塞，現金缺乏，紙幣增多，生產者少而食者眾，昔日富者變貧而貧者愈貧，賦稅難以徵收，財政拮据。民國鼎造後，喪亂迭經，地方雖有政府，僅能以維持現狀爲盡職。對保育政策和國民經濟之所在卻不知其重要，或將其視爲無關緊要，或明知其重要卻姑從緩議。共和雖已踐行，然民力毫無進步。〔註1〕

　　二是閻錫山早年留學日本，正值日本明治維新時期，日本社會與政治的振興氣象，以及崇拜軍人的精神，給閻留有深刻印象，對閻建設山西，提倡「軍國主義」，有著深遠影響。〔註2〕

〔註 1〕《民國閻伯川先生錫山年譜長編初稿》（一），第 242～243 頁。
〔註 2〕同上書，第 145 頁。

　　三是閻錫山除受西學與世界趨新潮流影響外，他還深諳中國傳統文化之經義，認為「蓋政治修明，政教合一，人心之仁愛及公道，大為啟發，則舉凡社會家庭缺陷，足為人生之痛苦者，一切剷除淨盡，百姓目之所見者，無非德化，反不識德化為何物。允執厥中，帝帝相傳，『中』字為吾國歷史之精神，亦即吾國文化之樞紐，即豎之道也。然豎非橫不高，中非平不安。以歷史言，中統平也；以文化言，平發中也」，〔註3〕並勸導官吏要「識中、執中、用中」，〔註4〕以「中」的哲學指導其施政。而閻的幕友趙戴文又篤於孟子學術思想，對井田學校置產明倫的學理和制度都能融會變通，拿來就可應用。閻、趙兩人把全部精神擱到民眾身上，從治晉自始，即實行保境安民，注意建設事業。〔註5〕

　　最後一點，筆者以為閻錫山實行自治的關鍵要素是其時國家權力斷層，中央權威弱化，政治地方化凸現，此為晉省的地方治理創造了條件，從而使閻能夠將自己的施政理念與政治構想付諸實踐，並借用傳統文化教義，獲得民眾對其建設事宜的信賴與支持，從而在無意識中推動了山西的現代化進程。

　　民國初期時值自治思潮在中國勃興，〔註6〕然因軍事紛爭不斷，自治在國內見諸實施者較少。閻錫山自1917年兼任晉省民政長後，掌控了晉省軍政大權，開始討論晉省施政方針，將「用民政治」作為他政治建設的基本思路，並將其要義歸納為兩個方面，其一是「用民」；其二是「適時」。閻以為「我國後世政治止求安民，不求用民，其善者無事不擾為主，其不善者則與民為敵，愚之柔之。故其民知依人而不知自立，知保守而不知進取，知愛身家而不知愛群。以此為國，是曰無人非無人焉，無有用之人焉。如是則用民政治者反乎安民之政治。」「用民政治為新政治，反乎新者則為舊，所謂舊也新也，非美與惡之分，乃適與不適之分也。」「用政治而不適，則必亡其國家。鄙人之用民政治亦在求其適而已。如是則用民政治者，又適時之政治也。」〔註7〕

〔註3〕　《民國閻伯川先生錫山年譜長編初稿》（一），第388～389頁。

〔註4〕　同上書，第322頁。

〔註5〕　悝吾：《民運與村治》，《村治月刊》第一卷，1929年第1期。

〔註6〕　中國地方自治試行於清季，當時所頒之地方制度為府、廳、州、縣以及城鎮鄉制度。民國初年暫仍其舊，1913年政府解散各縣自治會，而地方自治遂寂然無聞。1914年公佈地方試行自治條例，所規定者側重於鄉自治，非完全之地方自治制度。參見周成：《山西地方自治綱要》，上海泰冬圖書局1929年，第1頁。

〔註7〕　山西政書編輯處：《山西現行政治綱要》，大國民印刷廠1921年，第5頁。

「民德、民智、民財三者皆用民政治之實質也。民無德則為頑民，其弊則野蠻不化。民無智則為愚民，其弊則椎魯劣鈍。民無財則為貧民，其弊則救死不贍。故欲去其弊而群趨之於自用之途，必須先從此三者著手，然後能用之而有效。至此三者之細目，則民德所應注意者為信、實、進取、愛群。民智所應注意者為國民教育、職業教育、人才教育、社會教育各項。民財所應注意者為農、工、商、礦四項。」〔註8〕山西為研究政治適於「用民」之目的，特組織一政治研究會，指定省垣各官廳機關人員以及延請士紳為會員共同討論，以促用民政治之進行。〔註9〕閻不僅從理論層面對「用民政治」做了探討，還以圖表的形式對「用民政治」的具體內容做了說明。〔註10〕

　　從「用民政治」的具體內容看，其理論體系十分完備，它涵蓋了經濟、教育、社會改造、意識形態教化等方面，是一套完整的施政理論體系。這一體系的提出，說明閻錫山與其它省份一些地方軍事實力派是不同的，他有著自己治晉的獨特理念，同時也表明閻對山西的治理規劃是相當認真和完美的。閻認為「用民政治計劃之實現必須有精神以貫注之」。貫徹的精神要旨為：「一為官吏必須有責任心，是為職務神聖；一為社會必須有健全之輿論，予以鼓勵與監察。」〔註11〕

　　在「用民政治」指導思想下，閻錫山又提出了「村本政治」理論，著力提高人民程度，認為參加政治是先進國的先例，但是中國情形與各國不同，等不到把人民的程度提高以後再令其參加政治，所以必須將政治放在民間，即放在村，以村為單位，知事容易整理。同時閻還認為政治的目的在於美滿人類生活，增進人類福利。村是政治效用的表現處、政治文化的胚胎地、政治收穫的儲藏室、政治機能的培植所。綜合來說，村是政治事項的實行處，也就是政治福利的享受者，捨棄村而言政理是「玄虛」，捨村而言政事是「畫餅」。因為村為群生的最小單位，村以上是村的集合體，村以下不夠一個健全的群生機構，所以他主張將政治放在鄉村。〔註12〕那麼，為何要在鄉村講政治呢？閻認為政治是保障安全生活的有效辦法，生活是政治所由以形成的母

〔註8〕　山西政書編輯處：《山西現行政治綱要》，大國民印刷廠1921年，第7～8頁。
〔註9〕　陳希周：《山西調查記》（上卷），南京共和書局1923年，第8頁。
〔註10〕　參見《民國閻伯川先生錫山年譜長編初稿》（一），第260～268頁。
〔註11〕　同上書，第269頁。
〔註12〕　《閻錫山與縣基能的村本政治》（緒言），第二戰區幹部暑期進步討論會1941年再版，第1頁。

體，所以政治與生活應當打成一片。在生活之中建設政治；在政治支配之下求謀生活。這樣做，才能互相推進。實施村政組織，亦必須從這一方面著手，才能收得規範村民行爲的實際功效。〔註13〕

所謂「村本政治者，即以一村爲有組織有機的活體，方能實行。然最大障礙，則爲現行的法律，舊日的政治，含有官吏萬能，國家有專利的性質，若人民一過問，便爲違法，與今日政治大相衝突，深感困難，所以決定不用法律治人，不再經過法律的拘束，只須辦理村禁約、息訟會、保衛團等三事，即可將此困難解決，以後惟注重於人心的政策。」〔註14〕此外，閻以爲「村者人民聚集之所也，爲政不達諸村，則政乃粉飾，自治不本於村，則治無根蒂，捨村而言政治，終非徹底之論也。」〔註15〕土地與人民組成了最基本的政治單位「村」，而「村以下之家族主義失之狹，村以上之地方團體失之泛」，因此，村既是人群共同關係的根據，亦是他們切身生活的根據，是行政之根本。基於此，閻錫山爲達其社會控制的目的，首先以官制領村制，踐行村本主義，編行村制，〔註16〕劃定村界，每一編村設村長副，每25家設閭長，後又每 5 家添設鄰長，辦理官廳委託與自治事宜，如普及教育、整興戶口、編查人事與興利除弊等。在村制稍有成就後，閻開始籌劃村制的第二步，圍繞「做好人〔註17〕有飯吃」展開，期望人民以「主張公道熱心愛群」八字鼓勵

〔註13〕《閻伯川先生言論輯要》（第7冊），晉新書社代印，出版年不詳，第56頁。
〔註14〕《晨報》1922年11月7日，第6版。
〔註15〕《山西村政彙編》（序言），沈雲龍：《近代中國史料叢刊》第1編第98輯，臺北文海出版社1973年，第1頁。
〔註16〕晉省各縣村制簡章主要分爲：總綱、編制、村長副資格及選任、村長副職務及獎懲、費用與附則，共二十三條。參見《山西村政彙編》，出自於《近代中國史料叢刊》第1編第98輯。
〔註17〕閻錫山心目中的「好人」到底是一種什麼樣的人？根據閻錫山在《人民須知》民德篇中的勸導，可知閻對好人的基本要求是要講「信、實、進取、愛群」，「信」就是不欺騙人，獲得他人對其的信任；「實」爲不論辦什麼事，都要實實在在的；「進取呢就是不論甚事總要越做越好的意思」；「愛群」就是人和人要互相親愛，凡遇人有困難時要扶助他，遇人有危急時要搭救他，遇人做壞事時要勸誡他，若是親戚朋友就要干涉他，這才能達到真正的愛群。參見《人民須知》，山西六政考覈處1919年印行。好人應負的責任，「就是要愛人，要主張公道，要熱心辦事，要干涉壞人。把這四樣完全做到，才算盡了好人的責任！從前所說的好人，只是自己不作壞事就完了，並無熱心辦事及干涉壞人的習慣。每遇著一件事，壞人先去辦：每商量一件事，壞人先說話。壞人掌了權柄，不但不會辦好事，還要借著好的名兒，做些壞事：如庇護吸煙、

社會；在官吏方面，推行「己所不欲勿施於人之政，庶幾用眾治眾，共濟成功，以情推情，無心成威」之目標；在民眾方面，使村制組織完全成為一有機活體，凡村中所能自了之事，即獲有自了之權，將「好人」團結起來，社會穩定足以自治，遇變亦足以自防。〔註18〕

　　為實現以上對於官與民兩方面之要求，閻錫山將「村治」與「治村」相結合，以官勸導為主以民自覺為輔，以達到「治民」與「民治」的奇效。正如其所言「你們要知道，我所抱的政治主張全在民治二字上立足。民治就是人民自己治理自己的意思。」〔註19〕村民會議是「全民政治之基礎，平民政治之雛形」，「凡村中興利除弊之事，即由該會議決，交村長副執行，以完成全民政治。」「藉此練習民權，喚起民眾，實為無上良好機會。」〔註20〕「村禁約，村憲法也；村公所，村行政也；息訟會〔註21〕，村司法也；保衛團，村武力也。試行此種種者，即民治之練習也」。〔註22〕「官」在此過程中只起引導作用，而「民」之政治參與程度的提高是最終目的，進而將長期以來「以官為主，民受治於官，民無權而官有權」的政治表達顛倒過來，變為「以民為主，官為民而設、為民辦事」的民權社會。如閻錫山在一次對訓政學院學員講話中進一步明確「官」的政治行為，「保障社會的公道，鞏固人民的幸福就是國家設官的唯一目的。」〔註23〕政治「純粹以百姓之能否感受利益為斷，並要清楚民間疾苦與人民心理。」〔註24〕所以閻每到一地都告誡他的官吏作一個好官要堅持「百姓的苦樂利病，就是自己的；反之，百姓的休戚榮瘁也

賭博、竊盜的壞人。留下此惡根子，不論誰的兒子，都要被引誘壞，大家也一定不能安生。到這時候，好人才埋怨事情沒有辦好；其實都是好人不盡責任的緣故！現在，好人應該抖起精神，除去舊日不管事、不說話的習慣，不惟自己不作壞事，還要能主張公道，敢收拾壞人。無論哪裏，好人總比壞人多。好人氣勝，壞人自然退縮。村中沒有壞人，自然沒有壞事，不管誰家兒子，都不會學壞，大家也就都能安生了。」參見《民國閻伯川先生錫山年譜長編初稿》（一），第304～305頁。

〔註18〕《近代中國史料叢刊》第1編第98輯，第3～4頁。

〔註19〕《閻伯川先生言論輯要》第3冊，晉新書社代印，出版年不詳，第11頁。

〔註20〕《閻伯川先生言論輯要》第2冊，晉新書社代印，出版年不詳，第48～54頁。

〔註21〕《山西村制簡章三種》，《民國日報》1927年9月1日，第3張第1版。

〔註22〕《閻伯川先生言論輯要》第2冊，第49頁。

〔註23〕《閻伯川先生言論輯要》第3冊，第82頁。

〔註24〕《閻伯川先生言論輯要》第3冊，第60頁。

是自己的。餘無他法，只有對自己的孩子處處設身處地以觀，則愛百姓的心自不覺流露於無形」〔註 25〕從這一認識出發，閻錫山特別強調村本政治重點在閭，閭長為大家辦事，必須「主張公道，辦事省錢」。〔註 26〕

「村本政治」的實質即以村為施行政治之單位，在原有村舊制的基礎上進行改補，開創一個區別於晚清保甲制下的鄉村秩序，以加強權力相對真空的鄉村控制。「村」係指編村而言，凡滿百戶之村莊或聯合數村在百戶以上者即劃為一編村，如不滿百戶之村莊，因有特別情形不便聯合他村者，亦得自成一編村，並將編村編為號數，擇定距離適中，戶口最多之村為主村，其餘聯合小村皆稱為附村，合為一編村團體以自治，其各縣城關街之商戶，以及鄉村零星小商均依照鄉村編制簡章之規定分編閭鄰，以期劃一，便於施政。閻錫山覺得「村能編好，行政乃有條理」，「民治云者，即人民有施政活體組織之。換言之，若人民無此組織非特政治上如同無串之錢，散漫無紀，即以人民而論，弱受強欺，愚受智詐，寡受眾暴」，〔註 27〕並對村、閭、鄰長的選任做了專門規定。〔註 28〕為實現「村本政治」的構想，閻主張在村中舉辦五事：

一是整理村範，村範指的是村政實行時期使村中無不良分子、無失學兒童，對不良分子與其懲罰於犯罪之後，不如感化於未犯罪之前，達到凡有不良嫌疑人對其規範的效果，而不使其發生過錯。整理村範目標是改造社會不良分子和消除失學兒童。為積極改造不良分子，閻錫山將不良分子不端行為做了具體規定，歸納為 9 項：1、販賣金丹洋煙者；2、吸食金丹洋煙者；3、窩娼者；4、窩賭及賭博者；5、竊盜者；6、平素好與人鬥毆及持刀行兇者；7、壯年男子游手好閒者；8、家庭有殘忍情形者；9、忤逆不孝者。針對這些不良行為，制定出整理村範的大概方法：首應沿村宣傳、調查，使村民按戶檢舉，並給予處分，以悔過自新為主，既不犯罪又不罰金，取保監視從而加以儆戒。對於游民的改造，是促其從業或給予介紹職業。對於嗜好煙者則給以良藥，並由各村設立戒煙會，一律入會調驗戒除。此外，對於無故失學兒童則勸令入學，而對於因學校不便的失學兒童，則增設學校或循環教授，對

〔註 25〕《閻伯川先生言論輯要》第 3 冊，第 23 頁。

〔註 26〕《民國閻伯川先生錫山年譜長編初稿》（一），第 388 頁。

〔註 27〕刑振基：《山西村政綱要》（總論），晉新書社 1929 年，第 1～3 頁。

〔註 28〕參見《山西村閭鄰長選任簡章》，《民國日報》1927 年 8 月 31 日，第 2 張第 1 版。

於因貧失學兒童則免收學費，並補助課本，對於極貧困兒童則酌量免學。除整理村範外，解決村以外的市範與此方法略同。〔註29〕

二是召開村民會議，主張村民參政。閻錫山認為，村民者村之主人也。一村之權應歸一村之民，一村之民應參與一村之政。代議畢竟是後起之制，如果將其施行於村落，則不宜人心有公道存在。何況村民文化程度不足，但社會改造又必須人民全體覺悟才能進行。村民覺悟的起點在哪裏呢？村會才是其覺悟之路。舊日村制雖有村閭鄰長 55 萬餘人，究屬少數，欲使全民練習參政能力，非實行村民會議不可。而且晉省鄉社遺風，遇事即多公開商辦。村政只有在此基礎上擴充辦理。村民會議章程〔註30〕由村自定，暫依習慣而行，不以成文法約束，但仍須參酌編訂。〔註31〕村民會議的職權共為 8 項：1、選舉村長副、村監察委員、息訟會公斷員；2、省縣法令規定應議事項；3、行政官廳交議事項；4、村監察委員會提交事項；5、議訂及修改村禁約及其它村規事項；6、村長副請議事項；7、本村興利除弊事項；8、村民 20 人以上提議事項。〔註32〕

三是制定村禁約，使禁約與村範相輔而行，以村範開其先，以禁約善其後，進而使村本政治持久維繫。然因晉省民風敦厚，鄉約社規已久，故習慣禁約仍有效，用村中多數善良人群共管少數壞人，達到壞人畏懼與社會制裁力日見甚少的目標。此等辦法既可彌補法官檢察所的不及，又可節省警察添設繁費。禁約最好由村民會議制定，成為全村共守信條，不能由少數代表專斷。禁約內容仍按各村習慣自行規定，大致將消極方面事項列舉禁止，如女子不准纏足、樹木不准毀損之類，「違約有罰，情順理安」為村約核心辦法。〔註33〕

四是成立息訟會。針對民間訟事費錢失時、興仇結怨、流毒無窮的弊端，閻錫山主張設立息訟會，便民厚俗，以救爭訟之凶，且令人民有練習評判機會，有主張公道之事權，以使人心公是公非，土棍劣紳不敢隨意播弄。並規定村長兼充會長，另由村人公推公斷人 4 名或 6 名，爭執事件方均願請公斷者得以和解，其不願公斷與不服公斷者，仍聽自由起訴，不得有強制人民之

〔註29〕《近代中國史料叢刊》第 1 編第 98 輯，第 4～5 頁。
〔註30〕參見《山西村制簡章三種》，《民國日報》1927 年 9 月 1 日，第 3 張第 1 版。
〔註31〕《近代中國史料叢刊》第 1 編第 98 輯，第 5 頁。
〔註32〕刑振基：《山西村政綱要》（各論），晉新書社 1929 年，第 2 頁。
〔註33〕《近代中國史料叢刊》第 1 編第 98 輯，第 5 頁。

權。〔註34〕

　　五是村中設置保衛團。編練保衛團的原因是「晉省陸軍素少，邊界綿長，外匪麕集，騷擾可虞。欲保地方當求自衛。欲圖本治，尤重民強。且晉民積弱已久，狃於境內平安之故，鄉間向無防衛之設備，一旦有事，人民抵抗力薄，數十里匪徒即足以橫暴鄉里而有餘。」為維護社會治安，保障地方穩定，山西決定設置保衛團。閻錫山頒佈保衛團條例，參酌本地情形，改訂細則，以 1 編村為 1 村團，以 1 行政區為 1 區團，以 1 縣為 1 總團。各村男丁有正業者年在 18 歲以上 35 歲以下，均於農暇入團練習。除沿邊各縣批准由知事請省派員教練外，其內地各縣即以各村在鄉軍人就近教練，以多團少練為原則，不能給民眾增加負擔，不令民眾感受不便。但要使壯年子弟嫻習武事，實行「古人出入相友，守望相助」之道，平日稽查窩藏清除盜賊，抗拒潰兵土匪之犯。〔註35〕在此基礎上，山西村制形成一個具體的全面的縣級以下的權力機構，如下圖所示：〔註36〕

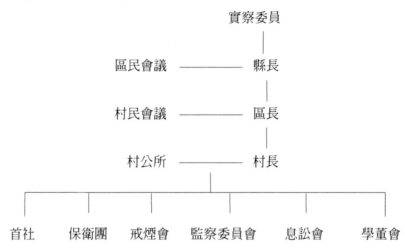

　　上圖是村本政治的權力結構，即在省以下實行三級制，縣、區、村，而且對每一級行政長官，都相應設置一個集體會議，以制約和監督行政長官的權力，同時在村一級設置 5 個機構，以確保村政順利實施，並從制度層面保證鄉村社會控制。當村制前兩步相繼落實後，進入第三步創設與推行階段，以達到「村村無訟，家家有餘」的期望。當北伐完成後山西加入「黨治」體

〔註34〕《近代中國史料叢刊》第 1 編第 98 輯，第 5～6 頁。
〔註35〕同上書，第 6～7 頁。
〔註36〕呂振羽：《北方自治考察記》，《村治月刊》（第一卷）1929 年第 1 期。

制時，閻錫山將山西村政目標遂變更為「村村無訟，家家有餘」，並對全省人民手諭「人民最苦痛的有兩件事，一是與人爭訟，一是生活困難，本省歷年提倡息訟會，興辦各項實業，並調查走上坡與走下坡的，即為解除人民的痛苦，以後必須做到村村無訟，家家有餘。」同時又手諭全省村閭鄰長，戰後村政目標，想要做到「村村無訟，家家有餘」的地步。如果真能達到這一地步，那村就是好村，家就是好家，人生是快樂的。但想做到這一地步，山西80萬村閭鄰長必須一致工作，才能收效，才能改善民眾生活。〔註37〕

　　為此，晉省特別黨部還在總部自省堂於1928年9月3日上午7時，舉行第三次總理紀念周時，閻錫山特意登臺講述村政工作重點，要「先實行平民政治，但此種主張之實現，必須我們個人，一一除去舊日官僚惡習，個個確實認真負責，養成清廉勤樸美德，增加耐勞吃苦能力，如是方可符合做官本意，而不致日趨腐化惡化境地，被人認為應在打倒剷除之列。」對於山西政治，一定要舉辦三件事：第一，擬將全省劃為若干衛戍區域，每區讓當地駐軍長官會同各縣知事區村閭鄰長等，全力辦理，由多人研究詳細辦法，實行後目標要使山西全境道途無任何劫案事件發生；第二，山西須辦到「村村無訟，家家有餘」的效果；第三，無論文武省縣各官須共同努力，一要清廉，二要動勞，竭盡個人本能作人民公僕。〔註38〕閻錫山的村政思想就這樣通過宣講、宣傳、訓導等方式構建了一個文本的思想制度，然其到底是如何進行制度層面設計與推廣實施的呢？下文將對其做一詳細論述。

二、村本政治的制度創設與實踐

（一）村政制度的設計與應用

　　1916年，黎元洪以孫發緒曾任定縣知事，所辦模範村錚錚有聲，於是繼續任命孫為山西省長，讓他與閻錫山聯手，發展山西內政。孫到晉後，仍以其村政經驗治晉，面對山西官場兩大惡習——嗜賭與吸食鴉片。孫蒞任伊始，即通令省內嚴禁，大殺不良風氣。但對於鴉片，難免會有人暗地偷食，孫派人密查，一經查出即予以撤任或懲戒處分。〔註39〕後來孫發緒去職，閻錫山繼兼省長，於1917年9月頒佈村制通行簡章，將全省105縣劃成44402主、

〔註37〕刑振基：《山西村政綱要》（總論），晉新書社1929年，第28頁。
〔註38〕《申報》1928年9月12日，第3張第9版。
〔註39〕《晨鐘》1916年11月5日，第3版。

附村，設置村長副辦理村務，〔註 40〕針對山西弊政，擬定「興利除弊施政大要」。興利方面有水利、蠶桑、種樹；除弊方面有禁煙、纏足、剪髮，共為 6 項，期望藉此使全省面貌煥然一新。1917 年 10 月 1 日，閻錫山在省公署特設六政考覈處，專司其事，所需經費由兼省長薪公費為主，〔註 41〕將村制通行簡章重行修訂宣佈，並於村長副以下增設閭、鄰長，於村長以上增設區行政長，這樣就把村制推行為下層政治的活體組織。〔註 42〕一村設 1 村長，或指定主村聯合鄰村合設 1 村長，村長由指定主村內選任，其餘聯合之村酌量情形配置村長副，村長辦理公務，直接秉承縣知事。其中，村長任選資格需具備以下 3 個條件，村副任職資格只須具備以下 3 項中的兩項即可：1、樸實公正兼通文藝者。2、在 30 歲以上確無嗜好者。3、有不動產價值在 1000 元以上者。因村副直接管理村務，與民眾交往最近，故除滿足以上兩項條件外，還需村民加倍推選，送由知事選任，呈報省道公署備案。〔註 43〕

以 25 家為 1 閭，設閭長 1 人，滿 50 家者設閭長 2 人，住戶多者按戶增加，或可根據住戶因居住團結或習慣便利，在 25 家以上 50 家以下或不滿 25 家亦設閭長 1 人。凡一村內編有兩閭以上時，其閭次應冠以編號，如某村第 1 閭第 2 閭之類，閭長受村長副指揮。但由於一縣之大，村落錯綜，而街、村長副多至數百，少亦數十，僅憑知事 1 人督察實難周全，因此只好按地方形勢、戶口多寡、和習慣便利，分別劃區，組織每縣 3 區至 6 區，設區長 1 人，由省長直接委任，隸屬於縣知事，兼任警官職務。由警務處發給委任狀，每區遇有必要時設臨時助理員 3 至 5 人。區長承受知事命令，督察所管區內村長副責任，每區應於所管區內適中之地分設區公所。區制實施後，各縣設置的區廳需長年經費，這些費用就地籌款，富足縣份可自行籌措，其它貧瘠縣份只能按特定區費條例，以錢糧米豆收入為準，凡錢糧米豆收入合計原額在 4000 兩以下者，補助區費五分之四。錢糧米豆等收入，合計原額在 6000 兩以下者，補助區費五分之三。錢糧米豆等收入，合計原額在 8000 兩以下者，補助區費五分之二。錢糧米豆等收入，合計原額在 10000 兩以下者，補助區費五分之一，以使各區辦公人員不能因經費無著對村治逐步懈馳，同時也可使

〔註 40〕惺吾：《民運與村治》，《村治月刊》第一卷，1929 年第 1 期。
〔註 41〕《民國閻伯川先生錫山年譜長編初稿》（一），第 242 頁。
〔註 42〕惺吾：《民運與村治》，《村治月刊》第一卷，1929 年第 1 期。
〔註 43〕周成：《山西地方自治綱要》，上海泰冬圖書局 1929 年，第 2～3 頁。

區制得以一律。〔註44〕

　　區、村、閭地方制度施行後，所有編制村閭劃分區界以及區長、區助理員等，都須有相當人才始能勝任。爲此，閻錫山先後頒佈《地方行政講習簡章》、《保送地方行政講習員規程》、《區長試驗規程》、《保送區助理員學習規程》等，以培養地方自治人才。地方行政講習所是山西最初設立的養成地方人才機關，其宗旨以貫徹區村制實施精神爲主，學員分兩部，以各縣保送行政講習員及考取區長爲第一部；以各縣保送區助理員爲第二部。講習科目爲世界大勢、法制大意等，每星期 42 小時，以 3 月爲限，畢業後即可分別委任。兩部學員錄取 1700 餘名，尙不夠村政需要人數分派。〔註45〕1918 年 1月 5 日，按照「用民政治綱目」，培養專門學校畢業人才，以適應行政與社會事業之用，公佈「山西省育才館簡章」，招收專門學術試驗所錄取的學生，訓練新人，推行新政。其後的山西行政和經濟建設，即以其爲骨幹，各機關主官和重要職多爲育才館訓練。〔註46〕在注重培養自治人才的同時，也對山西吏治進行整頓，對官吏進行訓話，改組縣公署，養成佐治掾屬，並制定各掾屬辦事規則、官吏獎賞懲治規則、與官吏考核章程等。〔註47〕

　　村制推行還將中國傳統孔孟之道奉爲主流思想。事實上，這也是閻錫山等人對社會價值體系構建的一種嘗試。社會轉型期，道德淪喪，社會主流價值觀失衡。爲解決這一社會失範問題，袁世凱曾恢復孔教，但未能如願。民國北京政府成立後，政治失序，價值文化多元，社會價值體系一直未能建立。閻錫山等人在山西構建穩定秩序後，意識到價值失衡問題的嚴重性，特別是其對社會控制的衝擊。於是，閻與趙戴文等探討山西意識形態教化問題。閻雖曾留學日本，受日本村制影響較深，但他在晉省意識形態的灌輸仍以孔孟之道爲主，特設立洗心社與自省堂，與精通傳統文化的士紳談論人性和道德教化之法。1917 年 3 月 11 日，閻錫山與趙戴文、孟炳如、柯定礎、高雊梁等晤談時，談及「凡人自省，乃知己過多。悔過，始覺無過好。推而言之，人群之幸福，實基於淨白之人心，已過人群之悲慘，多由人心污穢所造成。今

〔註44〕《山西地方自治綱要》，上海泰冬圖書局 1929 年，第 3～5 頁。

〔註45〕郭葆琳：《山西地方制度調查書》，山東公立農業專門學校農業調查會刊行 1935 年，第 19 頁。

〔註46〕《民國閻伯川先生錫山年譜長編初稿》（一），第 251 頁。

〔註47〕山西政書編輯處：《山西現行政治綱要》（分纂），大國民印刷廠 1920 年，第 123～161 頁。

欲爲人群謀幸福，先須去人心之污穢，吾輩應遵從洗心古訓，以正人心。」眾人表示同意，議定以尊重道德、補助學說、力矯陋習爲宗旨，成立洗心社，徵集社員，推請講長，以通行的星期日爲來復日，上午 8 時在廟集會講演，闡發明德新民開物成務之道，出刊《來復報》，廣泛宣傳，省內外名宿聞風而至。爲響應這一號召，各大縣城也不約而同要求成立分社，人多景從，社會風氣因之發生一定變化。〔註48〕

　　11 月 11 日，太原洗心總社召開歡迎會。閻錫山演講「洗心意義與求學方法」，其要旨「物應洗，心更應洗，首貴『靜思己過』。非但來社聽講，即應處處時時作『內自訟』功夫，使良知處於監察審判之地位，以求寡過，進而多益。常以自己人格立於水平線，上而求爲好、正、賢、聖，下而防陷愚、僞、惡、凶。」「洗心社宗旨非宗聖也，因聖不待人宗而始尊。乃聖道待人行而始成。」〔註49〕從閻講話可見，閻從孔孟思想中演繹出一套「人於律己」的修身理論，將「洗心」與「自省」作爲改造人性的具體方法。閻爲踐行這一思想，特建立洗心社與自省堂，作爲道德教化的場所。太原自省堂規模極爲宏敞，約可容 3000 餘人。對於自省儀式條目等項，閻分別函致各廳道處所長官、各中等學校以上校長、各旅團長、各縣知事、各重要團體等，就所列各事項詳爲研究，並附自省堂研究事項。〔註50〕他這樣做的目的是想將意識形態教化推廣到社會各階層，填補儒教體系衰退以來價值觀失衡的文化空隙。

　　山西地方自治制度雖經建設，然官治行政實多於自治行政。設制伊始，官治本爲自治預備的過渡，即以官治促進自治，首先實現村治，其次向區自治邁進。1920 年 10 月，閻錫山擬定村自治分期進行辦法，第一期用官方消除莠民，第二期用民力救濟窮乏，第三期擬定村範則例，第四期實行村自治。自治事宜爲村教育、村衛生、村道路、村風化、村公業、村保衛與村登記。〔註51〕然考慮到村政事關重大，不能輕率實行，遂於 1922 年 3 月首在陽曲、榆次、太原等三縣及省城市區試辦，取得一定成效後，又於 6 月間推廣至平

〔註48〕《民國閻伯川先生錫山年譜長編初稿》（一），第 202 頁。
〔註49〕同上書，第 247 頁。
〔註50〕參見《閻晉督之異樣新政》，《晨報》1919 年 9 月 3 日，第 3 版。
〔註51〕郭葆琳：《山西地方制度調查書》，山東公立農業專門學校農業調查會刊行 1935 年，第 25～28 頁。

定、壽陽、太谷、忻縣、定襄等 5 縣再次試辦，結果收穫頗豐，於是決定推行到全省，在 9 月和 10 月分別召集全省知事舉行村政會議，前次 50 餘縣，第二次會議 40 餘縣，反覆辯論，討論村治原理、方法規劃及其程序。〔註52〕最後各縣長全體一致表示決心誓以「民本精神，注重村本政治」為施政目標。然而，縣區人員對村政仍有疑惑，一是調查之難，恐嫌疑人不肯自任，而他人亦不敢實告；二是感化之難，恐嫌疑人不能自新，而人心益無所忌憚。後經多次會議探討，認定感化則人無畏心開展容易，不化的少數人自有國法以濟其窮，於是眾人頓釋疑慮。閻為此還親自去榆次、太谷、陽曲、平定、壽陽等地實地考察，力圖改進不良之法。〔註53〕

村制目標是要達到「民治」，但在制度設計及其踐行中，「官治」始終佔據主導地位，而「民治」很難談得上有成效。如太原市政公所成立後，所有從前規定的街長副、閭長，亦移歸市政公所辦理。街長管理一街自治衛生等事。每 25 家編為 1 閭，閭長分商閭和民閭二種。街長、閭長的責任負擔重，而權利卻分毫沒有，所以老實商民都不願擔任，往往覺得與自己毫無干係，還受累不淺。另街長任期一年，到每年正月改選。太原全市共有 130 餘條街，由於選舉時期需市政公所派員監視，但市政公所辦事人員也僅有 10 餘人，所以選舉只好分 6 日舉行，各街選舉結果不能算做最後結果，還須市政公所揀擇，並出臺選任街長副閭長暫行規則。它實際是半官式選舉。〔註54〕此外更顯官辦特徵的是市政公所，它本為民辦機關，但市長邢殿元為閻錫山親信，如此一來由市政公所選任實與由督軍委任相差無別。而且邢是一個鴉片「煙鬼」，所辦最嚴厲的事就是整理市範，調查煙民。一般患煙癮者與之結仇較深，有人想告發邢，寫信給閻錫山，但閻始終置之不理。〔註55〕可見，山西村治實施中，官治表現甚於民治，民治道路仍很漫長。

在施行六政之初，閻錫山已注意到宣傳的重要性，並將村政思想及其規則編輯成冊，普遍發給民眾。這些宣傳物包括《人民須知》、《村長副須知》、《村政彙編》、閻氏講話、《村政旬刊》、《村政周刊》、布告等。布告內容分為兩類：一是閻氏格言，如「民德四要——信、實、進取、愛群」，「主張公道

〔註52〕《近代中國史料叢刊》第 1 編第 98 輯，第 7〜8 頁。
〔註53〕邢振基：《山西村政綱要》（總論），晉新書社 1929 年，第 18 頁。
〔註54〕參見《太原市之街長選舉規則》，《晨報》1923 年 2 月 8 日，第 7 版。
〔註55〕《晨報》1923 年 2 月 8 日，第 7 版。

為國民應盡之天職」，「亡國之民不如喪家之犬」等。二是村禁條約，「女子不准纏足」，「樹木不准毀損」等。民眾受宣傳影響至深，大人小孩都能對其背誦。除注重宣傳外，閻還較為重視設立村治實踐專門機構，以規範和監督村制推行。在省會太原建立村政處、大林區、小林區、棉業試驗場和一個六政考覈處等。六政考覈處在北伐易幟後被取消。各縣設立戒煙所、天足會、平民工廠等，各區設一區公所，各村設村長辦公所、村民會議所、息訟會、天足會等。辦理六政人員除全省村政處對其有總的要求外，在各縣者也各有專責，不能發生混亂，他們雖受縣長管轄，但卻統由省政府直接分發，如承政員辦理一縣政務事宜；承審員判斷一縣訴訟事宜；主計員掌理一縣財政事宜；縣視學監察一縣學務事宜；實業技士籌劃一縣農工事宜；營獄員管理一縣罪犯事宜；宣講員擔任一縣宣傳事宜；政治實察員稽察上述各員勤惰事宜，以反饋省府。後省府分發區長 4 人或 5 人協助推行村制，每區設助理員三、四人，區縣設助理員七、八人。至於在村一級，除村長副、閭鄰長等外，特設村警一人，其它如息訟會、天足會等事務都由村長兼理。山西全省計有主村 11,038，附村 33,364，共為 44,402 村，總計村長有 11039，村副 19196，閭長 91738，鄰長 379,386，合計為 501,359 人。〔註56〕

為順利推行村政，山西辦理村政執簡馭繁的方法是「分段」與「分等」。因村政推行之初，宣傳調查事甚繁，僅依賴各區區長辦事不免有顧此失彼之嫌，而且偏遠山區村莊零散，如本管區長經常下鄉亦恐鞭長莫及。為解決這一難題，各縣多將所屬村莊「劃分段落」，命令專員負責整理，每段各有小段主任 1 人，擔任本段村政事宜，其小段主任即以縣區人員兼任，並按段數多寡編號，以便稽考。這樣做的結果是負責人增多，而管轄村變少，小段主任對所管村莊不時調查，村情自然能夠熟悉，收效自可敏速。〔註57〕「分等」含有三種類型，一是按村情好壞而分等；一是按村成績優劣而分等；一是按注意煙、莠民而分等。按村情而分等者，即將全縣村莊按村情好壞分為三等，如村情好，村閭鄰長能自動辦事者多，並將各項嫌疑人全行改好者二三月視察一次。如村閭鄰長仍須提攜，各項嫌疑人尚未全行改好者，可一兩月整理一次。若村情不好，村閭鄰長距自治程度尚遠，各項嫌疑人又多，未確實改

〔註56〕《申報》1928 年 7 月 26 日，第 3 張第 10 版。
〔註57〕刑振基：《山西村政綱要》（總論），晉新書社 1929 年，第 24 頁。

正，必須每月整理一次，即月往一次，分開步驟進行，不但可以節勞，同時也免村人生厭。如遇最難辦村莊，則派專員住村守辦，以資提動。按村成績而分等者，即按編村村政成績，分為甲、乙、丙、丁、戊五等，每年公佈一次，由縣政府印散每村一張，各村人知曉本村成績等次，使優等者勉力進行，使劣等者奮發精神力圖上進。按注意煙、莠民而分等者，即將煙民、莠民各分為兩等，一等為特別注意者，一等為普通注意者。特別注意者又分為兩等，一等為縣長注意者，一等為縣區人員注意者。普通注意者亦分為兩等，一等為村閭鄰長注意者，一等為縣區人員與村閭鄰長注意者。〔註58〕

然而，村政推行之初，各縣對村政眞諦以及進行方法尙多模糊，故需每縣派整理村範委員 1 人，一面協助指導，一面查察實情，採用協助制 3 年。在村政漸已就軌後，於 1925 年 8 月改用實察制，專門負責考查之責，不負協助任務。如此安排即可使知事負責自做，使委員報告確實不受地方人際關係影響。對於村政考覈，在 1922 年 8 月設立村政處之始，即專設考覈股，分轄 12 區，負責省屬 105 縣村政調查考覈。每區設區主任 2 人，輪流出外考查。當將委員協助制變爲實察制後，考查制亦有所變易，於 1926 年 12 月 11 日將前分區設區主任之制，改爲股長股員之組織，專門負責考覈各縣村政成效。〔註59〕

承前文所述，村政目的是將政治放在民間，但民眾習慣於多年專制約束，一旦任其自理村中之事，難免不使權力爲土豪惡棍把持，甚或濫用民權。有鑒於此，引導民眾走上民治路子的村政人員就需經過一定的篩選與教育，須先將村政人員自身官僚習氣滌除淨盡，將做官心理換成做事心理，具有「公僕其身父母其心」的態度，接遇人民，才能免除官民隔閡，扶植民治。〔註60〕但各縣村莊往往因存款不清，時起糾紛，且各村選出村務執行人員熱心辦事者固居多數，而敷衍因循者亦復不少。爲此，省政府特於 1927 年 8 月 18 日制定村監察委員會簡章，一面清查村款開支是否正當，一面糾察村務執行人員是否盡職。自設立監察委員會以來存款糾紛日少，村閭鄰長熱心任事者亦逐漸增多。〔註61〕

〔註58〕刑振基：《山西村政綱要》（總論），晉新書社 1929 年，第 25～26 頁。
〔註59〕同上書，第 21～22 頁。
〔註60〕同上書，第 22～23 頁。
〔註61〕同上書，第 18～19 頁。

（二）積極推行六政

對於閻錫山的村制，前人已有相當研究成果問世，且研究內容也較為全面。〔註62〕當然，村制中的「六政三事」也是他們研究的必有之項。本文再次闡述「六政」，也只是在添磚加瓦，將一些發現的相關報紙所載客觀史料加以利用，以拓展前人的研究，同時也旨在略窺閻錫山對山西的獨特治理及對村政思想的具體實踐。其六政的推行如下：

1、植棉。晉省因環境影響，尤受缺水制約，種棉區域狹小。但閻錫山為發展商品農業，增加農民收入，特改造棉業環境，將適宜種棉之處注重改良以增加輸出，而將不適種棉之處擴充種植以漸減輸入，擴大植棉面積。1918年，閻在臨汾縣設棉業試驗場，下令將產棉豐富縣份改良，將出棉不多縣份逐漸擴充，採購美國長絨棉籽與山西平陽早熟棉籽，分發雁門、冀寧道屬，以資推廣，同時繼續特懸重償，加以提倡植棉，視成績優劣擴充植棉標準。在冀寧、雁門等道屬的太谷、文水、定襄、高平四縣設經濟植棉試驗場四處，每場每年經費各為 1200 元，各種棉地 100 畝，並令各處經理就附近縣份巡迴指導。通過這一舉措，山西植棉面積迅猛增加。自 1918 年起計，冀寧、雁門兩屬概不產棉，即河東道屬亦不過產棉 11,703,753 斤，而到 1921 年底止共計冀寧、雁門兩屬產棉增至 2,898,362 斤，沿河東道屬 34,714,358 斤，全省產量合計 37,612,720 斤。〔註63〕到 1923 年 11 月中旬，山西第一經濟植棉試驗場採收完竣，共計全場收有籽棉 10,033 斤多，因霜雪關係，棉質分為三等，其中有亮白棉 5255 斤多，被列為上等，微黃棉 2630 斤多，被列為中等，褐黃棉 1148 斤多，被列為下等。地方縣政府將這一成績上呈省府，閻錫山指示「呈表均悉，該場所收籽棉一萬三十餘斤，應即督飭農夫軋淨棉籽，按照當地時價，如數出售，將款繳本署，藉資結束，仍將棉籽妥為存儲，以便明春發給人民種植。」〔註64〕可見，閻錫山對山西棉業的發展比較滿意，並鼓勵村民繼續種植。

2、水利。山西地居高原，亢旱時虞，民食遭災較多，故水利顯得尤為迫切。歷代政府雖曾因勢利導，開鑿成渠冀圖補救，但考察前人方志卻發現晉省有渠道縣份不過 30 餘處，而且少數渠道僅具名稱，創興湮廢卻沒有詳

〔註62〕參見拙著《近五十年來閻錫山研究述評》，《民國研究》2010 年總第 17 輯。
〔註63〕《中華民國史檔案資料彙編》第三輯農商（一），江蘇古籍出版社 1991 年，第 334～335 頁。
〔註64〕《晨報》1923 年 12 月 6 日，第 7 版。

細梗概。自 1917 年，晉省規定水利章程，極力提倡興修渠道，並派專員赴各處勘測，爲村民平其積訟去其宿弊。如有河流者需逐漸疏鑿，其有渠可鑿而力不足者由公款補助，庫儲有限難以籌撥者規定由水利貸金條例以善其後。總計從 1917～1923 年間，山西恢復和新開之渠 1562 道，溉田 3,745,300 餘畝，籌議開濬而未經施工及已經施工而未經告竣者有 252 道。將這些修好後的渠道，加之連同已成之渠，晉省渠道達到 1814 道，可灌溉水田 4,540,800 餘畝。〔註65〕農業是山西的基礎產業，自古以來水利對晉省尤爲重要，成爲民眾社會生產不可多得的資源。閻錫山在山西注重水利，改善水利設施，是重視民生的一項重要舉措，並爲山西水利發展做出了貢獻。

　　3、蠶桑。蠶桑事業宜於中國南部，不宜於中國北部，是當時鄉民的共識。然晉省自提倡蠶桑以來，成效雖未見卓著，但大致尚有可觀。山西在前清末葉種桑養蠶之戶幾乎沒有。閻錫山秉晉政後，經省城農桑總局、各縣農桑分局竭力提倡，民眾始獲知蠶桑的利潤，開始專力經營蠶桑事業者爲數不少。在 1918～1920 這三年間，山西培植實生桑 99,820,074 株、湖桑 934,209 株，養蠶 59,039,722,293 頭，結繭 6,010,386 枚，繅絲 349,459 斤。〔註66〕此外，山西對有關蠶桑方面實業教育也頗爲注意，如省公署專咨行省議會，主要內容是晉省山嶺棉互懈柞青欄等樹爲生成飼養山蠶良好場所，應該發展蠶桑事業，並於 1918 年冬派員赴奉天、平安東等處調查飼養山蠶方法，先後購回山蠶繭 36,000 枚以資分酌飼養，派員勘定文水、隰縣、霍縣、安澤等 4 處各設山蠶試驗場一所，切實講求飼養方法，除將 7 月至 10 月所需經費列入 1919 年度預算另案辦理外，所有三、四、五、六 4 個月共需經常與臨時費約大洋 1855 元 5 角 5 分，算入 1918 年度決算內辦理，〔註67〕開啓山西養蠶之風。

　　4、造林。山西省城設大林區署，並依天然界限劃分全省爲 6 個小林區。各區擇適宜地點分設苗圃、林場，專理育苗、造林、保護等事。6 個小林區共設苗圃 18 處、林場 21 處，育成苗秧約計 50 餘萬株，各區造林約萬餘株。1919 年通令各縣設立縣、區、村苗圃。縣苗圃，一等縣圃地 40 畝，二等 30 畝，三等 20 畝。區苗圃即於區公所所在村莊設置苗圃數畝。對於村苗圃的設立辦

〔註65〕《中華民國史檔案資料彙編》第三輯農商（一），第 335 頁。
〔註66〕同上書，第 335 頁。
〔註67〕《晨報》1919 年 4 月 5 日，第 6 版。

法，只要爲 100 戶以上村莊設置 1 畝，以上則遞增，以下則遞減。各苗圃所需樹籽除就近採取外，每年由大林區署補助，約數 100 石，育成苗秧五六千萬餘株。1920 年又通令各村設置林業促進會，選擇土地共同造林，所需苗秧由縣、區、村苗圃育成苗秧，就近無償提供。如有不足，即由各林區所設苗圃發給補助，結果各縣造林達數 10 萬畝左右。後晉政府又對各縣委派林業技術員，指導人民栽植培護等方法。〔註68〕

5、植樹。晉省植樹事宜遵照農商部令，通令各縣於每年清明節前後，率領紳、商、學各界，舉行植樹典禮，並按照山西單行章程即每人各 1 株的規定，令一般人民於田畔、屋角自由栽植。自 1918～1921 年間，機關、學校、人民、官道共植樹 54,014,792 株，成活數目約在六成以上。〔註69〕

6、羊種與牛馬。山西爲產羊著名省份，泉甘草肥，有天然良好的牧場。當時全省羊數約爲 3,911,998 隻，但因鄉民固步自封不知改良，以致日見退化。於是，閻錫山將牧畜列爲三事之一，對於牧畜改良事宜，積極進行。1917 年設立南北兩種羊牧場，1919 年又於省城西門外設立模範牧場，派員從澳洲購得美利奴牡羊 600 頭和牝羊 400 頭，分配各牧場，與外國羊交配，冀圖普及改良。經過混合羊種交配與改良，各牧場生產一傳改良羊 1000 餘隻，二傳改良羊 2000 餘隻，改良羊種收穫很大。後來民眾得知改良羊種利益甚大，爭向牧場購領羊利奴牡羊，實施交配。此後，晉省爲進一步推動改良牧畜，特派員調查山西交城某些地方，並將其勘爲第三牧羊場，委派馬友麟爲第三牧畜場長。〔註70〕通過對牧畜的改良，山西所產牛馬雖在中國較爲優良，然比之外國改良種終有望塵莫及之歎。鑒於此，閻錫山於 1922 年曾派牧畜技士美國人巴東從日本購回乳牛 30 頭，從美國購得種馬 130 匹，在五臺山牧草繁盛之區設立牧場，從事馬種改良。1923 年春間，實業廳派漁牧技術員前往五臺山牧場考查，認爲其成績尙爲可觀。〔註71〕

（三）整理市、村範運動

整理市、村範運動是閻錫山改造鄉村社會風氣的一大重要舉措。其中，消除不良分子和失學兒童是整理市、村範的一個重要原因。整理市、村範首

〔註68〕《中華民國史檔案資料彙編》第三輯農商（一），第 335～336 頁。
〔註69〕同上書，第 336 頁。
〔註70〕《晨報》1919 年 2 月 18 日，第 6 版。
〔註71〕《中華民國史檔案資料彙編》第三輯農商（一），第 336～337 頁。

由閻錫山在太谷巡視時觸景生情而下定決心要整理村範。1922 年 7 月 30 日，閻巡視太谷，見其衰落凋零，盼其早日振作復興，於是親撰「太谷歌」，告誡太谷民眾，要團結一致，協助村閭鄉長好好整理村範。從太谷歌的內容看，主要反映了太谷村舍衰敗、失學兒童較多、少壯勞動者較少、煙毒危害較重的社會現象，鼓勵村民團結起來整理村範，改變太谷衰敗形勢，恢復太谷鄉民富足生活。〔註72〕

閻錫山整理村範運動的另一因素與他政治權謀息息相關。據稱，張紹曾一度有組閣動向之說，閻聽後擔心省長不保。因閻曾與張紹曾有隔閡。前文已述張氏曾在綏遠都統任內，因閻而去職，故兩人積有宿願，閻懼怕張報復，在黎元洪復職時，派代表赴京接洽，未獲結果，但卻發現各省民選省長聲浪日盛一日。閻錫山為收買民心計，出巡各縣，以整理村範為名目，隨帶新劇團、音樂班、拳術部、童子軍等，娛樂鄉民，備盛宴慰勞村長佐與紳士，隨送精緻村範餅，獎賞中學學生每人 6 角、高小學生每人 4 角、國民學校學生每人 2 角、女校學生每校 20 圓、童子軍每人 1 元和皮鞋 1 雙。如閻要分赴各縣整理村範，則需花費不少時間，為節約時間並提高效率，他擬召集 30 縣知事和村長佐在太原開整理市範與村範大會。1922 年 8 月 21 日下午 5 時，閻錫山召集太原市各機關首領人員，在軍署自省堂開整理市範籌備會議，著手準備調查染有十項之一壞習氣的人等，〔註73〕並令各機關首領人員先自行檢舉。於是，在座警務處長南桂馨、新任命政務廳長崔廷獻、憲兵司令張達三等覺得會對他們不利。由於他們幾個都是村範整治的重點對象。崔吸煙盡人皆知，南與張是販賣金丹的首要人物。有一潘某成立了專銷英美煙的軼群公司，但在石家莊將煙中夾入金丹原料，張達三令憲兵對英美煙公司煙箱一概不准檢查，以免引起外人交涉。南氏曾被軍署參謀趙友琴搜出金丹煙土等，後由閻錫山派趙戴文為之調停，不了了之。他們運輸煙土由正太鐵道人員包辦，如由石家莊運至榆次或太原，每磅大洋 6 元。如由城外運至城內，每磅大洋 2 元。運輸煙土方式變化莫測，有藏在羊尾內者，有藏在駝峰內者，或

〔註72〕《民國閻伯川先生錫山年譜長編初稿》（二），第 472 頁。
〔註73〕十項為：（一）販賣金丹洋煙者；（二）吸食金丹洋煙者；（三）窩娼者；（四）窩賭及賭博者；（五）竊盜者；（六）平素好與人鬥毆及持刀行兇者；（七）壯年男子游手好閒者；（八）家庭有殘忍情形者；（九）忤逆不孝者；（十）兒童失學者。

有用傳信鴿為其遞運者。運輸路徑如此隱蔽，以致警廳對於一般普通人民也無法禁止。故太原市民對吸食煙土較為痛恨，贊同整理市範，覺得「南、崔、張三凶不去，市政何從整理」。〔註74〕然而，閻錫山村範運動並不能達到為民造福的意願，有時表現得也不是真正為規範村民行為，反而有向外標榜和獲取民心謀取政治資本的目的。何況整理村範僅限於下層民眾，而對於自己追隨者的「反村範」行為者，閻只好默許甚至縱容包庇，並未能從制度層面徹底解決。

承上文所述，整理市、村範運動的實踐雖存有很多缺陷，但閻還是認真做了一些村範工作，積極發動整理村範運動。又如 1922 年 9 月 2 日，閻錫山召開山西市村範大會，參會者有各廳道官員、50 餘縣知事、附近各縣學生、商人、街村長副、閭長、民眾、自新會會員（已戒煙癖者），以及打嗎啡針的活標本 1 人。是日上午 9 時，閻錫山蒞會，警務處長南桂馨、秘書潘蓮茹、方東西指揮，囑各團體高呼販金丹的「可殺！殺！殺！殺！」，繼之宣告開會，閻向市政公所、商會、教育會，及各專門以上學校授旗，旗幟上書「主張公道」「熱心愛群」八字。授旗後，閻再給學生賞錢，專門學校以上學生大洋 1 元，中學大洋 6 角，高小大洋 4 角，國民大洋 2 角，民眾大呼「督軍萬歲！萬歲！萬萬歲！」，並進行遊行、講演。〔註75〕

9 月 3 日為整理市村範大會的第 2 天，上午 11 時，閻錫山召集太原市街長與陽曲等縣村長，在軍署自省堂開談話會，各廳道與各縣知事一併參會。期間，閻諮詢村中整理村範情況及其困難情形，民眾隨之訴疾苦，說難題。他們向閻控訴的問題有：指揮不動閭鄰長，或村長看管壞人，每被其家人攻鬧不休。其最突出問題有四個：1、駐紮軍隊，每令支應兵差，車駝騾馬隨時支用，軍隊稍不如意，鞭笞隨之，農民實在負擔太重。2、軍隊野操不顧稼禾，任意踐踏，每操一次，損失必在數幾千畝。3、無地有糧，縣署強令交納，實在賠累不起。4、村長率領保衛團，緝捕盜賊，偶一不慎，法廳即以刑事治罪。對此，閻錫山稱「第一項山西一省之事，非一時所能解決。第二項准要告知軍隊，令其留心保護。第三項錢糧問題乃國家之事，吾人實無解決之權。第四項為陽曲特殊現象，將來終要解決，待辦法解決後，自然告

〔註74〕《晨報》1922 年 8 月 27 日，第 3 版。
〔註75〕《晨報》1922 年 9 月 7 日，第 2 版。

知你們。」閻的作答沒有使問題得到相應解決，各村長暗自叫苦。〔註76〕

　　9 月 4 日爲整理市村範大會的第 3 日，上午 10 時在督軍署開商人談話會，與會者有 2000 人，閻錫山率領各廳道、各縣知事與候補人員到會，討論商人協助整理村範辦法，令各縣知事核辦。下午 4 時在小舞臺舉行商人協商會，閻講到「況且你們應該明白，社會壞了，商人吃虧太大。從今日起，內門商界，一行清理一行，一閭清理一閭，一行內有壞人，一行莫把他讓，一閭內有壞人，一閭莫把他讓」，要求商人幫助改良社會。後由第一師範學生演「整理市範」一劇，夾以各種遊戲。次演閻氏自編的「模範知事」，中間舉閻氏畫像，高懸中間，群眾向其行三鞠躬禮，三呼「山西萬歲」、「督軍萬歲」，而某學生竟行三跪禮。〔註77〕可見閻在山西某些民眾心中的「尊崇地位」。9 月 7 日下午 6 時，閻在督軍署講堂召集榆次等縣學生訓話，勸其在村中講解整理村範益處，引導村人整理村範。於 12 日又爲整理村範在太原召開大會。〔註78〕

　　整理市範的一個表象是民眾發起節儉運動，但這一運動在某種程度上又受到政府的嚴格控制，而非團體自發的「自治」運動。1923 年初太原府青年會發起節儉運動，各地亦都有這種舉動，連日請各團體加入，加入運動者有學生會、洗心社、教育會、中國銀行等 10 餘團體，組織講演團，分佈各熱鬧地點，講演儲蓄的利益和節儉的必要，並發表宣言「歐戰以後，世界上的經濟戰爭，比從前更爲激烈。因爲國家的富強，民族的幸福，以及種種應辦的好事情，沒有一樣是少得了錢的，所以他們對於用錢一事，非常的講究。無論富人窮人，都要想法子存幾文錢在銀行裏。既能爲自己儲存幸福，又能爲社會活動金融，眞是一舉兩得了。」宣言結束後，他們聯閻第四旅軍樂連和童子軍在街市遊行，各團體發出各項傳單，勸人儲蓄，而和儲蓄有直接關係的銀行、郵政局、商會、儲蓄會、保險公司等，則發出對於自身事業有利的勸告和說明。但其中最值得注意地一幕是人力車夫亦加入遊行。據稱人力車夫有一個俱樂部，其完全聽別人指使，而指使者首領和閻錫山有關聯，所以這次他們才能夠加入活動。〔註79〕

〔註76〕《晨報》1922 年 9 月 9 日，第 3 版。
〔註77〕《晨報》1922 年 9 月 11 日，第 2 版。
〔註78〕《晨報》1922 年 9 月 14 日，第 6 版。
〔註79〕《晨報》1923 年 2 月 9 日，第 7 版。

　　閻錫山整理村範的另一重大舉措就是禁煙，將禁煙作為「六政」首要任務。但由於官僚腐敗，禁煙沒有完全達到閻的主觀願望。山西自光緒晚年禁煙以後，因煙價日漲，省內自種，使得山西煙土比印度大土價格低廉，所以晉省婦女小孩幾乎都有「芙蓉之癖」（煙癮）。閻兼任省長後，一時雷厲風行，禁種禁吸。禁種鴉片取得了明顯效果，但禁吸沒有多少成效。原因是晉省毗連陝西，陝西所出煙土源源不絕輸入山西。對此，山西高審廳長陳哲侯發起並組織一禁煙特別機關，專門負責偵查懲辦，以期早絕煙害。這一機構由高等審檢廳長、警務處處長、冀寧道尹、財政廳長 5 人督促，全省進行內部分科辦事，所需經費將選舉訴訟案內沒收的 12000 元撥充應用。〔註 80〕為嚴禁吸食鴉片，特成立禁煙公會，將鴉片煙罪載於刑律，依法執行，並於刑律限度外增加附捐、調查費、書錢等種種科罰。附捐一項視犯罪人的家資「有無」而定，罪人家資值 10000，即科以附捐 10000。這種懲治導致警廳與各屬知事勒追附捐與各種苛稅，濫用非刑，甚至羈押拘留所，減食數月，因而禁斃者不一而足。何況警廳派出稽查隊，沿黃河一帶巡緝秦晉往來土販，查獲煙土，將所得煙土保險費 100000 與警務處長暗裏分贓，軍署內涉及販賣煙土的就有田應璜、趙戴驤、崔廷獻、王承齊、趙丕廉、趙懷瑛、齊庚齊、張性存、劉晉源等。〔註 81〕正因為有這些軍政要人庇護煙土，所以山西煙土販賣才長盛不衰，禁煙也難以取得預期效果。

　　政府對煙民的具體禁止辦法是勒令他們服曼陀羅戒煙丸。此丸由省公署自行配製，內有微毒質，服後會發癲狂等症，故煙民對它很戒懼。為除此弊端，閻複製一種和平戒煙丸。此丸原料取沒收煙土製成，限於婦女、年老者、有病未愈者領服，每料交洋 3 角，給於執照，以便限制。一般勒服曼陀羅的煙民，仍吸煙者有十之八九，而一些貧窮者也領服和平戒煙丸以抵癮。閻得知此事後，又對症發藥，訓令各縣知事「據報各縣煙民多有出會後，仍服和平戒煙丸，藉以頂癮。此項煙民，以為購服官藥，可免罪刑，官廳亦認作該煙民等，業已戒清，不加究問。似此購服頂癮，殊失原意所在，且長此不禁，煙毒永無肅清之日。擬請通令禁止前來。查和平戒煙丸，專備年老及有病者並婦女暫時不能入會者，在家戒煙之用。其它煙民，應一律令其服曼陀羅戒

〔註 80〕《晨鐘報》1917 年 3 月 18 日，第 5 版。
〔註 81〕《晨報》1922 年 9 月 15 日，第 6 版。

煙丸，非俟戒清不得出會。出會後，如有服和平戒煙丸，即以戒而復吸論。」
同時，他又令警務處徹底清查省垣煙民，分為「確已戒退，確未戒退，確否
未定」三種。就「確未戒退」煙民中，老病者允許延長戒斷時期，將65個特
別煙民送往東山各煤窯，令其工作，僅給他們提供粗糧飯食，結果逃跑者甚
眾。〔註82〕

此外，閻錫山還令守城門警見有面色不正者，一律送往戒煙所調驗，出
入平民亦必須受檢查，規定各縣人民出省領照章程。閻以為這樣做可防範或
減少煙販。事實上，這種發照權由村長副發放，而村長副不受禁煙影響，他
們中販煙者為數不少。何況敢於販煙的人，不是閻的親信左右，就是劣紳土
棍，故此種章程也是徒有其表，〔註83〕不能從根本解決問題。於是政府只好
加重對煙民的懲罰。如介休、平遙、徐溝、洪洞、霍州、趙城、祁縣、靈石
各縣對煙民處罰比較特別，他們利用中國人看重「面子」的心理，借裝束打
扮將煙民醜態化，用繩子牽著他們遊街示眾，使他們的面子立即蕩然無存，
從而使其起到警示民眾目的。這些縣的村區長或縣知事則將捉拿煙販繫其
手，繫其項，剝其衣，用朱標將兩眼各畫一杯口徑大紅圈，背插一小方白旗，
似刑場推斬要犯一樣，頭戴一高3尺多的紙帽，上面寫著「煙犯」或「丹犯」
某人，由保衛團或村巡警押管，多數人牽著巡遊鄉村街市。更有甚者，各村
莊製就許多木板枷，重量尺寸一準前清舊制，將犯煙之人捆其手足，飼以枷
號，群押遊街，加以羞辱。國民高小學生沿途唾之，或以木板掌其手心，或
用藤條打其臀背，煙犯號泣，學生恥笑，道旁觀覽而看熱鬧者鼓掌。〔註84〕

然而，就在山西禁煙稍有成效後，陝西煙土又乘機輸入。閻錫山令沿黃
河各卡設隊稽查，陝土輸入減少，而原料來自日本的金丹卻成為煙土的替代
物，由正太鐵路輸入晉境。對此新問題，閻想通過整理村範禁煙，有人建議
應從禁運入手，而閻認為禁運非根本之法，還應主張嚴禁吸食，派人挨戶調
查。這樣，經過1年工作，禁煙成績甚微，吸食金丹者反而增加。閻又覺得
失策，於是召集沿鐵路的陽曲、榆次、壽陽、平定、昔陽、盂縣等6縣，在
正太路中點陽泉站於1923年4月3日開會討論禁運辦法，特派冀寧道尹孫

〔註82〕《晨報》1923年5月16日，第5版。
〔註83〕《晨報》1923年5月16日，第5版。
〔註84〕《晨報》1923年5月27日，第6版。

－171－

樂癡、村政處主任師潤庠參會，各縣知事與掾屬也都到會，商議禁運辦法。〔註85〕會議決定組織六縣禁煙聯合會，進行互緝，以免丹販脫網，並議定兩項具體辦法：1、平時聯合，（甲）協定互助暗號，呼鑼、吹哨、傳簽、豎旗等。（乙）忽告丹販蹤跡形狀，設法偵緝。（丙）探究丹販所用暗記，如插香、點火、手式等。（丁）查詢或通知行車時刻變更，及臨時加車開到鐘點；2、緊急聯合，（甲）圍緝或截捕大宗金丹，（乙）須各帶槍械，防制拘捕，（丙）防截沿路拋擲金丹，（丁）追捕逃竄丹販。以上各條如有一方不能切實履行或致遲誤時，應由他方通知長官，從重懲處。〔註86〕

　　可見，閻錫山在整理村範與禁煙上花了不少時間和精力，但其效果卻未能達到其在文本與制度中的設想。整理村範是對民眾的一種道德教化，閻想通過整理村範改變鄉村社會風氣，挽救鄉村文化漸趨衰敗的命運，恢復儒家鄉村倫理秩序，加強對鄉村社會意識形態的控制，但限於政治的保守和鄉村的頹廢，村範運動仍是美中不足。禁煙是閻錫山在山西推行的一種富省強省政策，同時也是拯救與解放人性的一項重要措施。閻對禁煙十分重視，爲此做了大量工作，但限於官僚裙帶關係的阻力，卻未能徹底清除煙毒。雖然仍有很嚴重的缺陷，但山西的禁煙運動在民國北京政府時期確實取得很大成就，與其它省份相比較而言，山西禁煙在當時首屈一指，爲整個頹靡社會風氣的變革起到了積極作用。

三、村治的績效——以陽曲、壽陽爲例

　　山西村治實行的績效如何？時人對此已有評價。如：「村治自試行以來，人民利之，全省人民各有相當生業，故匪盜絕跡，窮乞罕見，社會秩序爲各省所不及，獄訟不繁，交通便利，亦爲極卓著之成效」，〔註87〕又「自實行村

〔註85〕會議事項九案爲：（一）查禁火車沿途抛棄金丹案。（二）沿鐵路添派警察巡查及幫助村長查禁販運煙丹案。（三）警察入鐵路官房搜查金丹辦法案。（四）查拿沿鐵路丹犯辦法案。（五）鐵路彈壓及稽查人員，應請其擔任查禁煙丹事項案。（六）由鐵路下車之客，應由憲兵或巡警嚴密檢查案。（七）防範鐵路工人，販賣金丹辦法案。（八）村長副畏懼鐵路工人，聽其自便，應用何法以救濟案。（九）派員與鐵路總公司交涉，取締運輸金丹。參見《閻錫山召集陽泉會議》，《晨報》1923年4月11日，第6版。
〔註86〕《晨報》1923年4月11日，第6版。
〔註87〕王鴻一：《建設村本政治》，《村治月刊》1929年第一卷第一期。

制十餘年來，政治日有起色，全省人民皆有相當生業，匪盜絕跡，窮乞少見，社會秩序非常安定，前在北伐時期，四境作戰，歷經年餘，境內人民仍各能安生業，毫不驚擾，且徵輸糧糈，秩然有序，不虞匱竭，他如各縣獄訟不繁，境內交通便利，也是極卓著的成效。」〔註88〕此外，其時北京政府不僅對晉省村治沒有異議，還對閻錫山及其村治大加褒獎。閻錫山於 1918 年秋入京時政府賜以「模範督軍」的稱號。據潘蓮茹電稱「元首（徐世昌）云，目前吳秘書長（笈孫）云汝來京，余頗喜，因閻督為中國實力整理民治之第一人，余素器重，上年給賜區額四字，即表此意，可轉告閻督竭力做去，余頗安心。旋談及晉模範村制，元首頗為首肯。又云『余常說中國能講地方自治者，只有兩處，以省論係山西，以縣論係無錫，西人亦贊成此二處。」〔註89〕

又如當時評論雜誌對山西村政也做過很好的評述，「自有民國以來，十四年多，雖不道山西是安寧的省份，民國的樂土，她的庶政，軍事、外交、財政、民政、教育、自治、實業、交通等，據一般的表現觀察，總算是在軌道上；雖然是迂迴些，遲緩些，甚至重新另造新鮮的途徑。你看外國人，如爵士、博士們，多麼尊敬她，稱她為模範省，就連好幾位過去的民國元首，也都獎勵她。」〔註90〕而且村治理論研究者茹春浦也認為「南京國民政府在全國取得形式上統一後，自縣組織法公佈後，其內容採取山西省辦法，且以為村治機關為完密之規定，於是村治在事實上及在法律上均為在黨治下人民運用政權之唯一方法。」〔註91〕

由上可見，山西村治在當時影響確實很大，然其在晉省的成效如何，還值得進一步探究。為此，筆者選取陽曲和壽陽兩個個案進行考察。陽曲為太原市首府，離政治中心較近，且亦是山西村治的試驗場，而壽陽為晉南富庶之地，略次於太谷、榆次，距太原約 200 里，正太路經過此處，也是村治的一個代表縣份。

陽曲古城村離縣城約 15 里，為主附 3 村聯合而成，共 170 戶，分 8 閭 41 鄰，男丁 274 人，婦女 178 人。按山西村治由政府命令辦理，故各村組織

〔註88〕惺吾：《民運與村治》，《村治月刊》1929 年第一卷第一期。
〔註89〕《閻檔》（第六冊），第 228 頁。
〔註90〕呂著：《山西庶政談》，《現代評論》第四卷第八十九期（1926 年 8 月 31 日刊），第 5～6 頁。
〔註91〕茹春浦：《村治之理論與實質》，《村治月刊》1929 年第一卷第一期。

完全一致，只是村禁約略有不同，有普通團丁 32 名，每日 4 名輪流負全村警戒自衛和緝查之責。這 32 人亦非常年固定，隨時亦在轉換，團丁飯食均歸自備。農暇時全村村民均須操練，軍差由村民輪流充之，如有單獨供需者，由村償以半價，村民務農者十分之七，勞力者十分之二，營商者十分之一。生產以粟、梁、果子爲主，全村足以自給，豐年略有盈餘。土地分配以自耕農爲多，貧富差距不大，160 畝者有 3 戶，10 餘畝至 50 畝者最多，三四畝者 10 餘戶，赤貧者無，有餘裕者約占十分之三，不足者 8%。佃農、雇農多來自外省，工資年約 50 元至 60 元，雇用零工日資 2 角。每人每年至少栽植 1 株樹，畜牧亦頗發達，該村爲水地，有 1 條渠（水源汾河），年設渠長 4 人，負修築管理之責。主附 3 村共有初小兩所學校，男女學生 44 人，失業兒童 10 餘人，兩校設校長 1 人，每校教員 1 人，經費每年共約 160 元。除紙筆課本外，學生其它費用概歸學校負責。成年不識字者約二分之一，爲了掃盲，在村公所前放置一塊兒黑板，每日在上面寫幾字，使不識字者詢問、默識，即識字運動。此外，村民還要受政治訓練，憑藉村民會議、閭鄰長遇事曉諭和縣實察員的講演，接受政治教育。另息訟會成績頗豐，煙民未戒絕者 10 餘人，但賭風未禁絕。村公所經費年約 100 元。〔註92〕

　　陽曲敦化村亦爲 3 主附村聯合而成，全村共 220 戶，人口 1155，男多女少，分 9 閭 40 鄰，全村初級小學共 3 所，男女學生爲 70 餘人，全村童年男女赤貧失學者約十分之一，無故失學者約 2%，教員每校 1 人，均由縣勸學所檢定分派，3 校在村學董會指導下每年經費合約 150 元，學生待遇與古城無異。保衛團有普通團丁 30 名，組織及團丁服務與古城同，全村經費年約 100 餘元，村費採用丁口地畝兩種附捐。村民均務農，生產品以粟梁爲主，果豆次之，小麥較少。土地爲旱地，如以全村農產收穫計，豐年僅能自給，收穫稍歉即仰給他村，村戶有餘裕者甚少，自足者二分之一，不足者三分之一，均自耕農，無佃農雇農，不足之戶在農暇時進城做勞力。村民會議每年召開二三次，有特殊情況時則開會較多，成年識字運動較古城進步，利用餘暇或夜間，集全村不識字者到各小學上課，同時也開設露天學校，故全村不識字者只有十分之二左右，政治訓練與古城同，不過有些消極。〔註93〕

〔註92〕呂振羽：《北方自治考察記》，《村治月刊》1929 年第一卷第一期。
〔註93〕呂振羽：《北方自治考察記》，《村治月刊》1929 年第一卷第一期。

　　壽陽全縣人口 20 萬，男女性別為 10 比 7，全縣共分 4 區、135 村、1398
閭、6690 鄰，務農者約三分之二，從商者約六分之一，業工者約一百二十分
之一，勞力者約三十分之一，無職業者全縣不過 100 人，生產以豆粟為大宗，
兼產麥梁果子等，全年收入按全縣人口計算，足有餘裕，該縣教育，初級小
學校發達，全縣共約 400 所，學生共 10000 數千人，女初小 10 餘所，學生共
約 300 人，男高小 6 所，女高小 1 所，縣立高小有學生 80 餘人，女小有學生
40 餘人，其它各鄉立者平均每校為 30 人，中等以上就學者須入太原各校，成
年識字運動與晉北略同，全縣自治經費，區款由丁糧附加，村款由各村自行
分別情形按照指定標準，丁口、地畝、貧富配納。水利計劃逐年進行。如馬
首村由 4 個主附村聯合而成，丁口共 1200 餘人，戶籍約 200 戶，共 8 閭 40
鄰，全村有初小兩所，男女學生 50 餘人，4 校共設校長 1 人，每校設教員 1
人，經費年約 140 元，學齡男女失學者 20 餘人，成年識字運動，與古城略同，
全不識字者約占丁口二十分之三。政治訓練亦如前面各村辦法，村民除少數
營商佃耕者外，均自耕農，勞力者亦有少數土地，自耕村戶自足者約五分之
二，略有餘裕者占四分之一，在外營商資產達數萬元者兩三家，自給不足者
除勞力外無特種副業，保衛團有普通團丁 36 人，鄉民思想均尚守舊，故迎神
等迷信猶未完全破除，天足剪髮已完全收效，煙賭之風去之 99%，而穴居遺
跡在村中猶可睹見。〔註 94〕

　　從前文闡述可知，晉省村制在制度上有所創設，並取得顯著成效，但它
也並非當時官方所宣傳的那樣美好。事實上，村制在實踐層面往往受到傳統
社會與軍人政治的約束，其仍存有許多缺陷。主要表現為：

　　1、官吏貪污腐化嚴重。晉省吏治仍為袁世凱時代吏治。縣知事大半利用
前清亡國大夫身份，搜刮地皮，孝敬長官，官場習氣最盛。自改組為縣公所
後，增設承政、承審、縣視學、宣講員等，但都不好好辦事，不通公務，坐
食薪俸，日事招搖。山西司法黑暗在全國較為有名，審、檢兩廳推檢多為「黑
社會」的人，販賣煙土，吃食鴉片，路人皆知。〔註 95〕素號「四凶」的旅長
趙戴文、警務處長南桂馨、六政考覈處處長崔廷獻、河東道尹馬駿等密謀與
英商福公司訂約，盜賣晉礦，激起公憤，群起反對，舉國咸知。〔註 96〕芮城

〔註 94〕呂振羽：《北方自治考察記》，《村治月刊》1929 年第一卷第一期。
〔註 95〕《晨報》1922 年 9 月 15 日，第 6 版。
〔註 96〕《晨報》1922 年 9 月 15 日，第 6 版。

縣警佐王殿棟到差數載，舞弊斂財，家喻戶曉，而尤以借煙賭各案栽贓誣陷之事禍民最深。時人因痛恨他，特爲其做一諷刺歌謠「王殿棟，只愛財，行賄賂，免殃災。這警佐，眞無賴，比盜賊，還更壞」。1922 年清查財政公所，查出王在 1919 年和 1920 年兩年度，共侵蝕大洋 1000 餘元。〔註97〕

此外，省議會議員也披著憲政的合法外衣，大肆貪污中飽。如晉省實現易幟後，省議會遭到遣散，省議會維持會務委員侯福昌、會計主任姚希會、秘書長王者聘等營私舞弊，曾將議會昔日公有金庫券利息洋 2500 餘元，私自分肥，前後委員共計 6 人，在晉省新美國飯莊議定，按六份均分，每人共計得洋 250 元，餘下數擬每人按照 10 元計算，分散於其他留省各議員。其他議員得知此訊後，都不願分這一贓款，並大加反對。後由留省議員樊廷才、王萬邦、傅守德、劉以和、郭模、溫應麟、楊珍、樊鈞、安杏生等 9 人具呈省黨部，揭破計謀。當省議會解散之際，省黨部與省政府令議會速辦結束，而會計主任姚希會則將各種重要賬目藏匿於家，他本人不露面，也不願交出歷年盈餘款項。〔註98〕

2、法令苛刻對民眾心理摧殘至深。規定天足條例，任意科罰，敲詐鄉愚，遍處騷擾，甚至強姦幼女，致使女孩羞憤自盡者甚多（指陽曲巡警而言）。貧家受罰，無力交納，逼斃人命。縣知事迎合上峰，勒令年幼婦女，當堂放足。種種苛酷，慘不忍聞。山西剪髮令頒行後，各縣巡警衙役藉資勒索，鄉民被害者擢發難數。〔註99〕街長副閭長鄰長等出於民選，而所辦之事則完全服從於官廳，毫無自由發展餘地。各街長副等既不得辭退，又不得卸職，他們怨聲載道。街禁約限制一街非法之事，根據整理市範十項嫌疑人規定，懲治不良份子，但街長等的心理覺得事情麻煩，不情願按禁約做。而閻錫山一再勒訂，給他們劃定範圍，督促街長副認眞履行。〔註100〕對於村政不良運作及其帶來的消極後果，時人十分不滿。如五臺人曾在贈閻一對聯中對此有所揭示，「六政行不到五臺，把你老的怎樣，四凶害苦了山西，哪管小民如何」。〔註101〕另山西的包稅制度也坑人，山西一切稅釐都屬包辦，其不正常

〔註97〕《晨報》1923 年 2 月 14 日，第 7 版。
〔註98〕《晨報》1927 年 8 月 21 日，第 6 版。
〔註99〕《晨報》1922 年 9 月 15 日，第 6 版。
〔註100〕《晨報》1923 年 5 月 9 日，第 5 版。
〔註101〕《晨報》1922 年 9 月 15 日，第 6 版。

運作往往坑害民眾利益。〔註102〕

3、村治中人事安排弊端百出。各縣設區分治，一縣之中，分設五區四區不等，區長由省長委任，中區區長由警佐兼理。村長副、閭長、鄰長、區助理員由縣知事派委，純係委任性質。有區村制，而無區村議會，故報紙對其評價「官治耶，自治耶，縱橫九萬里，上下五千年，遍考歐美各先進國，無此先例。此種摧殘民意，光怪離奇之區制，殆即其所謂用民政治之賜也。前山西省令煙賭案罰金，以四成提賞，各該區長即恃之為陞官發財之門徑，栽贓陷害，敲詐良民，納妾受賄，濫用非刑，直不啻率獸麵食人也。」對於這種弊病，山西省議員李保輔等曾言區制之弊，提議取消，然一再推脫延遲，終被官廳軟化。〔註103〕

4、煙賭之風仍禁絕不斷。賭博例禁，律有明條，而山西巧立名目，於普通法外，規定收藏賭具各條例，違法濫罰，其弊害與禁煙等同。〔註104〕金丹、鴉片等毒物，在表面看來，似乎山西禁得嚴厲，但是要實實在在地計算起來，金丹在中國的銷路，恐怕第一要推山西。就太原而論，一天的銷路是 30000元上下。鴉片只是禁止平民吸的，然而閻錫山左右的人，卻大吸而特吸。還有派定的禁煙委員，把沒收的大煙都入私囊，做發財的買賣。〔註105〕另煙毒還擴散到軍隊，導致晉軍戰鬥力下降。晉省官兵大多視海洛因為契友，日常起居捨海洛因，食不飽居不安。津浦之役因陰雨連綿，致火柴黴潮，洋火不著，而士兵無法吸食海洛因，遂棄甲曳兵而走。對於屢禁不止的煙毒現象，就連山西村政處長亦言「該省村治，最感困難者，莫如禁煙。鴉片之私運，尚可搜查，惟獨現在之白麵（海洛因）物質極細，價值極昂，私運者任何器物，皆可藏匿，實屬搜不勝搜，查不勝查，且往往用日人恃其不平等條約為護符代為包運，我已失治外法權，即或查出，亦不能直接懲辦。」〔註106〕閻雖重視禁煙，但他的禁煙只是在下層民眾之間開展，而並沒有擴展到閻系中人，有時甚至發現閻系中人有販煙行為者，他也不予追究，甚或加以包庇縱容，使得禁煙阻礙重重。要想煙毒徹底根除，就必須從山西官僚體制改革入手，執法必嚴，改變官員貪污腐化的不良風氣。

〔註102〕《晨報》1920 年 10 月 16 日，第 6 版。

〔註103〕《晨報》1922 年 9 月 15 日，第 6 版。

〔註104〕《晨報》1922 年 9 月 15 日，第 6 版。

〔註105〕《晨報》1922 年 11 月 18 日，第 7 版。

〔註106〕李樸生：《山西村政的「白麵」問題》，《村治》1930 年第一卷第八期。

第二節　財政運作的軍事化

　　財政是一個政權運行的血脈，關係著社會秩序的存廢，故探析晉省財政運作對山西軍紳政權解讀至關重要。民國北京政府時期，中央權力式微，地方主義勢力膨脹，這種權力斷層擴張到了財政運作層面。據時人賈士毅研究，前清關鹽兩稅大半留歸各省。民國鼎造，善後借款成立後，關、鹽兩稅另行存儲，各省收入則驟減，〔註107〕但中央財政收入的大部來自奉、魯、晉等省的鹽稅。隨著地方主義的強勢，國家財權進一步遭到地方剝奪。其實，國家與地方曾早已就財政有過劃分，在清末預備立憲時期和宣統年間各省清理財政局，編訂財政說明書，對稅目劃分特詳。但其分類僅就稅目性質而言，未議及政費範圍。1912 年夏分兩稅議題之論再起，江蘇程德全力主整理財政，認為須將國家和地方經費同時劃清界限，對於開支如外債、軍政、司法及政官廳各費應歸中央承擔，如民政、實業、教育各費應歸地方承擔；對於收入如關稅、鹽稅及其它各種稅之屬於間接者應歸中央收入，如地稅應歸地方收入，據此分配政費與劃分稅款可相提並論。是年冬，財政部特設調查委員會派員討論分配政費和劃分稅款的問題，並對一些先決前提，應預為議定。〔註108〕

　　由以上中央政府對財政劃分與分配的討論，於是中央與地方財政劃分才逐漸成型。國家稅目有田賦、鹽課、關稅、常稅、統捐、釐金、礦稅、契稅、牙稅、當稅、牙捐、當捐、煙稅、酒稅、茶稅、糖稅、漁業稅。地方稅有田賦附加稅、商稅、牲畜稅、糧米捐、土膏捐、油捐、醬油捐、船捐、雜貨捐、店捐、房捐、戲捐、車捐、樂戶捐、茶館捐、飯館捐、肉捐、魚捐、屠捐、夫行捐、及其它雜稅。還準備設為國家稅的有印花稅、登錄稅、繼承稅、營業稅、所得稅、出產稅、紙幣發行稅，而準備設為地方稅的有兩種，一種是特別稅，如房屋稅、國家不課稅之營業稅、國家不課稅之消費稅、入市稅、使用物稅、使用人稅；第二種是地方附加稅，為營業附加稅和所得附加稅。〔註109〕

　　此外，政費也進行了釐清。地方費目有：〔註110〕

1、立法費：此項專指地方議會之經費而國會費不屬之。

〔註107〕賈士毅：《民國財政史》，上海商務印書館 1917 年印行，第 78 頁。
〔註108〕同上書，第 104 頁。
〔註109〕同上書，第 107～112 頁。
〔註110〕同上書，第 126～127 頁。

2、教育費：此項除教育部直轄機關及國立學校外，凡專門教育普通教育義務教育均應由地方支出。

3、警察費：警察爲保持地方治安而設，除京城省會商埠所需之警察費外，其它警察費應由地方支出。

4、實業費：此項除中央所營之實業外，凡農工商各業由地方團體自辦者，均由地方支出。

5、衛生費：衛生行政係保衛地方人民之生命，其費自應由地方支出。

6、救恤費：救恤行政係減輕地方人民之困苦，其費亦應地方支出。

7、工程費：此項除國家所營之工程外，凡地方團體經營之工程，其費均由地方支出。

8、公債償還費：此項僅限於地方公債之償還費，至政府公債之償還費則不屬之。

9、自治職員費：此項如市長鄉董之薪水等是，而與立法費有別。

10、徵收費：此項專指徵收地方收入所需之費，至中央收入之徵收費則不屬之。

山西的稅費在遵循以上稅費分類外，又有自己的特色。其財政收入主要有田賦、釐金、正雜各稅、正雜各捐與雜收入，其支出主要爲內務費、財政費、陸軍費、司法費、教育費、農商費與交通費等。爲說明民國初期山西的財政收支狀況，下文特將 1913、1914 與 1916 年度山西的財政收支列表如下：

山西三年財政收支狀況分佈表（單位：元）

1913年	田賦	釐金	正雜各稅	正雜各捐	官業收入	雜收入		共計	
收入	4146440	808743	833678	5257		633810		6427928	
支出	內務費	財政費	陸軍費	司法費	教育費	農商費	交通費	共計	
	1537156	314914	3804648	799220	30000	231170	4261	6721369	虧 293441
1914年	田賦	貨物稅	正雜各稅	正雜各捐	官業收入	雜收入		共計	
收入	4344491	910380	277801	13687		60000		5606359	
支出	內務費	財政費	陸軍費	司法費	教育費	農商費	交通費	共計	
	1588970	204886	3171740	270000	100000	4000		5339596	盈 266763

1916年	田賦	貨物稅	正雜各稅	正雜各捐	官業收入	雜收入		共計	
收入	5949516	776380	525317	93074		66051		7410338	
支出	內務費	財政費	陸軍費	司法費	教育費	農商費	交通費	共計	
	1886838	498751	2339000	290000	440705	21191		5476485	盈 1933853

資料來源：本表製作參見賈士毅：《民國財政史》，上海商務印書館 1917 年印行，第 79～103 頁。

　　由上表可知，晉省的財政收入主要來自田賦，而支出部分爲軍費最多，次之爲內務費，即維繫龐大官僚機構的辦公費用，其它費用總是位次於軍費。誠如其時財政研究者賈士毅所言：「軍費出款又因時變迭生，師旅林立所需之額時有增加，多者幾逾總額之半，少亦三分之一。軍費既增，而他項政務遂不得不力從撙節。」〔註 111〕可見民國北京政府時期的財政幾乎爲軍事財政，而山西的財政運作更富有軍事化特徵。

一、稅收來源渠道

　　山西稅收徵收實行的是包稅制度。閻錫山兼任省長後，呈請財政部援照河南成例，允許將所有全省鹽稅改歸商辦，預算每年較諸原數可增加收入約在 1000 餘萬上下，財政總長批示准其試辦。〔註 112〕於是，晉省稅務實行包辦制度，一切稅鹽改爲包辦，但商人在徵稅中卻出現傷民現象。如山西平定縣某村的 1 個農民，養著 7 頭牛，因爲年荒，想要拍賣，結果這 7 頭牛以低廉的 5 塊錢出賣，都沒有人買，此人無法度日，就殺了 1 頭牛，不料被包稅的人知曉，非要他交 1 塊大洋的割頭捐〔註 113〕，這個農人就說「這個牛通共還不值一元錢。你今天割頭捐就要一元，那麼，你把這個牛拿去好了」，但稅官不要牛，非要 1 元錢不可，並用棍打勒索。農民心想沒有生路可尋，只好武力抵抗，結果鬧成官司糾紛。幸而知事還懂一點人道，沒有罰辦這個農人，也沒有讓他出割頭捐，就了結此事。〔註 114〕可見，包稅雖能增加政府收入，但它卻存有很多不合理的成分。

〔註 111〕賈士毅：《民國財政史》，上海商務印書館 1917 年印行，第 78 頁。
〔註 112〕《晨報》1918 年 12 月 6 日，第 6 版。
〔註 113〕當時的割頭捐爲 1 牛 1 元。
〔註 114〕《晨報》1920 年 10 月 16 日，第 6 版。

　　民國初年山西的金融極爲紊亂，市面流通多種錢幣。山西是偏僻省份，礦產較多，而交通只有一條正太鐵路，通到太原，京綏鐵道經過大同，除少有的幾條長途汽車路以外，其餘都是郵政局所謂屬於「土」的交通。因此，山西的貨幣與外界不同。貨幣至爲複雜，銀幣有寶銀、紋銀、元色銀、大洋、小洋之分。錢幣有制錢、銅元、錢票之別。商家交易又自爲風氣，巧立名目，銀之成色高下、天秤大小、制錢之短數、錢票之漲跌，均是奸商伸縮市價的餘地，農民受害之深。〔註115〕交通閉塞的縣份只用生銀與制錢，雖然完糧納稅按照銀元計算（亦從銀子合成銀元），但收稅時還是用的生銀。在太原府只用「袁世凱頭」的銀元和北洋站人等，其餘西南、湖北、廣東、大清銀幣等都不通用，小洋都是東三省造的。1919 年時大洋 1 元，可以換銀子 7 錢 4 分，折合起來，加上成色，可換銅元 130 餘枚，換小洋 11 角，換制錢 1400 餘文。〔註116〕

　　爲改變晉省幣制混亂狀況，增加財政收入，有人建議閻錫山收買制錢，改鑄銅元。於是閻向浙江杭州造幣局花 50000 餘元轉買全部機器，其餘零星小件另外添配，於 1919 年在太原府北門外修械所內設立銅元局，製造「當十」銅幣。第一次的銅幣模子是和別省的銅幣一模一樣，只是加「山西省造」四字，以與別省區分。銅元造成以後，運到天津和石家莊等處，但市面上難以流通，只好將 450,000 枚銅元，全數收回改鑄，損失 60000 餘元。私鑄銅元不能流通的原因爲：一是當時福建和安徽等省的輕質銅幣，尚還沒有發現，而山西銅幣的分量與成色較之當時通用銅幣爲十與八之比。二是局內人員舞弊太甚。閻遭受山西所造銅幣不能流通於市場的打擊後，準備停辦，但閻氏親信較爲堅持，一面調查局內情況，一面計劃改良辦法。於是閻又委李某經理一切，責成各縣知事收買制錢，運費由省府負擔，每 100 里路發錢 1500 文，每車可以裝 1000 餘斤，同時又規定各縣錢店領換銅元規則。當時市價假定每洋換銅元 150 枚，換給錢店者可換 158 枚，並准發行銅元票，於是各縣的錢店極力搜索制錢去改換銅元，使當時銅元價格由 146 枚，漲到 138 枚，從而使銅元製造銅元，大多造一枚「當二十」的銅元，使得銅元的市價跌到 180 餘枚，制錢亦漸減少，銅元票則大爲充斥，各縣錢店因此倒閉的絡繹不絕。〔註117〕

〔註115〕《晨報》1923 年 5 月 8 日，第 7 版。
〔註116〕《晨報》1923 年 2 月 13 日，第 6 版。
〔註117〕《晨報》1923 年 2 月 13 日，第 6 版。

　　輕質銅元幣不僅在山西流通，而且還走向全國市場。銅元局每天製造銅元 200,000（有人說 250000），自從開廠到 1923 年已經有三年多，製造量總計約 200,000,000 枚。「當二十」的銅元占其四分之一，約計「當十」銅元 25,000 枚，各地發行的銅子票至少亦有 100,000,000 枚，在晉省的消納量每縣 1,000,000 枚，山西 105 縣可消納 100,000,000 枚，其餘的 15000 分輸到各處，輸送到上海、天津、漢口等處，社會未曾十分注意。其實重量與成分不比安徽、福建的高明多少，不過數量少些。閻錫山自從成立此局以後，經濟運轉的非常靈活，雖也有過幾次各處的借款，但晉省財政仍不覺得拮据。〔註118〕閻錫山從銅元幣中獲益後，於 1924 年 9 月將銅元局再次擴大規模，添機製造，置辦新機數架到省安安，並派員赴漢購買大批紅銅 576,000 斤，由漢口裝 16 輛列車，每車載 36000 斤，起運經過鄭州，改由正太車轉運到晉省交局核收，備鑄新幣。〔註 119〕

　　然銅元的製造，亦給晉省帶來一定的負面效應。山西金融素稱富裕，在前清時票號執中國金融界之牛耳，對於錢業一項非常發達。民國以來，錢帖盛行，濫發者常有倒閉，但遺害尚不甚大。到閻錫山製造銅元時期，將各縣制錢收括殆盡，生活程度因以增高，錢商一變其制錢與寶銀的買賣，而轉為銀元與銅元的買賣。1919 年時，每銀元 1 元可換銅元 140 枚，1923 年時則換銅元 228 枚，相差之巨，各地皆然。當時初制之時，銅元不多，閻錫山極力推銷外省，故各縣錢商為周轉市面起見，並得到閻許可，不得不發行逾量的銅元票，但時間一長外省流通滯呆，於是分佈在省內各縣的價格降低，現貨充足，紙幣受其影響，票號倒閉者甚多，兩年以來發號倒歇者達 200 餘家，少數因虧空不支，十之五六均因放款過多現貨不繼所致，另一部分是因賣空買空導致。未發行銅元以前，不過是銀兩與制錢的關係，賣買間相差為數極微，且一縣之價不能限制。在銅元外運得到禁止後，市價則可隨高隨低，如以 1923 年大同市價論，在夏間每銀元 1 元，可換銅元 228 枚，隨後則僅換銅元 178 枚，而其它縣份與省城當可換 220 餘枚，結果大同金融出現紊亂。〔註 120〕

　　此外，閻錫山為補助擴軍中的軍餉問題，還擴大徵稅範圍，開始起徵房

〔註 118〕《晨報》1923 年 2 月 13 日，第 6 版。
〔註 119〕《晨報》1924 年 9 月 18 日，第 7 版。
〔註 120〕《晨報》1923 年 12 月 15 日，第 7 版。

屋稅等。1924 年 12 月 22 日上午 12 時，山西軍署召集財政會議，列席人員有
晉北鎮守使趙戴文、軍署參謀長臺壽民、財政廳長楊兆秦、政務廳長孟元文
等 10 餘人。首由閻錫山發言，「山西此次出兵及增兵，實出於萬不得已。想
在座諸君，早已洞悉。所有此後軍餉問題，亟應預籌劃，予（閻自稱）於前
次會議時，已提出兩種辦法（一）減薪，（二）增稅。減薪一節，於 20 日開
軍事會議時已定有大概，即此後各團營不論軍官軍佐。薪公各費，一律按原
定數目，七折發給，至增稅一節，前次開會所討論者，共計四項。內有新加
者二：（一）房屋稅，（二）商號登記稅。改訂者二：（一）煙酒費稅，（二）
各項釐稅。對於以上各稅之稅則及辦法，楊廳長（財廳）曾商同主管各員商
討辦法，所擬屬妥善。然據該廳之核算，即如此辦法，每年全省總收入，與
總支出相較，尚不敷二百餘萬，是則可慮。此後各機關，尚須極力撙節。」
次由列席各員將財廳擬定各稅辦法詳加研究，討論各稅結果爲：1、新增房屋
捐，凡民間所有房屋，按房屋所在地，每年應徵收房屋捐，其捐額暫定爲三
等，一等每間捐洋 5 角，二等每間捐洋 3 角，三等每間捐洋 1 角，擬定章程
後由財政廳呈核施行；2、新加商號登記稅，凡商店在城鎮鄉村有固定地址者
均須向該管縣知事公署登記，登記時依該商店資本千分之五徵收費用，其它
沿途小商人亦須在該管縣知事公署，領得牌照，始准營業，其牌照費，按商
業種類，分別定之。3、改訂煙酒費稅，關於此項費稅，自 1925 年 1 月起，
均按原額加二成徵收。惟牲畜稅與屠宰稅，按原額加五成徵收。〔註 121〕

中央稅收「被地方化」亦是山西的一大重要財源。1917 年，民國北京政
府有借美款以煙酒公賣抵押的風傳，倪嗣沖得知後，於 5 月 31 日通電全國
「頃得確息，府院方面現借美款業有成議，將以煙酒公賣抵押，並飭財部趕
印債票備用，務請迅推張勳領銜，飛電駐京美使，聲明對於此款不能承認，
奸黨擅借。屬內地方所有煙酒公賣局所概應暫行停辦，或歸地方官直接辦
理，免資利用。」〔註 122〕閻錫山當即於 6 月 1 日電張勳等「頃接倪省長電，
府院方面現借美款業有成議，將以全國煙酒公賣作抵押，並印債票備用，囑
即飛電駐京美使，聲明對於此款不能承認，奸黨擅借等因。竭全國之脂膏，
供無名之揮霍，此等舉動斷難承認。倪省長主張辦法，極表贊同，即請紹帥

〔註 121〕《晨報》1925 年 1 月 19 日，第 5 版。
〔註 122〕《閻檔》（第二冊），第 106 頁。

（張勳）挈銜，電致駐京美使，以杜狡謀。」〔註 123〕閻錫山這樣做有著自己的盤算，他想借機將煙酒公賣款收歸地方，為此特於 6 月 12 日電趙倜等進行協商「煙酒公賣擾商病民，前因公府抵借美款，曾經聯電反對，丹忱（倪嗣沖）省長並有停辦或收歸地方之議。敝處自宣告脫離，業將該局收歸財政廳管轄，尚未停辦，未知尊處辦法若何，又鹽運署、榷運局、中國銀行、鐵路、郵電各款，尊處如何處置，統乞賜示，以便仿行。」〔註 124〕蚌埠倪嗣沖與張懷芝對閻電做出回應，倪建議「敝處自宣告脫離後，公賣局亦收歸財廳。銀行則派員查帳監視，以維金融。郵電亦各派員檢查。鹽款、路款並未干涉。」〔註 125〕而濟南張懷芝則以為「承詢煙酒公賣及財廳運署銀行一切應解中央款項，敝處現已全行扣留。俟大局解決，再行妥議。」〔註 126〕閻錫山對他們的意見未作任何表態，而早已將公賣局的煙款作為晉省財政之一部分。1919 年 7 月 13 日，閻錫山又電國務院，欲安插親信馬駿整理河東鹽務，進而涉入鹽政事務，〔註 127〕但未能如願，馬駿只是在北京政變後，才掌控了河東鹽政。

段祺瑞任臨時執政後，奉張與馮玉祥的矛盾升溫。馮玉祥為和閻錫山結成聯盟，便給閻賣個人情，同意推薦馬駿為河東鹽運使，1924 年 12 月 4 日馮玉祥電閻「河東鹽運使馬駿久任運使，深知得力，我弟欲其駕輕就熟，未便遽易生手，足徵為國選賢，良深欽佩。除已代陳執政，力為說項外，知關廑念，用特電達。」〔註 128〕閻當即電覆馮，對推薦馬駿事表示感謝。〔註 129〕得到馮玉祥支持後，閻對馬駿任河東鹽運使一職有了把握，遂函電徵求段祺瑞、財政部與鹽務署的同意，謂「河東鹽政關係國家稅收，現奉明令，調任張璧為稅務處會辦，所遺運使一缺，查有現任代理河東鹽運使馬駿，才識超卓，為守兼優，歷任山西政務廳長及河東道尹等職，成績昭著。自代理運使以來，時近兩月，整頓稅課，不遺餘力。商民愛戴，聲譽翕然，實屬人地相宜。錫山為國薦賢，謹電上陳，伏乞鑒核照准。」〔註 130〕21 日，馬駿接任河

〔註 123〕《閻檔》（第二冊），第 107 頁。
〔註 124〕《閻檔》（第二冊），第 110 頁。
〔註 125〕《閻檔》（第二冊），第 111 頁。
〔註 126〕《閻檔》（第二冊），第 111 頁。
〔註 127〕《閻檔》（第四冊），第 651～652 頁。
〔註 128〕《閻檔》（第五冊），第 628～629 頁。
〔註 129〕《閻檔》（第八冊），第 628 頁。
〔註 130〕《閻檔》（第八冊），第 629 頁。

東鹽運使。

　　後來，隨著國內戰事的增多、政局的變動和山西捲入戰爭的漩渦，軍費的耗費使晉省財政日絀。為解決這一難題，閻錫山再次大力擴展財源，以「捐」稅為名的攤款及其稅目日見增多。1924 年，閻錫山私自扣留酒款，遭到姚國楨〔註131〕的抗議，姚「希望晉煙酒款仍照解中央，晉軍費自亦緊急，當由陸部指撥，無論如何望與中央做門面，執政將電釋中央窘況。」〔註132〕是年 12 月，姚國楨電閻錫山，要求將晉省煙酒稅費招商包辦之議上報全國煙酒事務署，以觀其是否與中央計劃牴觸。〔註133〕閻即於 12 月 19 日電覆姚國楨請批准晉省煙酒稅仍用商包辦法，並陳述其具體理由是「招商設棧，積弊重重，誠如尊論。竊謂商包一舉，非法意之不善，乃辦理之失宜。晉省各項稅收，自民七年以來均繫剔除中飽，節省經費。原擬俟包辦完竣，再行咨明將向解貴署之款照舊彙解，盈餘之數留充軍費。在中央收入既無虧損之虞，而地方政事可收補助之效。現正分頭辦理，萬難朝令夕改。鄙見以為天下無經久不變之法，但使內外兩有裨益，固不妨通力合作也。」〔註134〕隨之姚國楨做出妥協，於 1925 年 3 月要求閻將煙酒費稅解中央之款照舊彙解，盈餘之數留充軍費。〔註135〕

　　不久，山西又始倡辦紙煙特捐，實行值百抽四十之加稅。駐京美使馬克謨迭接美國煙商要求交涉取消紙煙特捐。1926 年 4 月 12 日，馬克謨向外交部提出抗議，「該項稅收，違反約章，請速飭令停止」。〔註136〕17 日，馬使又致一照會於外交部「山西實行紙煙值百抽四十之重稅，妨礙美商利益，違背《中美通商條約》，茲特提出抗議，應請急電山西省長，停止徵收，取消捐例。」〔註137〕另外，由於山西當局扣留運城鹽款，駐京英、法、日三國公使也向外部提出抗議，要求制止，外部電請山西當局照辦，然閻錫山卻置若罔聞。英、法、日三使只好再次向外部提出嚴重抗議，「關於山西截留鹽稅一事，曾經本使等提出抗議，特請中國政府予以注意，即為制止」。鹽稅業雖已抵押借款，

〔註131〕姚國楨，字幼枝，安徽貴池人，舉人及京師大學堂肄業。民國時任交通部僉事、課長、參事、郵政局長、交通次長等職。

〔註132〕《閻檔》（第七冊），第 236～237 頁。

〔註133〕《閻檔》（第八冊），第 637 頁。

〔註134〕《閻檔》（第八冊），第 636 頁。

〔註135〕《閻檔》（第八冊），第 637 頁。

〔註136〕《晨報》1926 年 4 月 13 日，第 3 版。

〔註137〕《晨報》1926 年 4 月 19 日，第 3 版。

向禁各省提用，但晉省繼續截留，不顧外國抗議。〔註138〕可閻對外使抗議仍置之不理，照樣徵收紙煙特捐。

對於接連不斷軍事費用的虧空，山西還試行公債、徵收田畝捐與房屋捐加以補償。1926 年的雁北戰事結束後，省政府細加綜覈，計欠外債達15,000,000 之多，其大多數皆係欠商家。而各商家以連年時局不靖，商業日衰，再加稅收負擔，頓有難以維持之勢，環催政府體恤商艱，乞即歸還。政府為顧全信用計，答應設法歸還。然庫空如洗，點金之術仍屬願與心違，於是向民間暫加地畝捐，以二年為限，計每年能得 300 餘萬元。同時，又發行公債4,000,000 元，由商富均攤。其餘之數仍由省政府設法籌措，令各縣籌備進行。各縣奉省令後，以各縣之地有以「段」計者，又有以「坰」計者，旱田有原、平、沙、坡、城之別，水田亦有大、小之分，若照省令實行攤派，困難殊多。若將「段」、「坰」折合成畝，亦非數月不能成功。各縣紛紛呈電請示辦法，閻錫山令各縣迅將「段」、「坰」折成畝數，旱田分為上、中、下三等；水田分為活水、洪水二種。但各縣在著手辦理之際，太原忽有反對地畝捐請願團發起。該團曾數赴晉綏總司令部請願迅將此捐罷免，以舒民困。閻不得已慨然允諾，立即令各縣宣佈罷免。〔註139〕

除徵收地畝捐外，山西政府還規定向各縣商富戶派銷債券。太原總商會因此項臨時捐款，多次催促各商家繳納，但收效甚微。1927 年 3 月 29 日，特發通告，催各行號限期照繳。總數為 120,000 元，「由陽曲縣署向關廂村鎮商號分派二萬元，由本會向各商行分派十萬元，並經公同表決，仍按資本為標準，照千分之二十五抽收，惟款已奉撥，各軍旅之薪餉，催索甚急，迫不容緩，自本月二十七日至三十日限四日內一律照數繳會，不得稍事延緩。」〔註140〕對於戰時借款，政府仍要各縣知事與富戶巨紳籌妥善辦法，依期歸還，特別是軍需用款急如星火。在款項無著之時，再次將地畝捐舊事重提，下等地原來每畝定為六分，現再行減輕每畝定為五分二釐，令知各縣迅速照辦，於 5 月 15 日以前必須一律彙解到省，以濟急需。陽曲縣知事張敬灝奉令後，當即令各村民迅速交納。各村長副奉令後，召集街閭鄰長等多次討論辦法，表決遵照縣令實行，於是該縣各村民入城交款者絡繹不絕。地畝捐雖

〔註138〕《晨報》1926 年 4 月 19 日，第 3 版。
〔註139〕《晨報》1927 年 5 月 17 日，第 5 版。
〔註140〕《大公報》1927 年 3 月 30 日，第 6 版。

經實行，但仍不敷分配，後政府決定再徵房屋捐（查山西向無此種捐款，若在外省，有房捐，尚有鋪捐，以及其它種種名目）。警務處長南桂馨令各區署調查太原市商民房屋總數，以便著手徵收，限於 5 月 14 日一律繳齊。房屋捐款規定分一二三四等，按院大小、房屋多寡、係新房或舊房評定等次。一等院落每所捐銀 25 元，二等每所捐銀 20 元，三等每所捐銀 15 元，四等每所捐銀 5 元。各街辦公所連日會議討論此項捐款，但未獲有效結果，而政府規定房屋捐反使房價增漲，租房一間 2 元。此時房東利用這一機會，從中牟取小利。〔註 141〕另由於棉花一項為出入口商貨大宗，政府又令各縣於正稅外加抽棉花特捐，規定棉捐每 100 斤按 8 角抽收，在出境或入境時徵收一次，並於 5 月 23 日擬令各口岸縣份與各統稅徵收局卡遵照辦理。〔註 142〕

　　流通券發行也是晉政府解決財政危機的一項舉措。山西政府為救濟雁北 13 縣，還發行善後流通券 200 萬元，在各縣組織當業抵產局。其做法是民眾不動產值 2 元者，可領取流通券 1 元。多者類推，周行市面，須與現洋一律，不得私自折扣。如渾源縣某錢店以折扣收買該券，被縣知事查悉罰金數百元，其餘各縣皆不敢效尤。當時鄉民納稅可以此券，各軍政機關人員發放薪餉亦附發該券數成。流通券雖在市面流通，但各商民未接商會通知，大多不肯收受，導致當街市上爭執者觸目皆是。總商會雖屢次請示，亦未得到具體答覆。後政府鑒於爭執日見甚多，況又值戒嚴期，難免因小故而釀成大禍，決定再議一具體辦法，即凡購物在 1 元以上許以此券償值，若 1 元 5 角可抵現洋 1 元。在 1 元以下者，一概不准行使。政府雖定方法，但一般無賴和奸商仍有不遵守者，因此爭噪者仍有所聞。據當業中某君於 5 月 11 日談「該券之爭執，猶以當業為尤甚。蓋因該業當出之款，皆係現洋，及來贖時，皆以流通券相抵。其資本較少者，前時已有三家，暫停營業。資本較厚者，雖能苟延殘喘，然大多數門口皆貼『止當候贖』字樣。其次為軍衣莊，前時發行之金庫券以之購物，尚與現洋無異，若調換現洋，仍得吃點小虧。各街上之小錢攤見有利可圖，均爭相收買，皆掛有小招牌上書『代收金庫券』。蓋該券雖為六個月期滿，可兌現洋，然用錢緊急之人，萬難擱置六個月，以貪圖六釐之小利也。如有需用現洋用途時，不得不隨時出售，故一轉瞬間，而小錢攤則竟大獲其

〔註 141〕《晨報》1927 年 5 月 17 日，第 5 版。
〔註 142〕《晨報》1927 年 5 月 24 日，第 7 版。

利。」〔註143〕

所得稅亦是政府增加收入的重要來源，但從其芻議到實行也經歷了一番官民之間的博弈，最後以官方勝利告終。1920 年，山西發生旱荒後，紳、商對政府的捐稅與催科表示反感，紛紛要求蠲緩稅收。恰值其時財政部提倡徵收所得稅，命令公佈後，反對函電紛至沓來，10 月 23 日山西總商會致北京政府電「報載中央對於所得稅已經議決實行，惟查晉省歲遭大祲，百業蕭條，衣食尚待賑恤，何堪重加擔負，迅請從緩辦理，以恤商艱」。〔註144〕出於商民反對，山西徵收所得稅之議暫時擱置。〔註145〕但閻錫山仍對受災縣徵收糧賦。以陽曲一縣論，1920 年數月亢旱縣內 180 餘村收穫只足一成。鄉民啼饑號寒，已是悲慘之狀，但閻不許縣知事據實呈報災情，有報者則另委專員嚴酷勘查。除特重 30 餘村外，其餘不准上報有災情，預備爲將來徵糧做準備，並令縣知事催逼錢糧，限期繳納（各縣皆然不止一處）倘或延緩，即行拘禁。〔註146〕對此，山西旅京同鄉會函電閻，勸其勿要在災荒中催科，「擬懇應停止潤金抽扣，免蹈誅伐無厭之名，於凶荒之世，此請停止苛罰者一也。」〔註147〕然政府面對浩大的軍事開支，不顧士紳反對，繼續科徵捐稅，並於 1927 年 7 月 18 日晉省又出臺徵收所得稅政綱，〔註148〕開始起徵所得稅。

二、支出之用途

從前文可知，民國初年山西的收入用於軍事和內務費最多，1913 年晉省出現財政虧損，其後兩年都有盈餘。特別是在閻錫山兼省長後，財政收入更有增加之勢，但他對外卻宣稱「晉省財政拮据」，防止中央政府從晉省解款。之後，閻錫山又將更多的財政收入用於軍事建設。如 1917 年 11 月左右，閻電稱當時防務緊急，擬增設警備隊五營，需費浩繁，除將原有差徭費撥入外，常年經費尚不足 16 萬餘元，請追加六年度預算，以資彌補。財政總長梁啓超

〔註143〕《晨報》1927 年 5 月 17 日，第 5 版。
〔註144〕《晨報》1920 年 10 月 24 日，第 6 版。
〔註145〕《晨報》1927 年 7 月 24 日，第 6 版。
〔註146〕《晨報》1920 年 11 月 24 日，第 3 版。
〔註147〕《晨報》1920 年 11 月 4 日，第 3 版。
〔註148〕參見《晉省徵收所得稅》，《晨報》1927 年 7 月 24 日，第 6 版。

表示擬咨商內務部核減後，再行提交國務會議。〔註149〕1918 年，閻錫山附和
安福系出兵湖南，晉軍失敗，耗費一百餘萬元。〔註150〕另從閻致靳雲鵬函電
中可瞭解到山西 1919 年間軍隊薪餉額數的大概。其軍隊編制與薪餉為：憲兵
司令部及一、二兩營官佐兵夫 732 員，年支餉項 143,898 元 6 角 4 分 8 釐。
晉軍第一混成旅官佐兵夫 5054 員，年支餉項 744,306 元 7 角 2 分。第二混成
旅官佐兵夫 5139 員，年支餉項 757,198 元 8 分。第三混成旅官佐兵夫 5096
員，年支餉項 764,129 元 1 角 9 分 6 釐。第四混成旅官佐兵夫 4853 員，年支
餉項 713,763 元 2 角 4 釐。第五混成旅官佐兵夫 4076 員，年支餉項 556,336
元。第一混成團官佐兵夫 2565 員，年支餉項 375,841 元 2 角。第二混成團官
佐兵夫 2530 員，年支餉項 367,142 元 1 角，〔註151〕共計 4,422,615 元 1 角 4
分 8 釐。

　　然感到較為困惑的是因資料缺乏難以知曉山西 1919 年的財政收入，如能
得知 1919 年晉省的收入，就可與其軍事支出做一比較，以觀晉省的「軍事」
財政。但也不妨與 1916 年的山西收入做一比較，因 1916 年晉省懾於袁世凱
威權還沒有擴軍，但其時軍事支出已占很大比重，從 1917 年始晉省便開始擴
軍，到 1919 年晉軍已有一定規模，僅軍隊餉銀就高達 4,400,000 之巨，而 1916
年的收入才僅有 7,410,338 元。據 1927 年《晨報》載山西歷年收入有 12,000,000
萬元，〔註152〕這一數字在 1919 年能否達到，值得懷疑，即使晉省財政收入在
1919 年猛增到 10,000,000 元，那麼其軍事各項支出仍占到絕大比例。可見山
西的最大開支仍為軍事支出。

　　以上數據顯示，閻錫山對中央報稱晉省軍費開支浩繁確為實情。但有時
他的這種說法也是一種謊稱，因閻擔心中央政府從晉省解款。如 1919 年 5
月 17 日，國務院財政部致電閻錫山，其時中央財政困難，意想設法救濟，
在全國募集公債，以得山西支持。但閻卻覆電中央「八年公債自奉到條例後，
原擬竭力籌募，只以晉本瘠區，連年舉辦內債，已勢成弩末，加以籌設省行，
股本六十萬元甫經招足，若再接募公債，恐所辦無多，且前發債券尚多，其
價格每百元約有現金六成即可購得，較九三之數相去懸殊，人民知識薄弱，

<hr>

〔註149〕《晨鐘報》1917 年 11 月 2 日，第 3 版。
〔註150〕《晨報》1922 年 9 月 15 日，第 6 版。
〔註151〕《閻檔》（第四冊），第 643 頁。
〔註152〕《晨報》1927 年 7 月 25 日，第 6 版。

必不肯自由認購，感此種種困難，故尙無具體辦法。至發行國庫流通券，係暫時救濟金融之舉，中外輔車相依，如果別無困難，自當力籌讚助，應俟奉到條例，察酌情形，再行奉達。」〔註153〕1924 年 9 月江浙戰事爆發，掌控北京政府的直系希望山西對洛吳有所協助，出兵助餉均可，而晉籍士紳田應璜代表閻錫山表示婉拒，並對直派要人言「山西政體事必公開，兵隊只作守土之用」，「財政尤必與官紳會議，通過甚難」。〔註154〕閻得知此事後對田氏做法極表滿意。〔註155〕

閻錫山雖不輕易拿錢給北京政府，但爲穩固其省長位，卻願耗費鉅資對秉持中央政權的實力派賄賂收買。這些頗大的開銷亦是晉省財政開支的一部分。直皖戰前，閻錫山助段軍餉 30 餘萬。〔註156〕直系掌控政權時，吳佩孚曾於 1922 年 5 月 11 日電閻錫山「現值軍務倥偬，需款甚急，查河東鹽款月入甚巨，特派軍需處一等科員于秉鈞帶武裝兵士兩連前往提用，事後籌還，均由本使負責，惟道經貴治，尙祈設法讚助。」〔註157〕閻當即答覆「尊處以軍事需款甚急，擬提河東鹽款，敝處自應力爲讚助，請由尊處特派委員攜帶正式公文，前往河東提款，即由敝省派兵護送，在茅津渡過河，俟渡到豫境會興鎮，再由尊處派兵護接轉送。所有尊處委員，在晉省河東境內，敝處無不妥爲照料完全負護送之責，似無須隨帶武裝兵士前來，以免地方人民或起驚疑。」〔註158〕1923 年 4 月，吳佩孚又派員到晉，隨屬協助軍餉，閻錫山撥餉銅元 200,000 枚，同時派代表赴奉，攜有軍用要品，即新發明之炸彈和電雷製造法，以爲進見之禮，訂立秘密契約，即由山西每年供給硝 6,000,000 擔，礦 10,000,000 斤，由綏遠運出。〔註159〕1925 年初，北京政府因陰曆年關將近，財政困難，段祺瑞令其秘書廳於 1 月 10 日電閻錫山，要其籌解款項三四十萬元接濟財政部。〔註160〕閻於 1 月 14 日覆電到京，山西本無力籌撥，唯河東鹽運師署尙有存款 300000 元，擬請先行挪用，以便接濟急需。此舉據外

〔註153〕《閻檔》（第四冊），第 648～649 頁。
〔註154〕《閻檔》（第七冊），第 18 頁。
〔註155〕《閻檔》（第七冊），第 17 頁。
〔註156〕《晨報》1922 年 9 月 15 日，第 6 版。
〔註157〕《閻檔》（第六冊），第 201 頁。
〔註158〕《閻檔》（第六冊），第 200～201 頁。
〔註159〕《晨報》1923 年 12 月 6 日，第 5 版。
〔註160〕《閻檔》（第七冊），第 292 頁。

傳聞，閻之所以踴躍給錢，係與某某長晉之說有關。〔註161〕同時，他又應段祺瑞臨時執政府要求各省借款協助善後會議，彙去善後會議助款。〔註162〕不久，臨時執政府財政出現危機，晉駐京代表溫壽泉為使山西得到段執政好評，於 9 月 28 日電函閻「頃何夢祥約談，據謂直、魯、皖、蘇、贛解來煙酒稅四萬五至一萬五不等，節關在即，府中奇窘，無論如何，仍請百帥於萬難之中特別設法，能措多少算多少，或解煙酒署或解執政府均無不可。至於山西財政困難，政府亦深為諒解，而敢於如此請求者，以百帥甚能體諒執政（段祺瑞）之難境也。駿良（段宏業）本欲去電，又覺不好意思，即請急電伯帥，務予設法度此難關。」〔註163〕閻只好應允，但接濟多少，因資料缺乏，無從知曉。

由於政局連年不靖，山西各機關用人日益增加，官員開支擴增。軍署是一省的軍政最高機關，凡軍隊裁撤改編和病因事退職的軍人，都需軍署為其重行安排位置。況且留學歸國與本省畢業學生、行政辦事有勞績者，以及社會耆老碩士，軍署亦需聘用之。這樣日積月累，政府開支甚大，以致預算經費入不敷出，差額甚巨。軍署自民國以來謹守預算範圍，雖開支逾額，從未向財廳另行提款，東挪西借尚可勉強支持。但因整頓軍事機關和教育，軍事教育正項開支日增，冗費籌借不易，遂致軍政費用愈行不支。後恰值中央要求裁汰機關冗員，閻錫山藉此表示服從中央命令，進行裁員以縮減開支。裁員具體辦法由閻氏總賬房徐一清籌擬。徐為閻的叔丈，閻知其為難，另派李參謀長和軍需課長 3 人共同籌擬，擬定辦法五項：1、凡有正式預算之機關，仍舊開支。2、雖無正式預算，然與培養軍事人才有關的，亦仍舊設，但以後不再為其添設款額。3、兼差人員，減半發薪。4、預算以外之人員，凡擔任一事者及雖不任事，而有前功者，亦仍舊發薪。5、此外無關緊要之機關及冗員，均分別撤裁，或改為名譽職。此法經閻認為妥當，定於 1923 年 11 月實行，但機關卻無一人裁撤，人員也極少被裁，而閻只是洋洋大文呈報中央，備言經濟困難。〔註164〕

除以上支出外，戰爭費用也是晉省的一大筆開銷。1926 年，遼縣直豫

〔註161〕《晨報》1925 年 1 月 15 日，第 3 版。
〔註162〕《閻檔》（第七冊），第 331 頁。
〔註163〕《閻檔》（第九冊），第 578 頁。
〔註164〕《晨報》1923 年 11 月 18 日，第 5 版。

與雁北之戰所用軍費甚多，計在各縣徵發者約 3,000,000 元、購買糧秣用款約 2,000,000 元、臨時費 4,300,000 元、製造兵器彈藥費約 3,800,000 元、郵費約 1,200,000 元、購買駝騾費約 700,000 元，這些費用與收入相抵約虧欠 15,000,000 元，欠款主要是拖欠商家。〔註 165〕山西歷年收入每年約計 12,000,000 元，再經多方覓措，如正太路的貨捐、河東潞安等的鹽稅和各縣各種包稅等，每年約可增收百十萬多，然因時局緊張與擴張軍備之故，每年全省總額支出一千二三百萬元，北伐後期支出增至 2,4000,000。〔註 166〕

此外，閻錫山也自認爲山西將要走向「國民革命之路」，軍事動作勢不能免，一旦有軍事行動，軍需自必浩繁，軍事開支自然也會增加。軍費雖一直比較緊張，但山西軍隊從不欠餉。然自北伐軍興以來，欠餉甚多，一、二月欠餉之事時有發生。閻考慮到晉省本爲瘠貧之區，若再給民眾加以重大負擔，鄉民恐怕不能忍受，經閻通盤籌劃，只好將各軍官領薪分爲三級，如少尉級初受委者得領三級薪，每月只領 60 元（舊例 70 元），如向後成績優良再進而領取二級薪，或一級薪（新例一級薪爲 76 元）。同時，政界亦按此法施行，而三等缺乏之縣知事每月僅能支薪 240 元，其它各軍政機關所屬員司之薪皆經酌減。〔註 167〕隨後，閻又決定將家中產業歸公，充作軍費，於 1927 年 7 月 19 日宣佈「自汝服官以來，余以汝歷年薪公所入，薄有經營，一使汝盡必國事，內雇無憂，一盼汝早日歸田，有資事畜。自惟老悖，何必念及子孫。近來軍費浩繁，財源匱乏，徵輸告貸，民力已疲。汝以輕材，身膺兼寄，爲建設清廉政府，允宜表率群僚，爲減輕人民負擔，尤應毀家紓難，著將家中現有財產，充作軍費，補助革命事業。」〔註 168〕

於是，閻錫山派財政廳長李鴻文、司法廳長冀貢泉、實業廳長馬駿、太原總商會會長關毓芹、五臺縣商會長梁自元等，將家中所有財產會同檢查清理。根據核算的清理手續，閻家產合現款股本、產業，共 310,000 元多。財產數目如次：（甲）現款項（依據慶春堂來往貸帳）：1、軍士錢洋兌換所，存借貸大洋 100,000 元，存大洋 40,000 元，欠來往大洋 19,225 元 8 角 9 分 8 釐，欠大洋 20,000 元，慶山堂欠大洋 24,200 元；2、省銀行存借貸大洋 200000 元，

〔註 165〕《大公報》1927 年 2 月 23 日，第 6 版。
〔註 166〕《晨報》1927 年 4 月 16 日，第 5 版。
〔註 167〕《晨報》1927 年 6 月 16 日，第 3 版。
〔註 168〕《晨報》1927 年 7 月 25 日，第 6 版。

慶山堂欠大洋 15,000 元；3、副官處欠大洋 33321 元 8 角 7 分 5 釐；4、出納股欠大洋 54359 元 4 釐；5、糧股局欠大洋 71,865 元 8 角 5 分 5 釐。以上存款為 340000 元。除欠外款外，淨存洋 102027 元 3 角 6 分 8 釐。（乙）股本項（依據慶春堂底賬核算）：（子）慶和堂本大洋 30000 元；（丑）慶春泉原成本大洋 2000 元；（寅）慶春茂原成本大洋 2000 元；（卯）道生恒原成本大洋 1500 元；（辰）啟新洋灰公司原成本大洋 20,000 元；（己）晉新書社原成本大洋 7395 元；（午）太原地方銀行（即省銀行）原成本大洋 66,000 元；（未）晉華紡織公司原成本大洋 600 元；（申）廣濟水利公司原成本大洋 5000 元；（酉）晉森木廠原成本大洋 2600 元；（戌）新興勸工廠原成本大洋 3000 元；（亥）新化建築公司成本大洋 11400 元。以上 12 宗共存大洋 151495 元。（丙）產業項（依據慶春堂產業底賬核算）：1、河邊村房屋地畝價大洋 9194 元，又銀 23 兩，又錢 4176 弔 500 文；2、五臺山馬廠價大洋 4500 元；3、潭上村圖書館地址價大洋 2500 元；4、大同地畝 829 畝 7 分 2 釐，價大洋 19878 元 1 角 7 分；5、大同房院價大洋 2690 元；6、東花園房院地基，價小洋 1496 弔 160 文，建築費大洋 12,000 元；7、西花園房院價銀 1500 兩；8、太谷房院價大洋 2600 元；9、省城通順巷房院價小洋 4000 弔；10、忻縣房院兩所價大洋 3500 元。以上 10 宗共計大洋 56,862 元 1 角 7 分、銀 1523 兩、錢 4176 弔 500 文、小洋 5496 弔 160 文，總計大洋 310,384 元 5 角 3 分 8 釐、小洋 5496 弔 160 文、銀 1523 兩、錢 4176 弔 500 文。

　　閻錫山主張家產少數歸公，其餘留作他用。如其父年邁須有養老之資，眷屬人多也無庇身之所，決定將慶和堂、慶春泉、慶春茂、道生恒四處股本，共計 35000 餘元留為其父養老之用。河邊村房屋地畝、忻縣房院 2 所、省城通順巷房院 1 所，約價 17000 餘元，留作眷屬糊口居住之用。五臺山馬廠為軍馬廠佔用，東西花園房院均已住居有人。潭上村圖書館地址將來尚擬成全，共價 22,000 餘元，均要存留。另答應田應璜寡媳生活費撥給省銀行股票 10000 元、現款 3000 元。航空學校遇難學員朱繼武撥給現款 10000 元。此外，所有股票房地，約值 130,000 元多，一律拍賣，連同現款 89000 餘元，撥歸省庫暫存。〔註 169〕

　　還需注意的是山西財政開支對村政建設支持力度也較大，前文對此已有論述。此處仍值得稍提的是閻在興辦三事中，飼養牧畜，在省垣旱西門外設

〔註 169〕《晨報》1927 年 9 月 3 日，第 2 版。

置牧場，購來美國式牛羊，聘用美國農夫爲牧師，月薪 500 元，終以水草不宜，生殖不繁，耗費大洋 20 餘萬元，得不償失，最後停辦。興水利，令各縣農民挖井漑田，心勞日拙，所費不貲，何況杯水車薪於事無濟，各屬多未舉辦。1920 年華北五省荒旱之際，閻錫山築汽車道挪用華洋義賑款 400,000。〔註170〕總的來講，從山西財政支出看，軍費支出所佔比重最大。而這種軍事財政也恰能反映其時中國歷史的面相，即戰爭成爲社會演進的「常態」，而穩定秩序反而是當時社會以及各行政區域所罕見的「異態」。閻錫山的軍事財政雖給晉省和民眾造成經濟負擔，但對山西穩定政治秩序實有益處。

第三節　軍、紳之間的合作與衝突

一、突發事件中的「軍紳」共治：以防疫救災爲中心

（一）防　疫

1917 年底到 1918 年初，綏遠的五原、薩拉齊和包頭等地發生時疫，疫氣蔓延，侵及山西。左雲馬到頭天生店主之子及店夥張姓、車夫崔姓、村民馬三兒染疫身死，前坡村馬姓少婦、後窯村過路客民於 1 月 15、18 等日先後疫死。口外客民吳有義亦患疫身死，其同行一人已在平魯縣屬麻黃村於 18 日疫死。代縣自疫發生後，由口外帶疫回里身死者 8 人，縣民染疫身死者 9 人。染疫而死者被深埋，遺物被焚毀，房屋被熏灑封閉。但疫氣日漸南侵，導致防地日益擴展。而且晉民在口外經商者爲數甚多，恰值春節來臨，口外疫症發生，歸里之人如鯽，一有傳染即無法醫治。於是，閻錫山設立山西防疫總局，專辦防疫，對於外來商旅則斷絕交通，實行檢驗，對於內地染病人民，則注重隔離迅圖撲滅。〔註171〕

然疫情傳播迅速，山西時疫擴大，死亡人數漸多。大同縣屬陽和坡村民李忠於 1 月 15 日由歸化回歸，次日疫死。其嫂於 21 日夜間疫死，其父李生元與其妻亦於 22 日疫死，均患吐血。山陰新岱獄王二五之母、樊制之母、王家澗村王培徵及王三仁之婦於 19 日疫死。隨後本村樊方之母、王二五和閻針娃之婦於 20 日疫死，陳宣於 21 日疫死。18 日左雲馬到頭村馬日子、馬和、

〔註170〕《晨報》1922 年 9 月 15 日，第 6 版。
〔註171〕《晨鐘報》1918 年 1 月 23 日，第 3 版。

馬徐氏、前堡村馬洧氏疫死。19 日馬到頭馬劉氏、尹王氏、直隸客民李盤崇疫死。太平村王萬干、吳家窯杜長喜、河南客民連立才同日疫死。20 日馬到頭馬保左、馬潘氏疫死，共計 24 人。對此疫情，閻錫山迅令各路統兵官長，並商准歸綏蔡都統沿邊各口派兵堵塞，斷絕交通，〔註172〕在各縣專設防疫宣講員組織防疫會，為消除鄉民誤會，由省署刊佈多種白話布告廣為流傳，電飭各知事隨時曉諭，並知注特覆。〔註173〕23 和 24 日之間，大同報告疫死 2 人、山陰 17 人、代縣 10 人、左雲 12 人、朔縣 2 人、忻縣 4 人。〔註174〕內務部亦電知閻錫山「惟現准外交部函。准英朱使面稱，據各醫生報告，擬將萬里長城由北而南之四門封閉，僅留雁門，設一查驗所」。據此指示，閻擬定雁門關沿內長城一帶為第二防疫線，封閉萬里長城由北向南之四門。〔註175〕

同時，對於防疫事務，晉籍在京士紳為閻探聽消息，並為其出謀劃策。據葛敬猷電，閻之防疫措置得到內務部長錢能訓的表揚，贊同閻錫山繼續操辦山西防疫事宜，中央不打算另派他人辦理。而且葛敬猷還建議閻乘時向中央索取防疫經費，「防疫事，此間盼力進行，已向四國銀行團借到防疫費百萬圓。敬猷以為晉北防疫地域亦甚廣闊，認真辦理各種設備，需款甚巨，晉省當此財政困難之時，籌劃非易，莫若電請中央，於此項借款內酌撥若干，歸晉省防疫之用。愚見候蒙採納，請派員或即電令敬猷，向內務、財政部及防疫會長江朝宗報告晉北防疫情形，並陳述晉省財政如何困難，防疫需款甚急，請中央於防疫費內酌撥若干，歸晉省應用。此項交涉倘能辦到，晉省防疫費不患無著，萬一辦不到，亦不過費文電之往還，於事有益而無損，未知鈞意以為然否？」〔註176〕閻接葛電後，迅電大總統、國務院、內務部、財政部兩部和防疫會，〔註177〕報告一切防疫設備周密和晉省防疫經費拮据異常，請求中央早日向晉撥發防疫經費。〔註178〕

為給山西爭取到防疫經費，葛敬猷專程謁見錢能訓報告一切，並請迅速

〔註172〕《晨鐘報》1918 年 1 月 26 日，第 6 版。
〔註173〕《晨鐘報》1918 年 1 月 28 日，第 3 版。
〔註174〕《閻檔》（第四冊），第 597 頁。
〔註175〕《閻檔》（第四冊），第 597～598 頁。
〔註176〕《閻檔》（第四冊），第 590 頁。
〔註177〕馮國璋於 1918 年 1 月 12 日設內務部防疫委員會，簡稱防疫會，並電曹錕和閻錫山等，以歸化城發生鼠疫，傳染甚速，綏遠五原、薩拉齊等定為防疫施行區域。參見《閻檔》（第四冊），第 589 頁。
〔註178〕《閻檔》（第四冊），第 589 頁。

匯款。錢讓山西先出一概算，而葛卻向其陳述晉省急需款之理由。後葛又到財政部作同一報告請求，財部將其推向內務部。葛只好讓閻錫山再次函電內務部，呈明概算等情，意圖通過他們多方努力向中央政府要錢。〔註179〕1918年1月23日，閻錫山告知葛，概算已趕辦，但晉省疫氛蔓延，死亡日多，一切設備需款至繁，省庫已無可挪移，讓葛再面見內務總長與防疫會長，催他們迅速撥款。〔註180〕同時，閻錫山也致電內務部，要求彙撥防疫經費。針對山西撥款要求，錢能訓面告葛敬猷，「款尚未領出，而張家口、綏遠，直隸交通部紛紛請款，已有不敷分配之勢」。葛遂當即力爭「晉省情形不同，晉北地方遼闊，疫線逐漸延長，非有鉅款，難於設防，省庫一空如洗，若坐視不辦，非特全省人民將遭危險，且外人亦將干涉，請總長念晉省困難實情，迅速先撥彙。」錢能訓答應錢款到後，先彙撥晉省幾萬。不過，葛對此並不滿足，仍請內務部司長、秘書竭力鼓吹，設法再給晉多彙幾萬。〔註181〕

　　對於山西接連不斷地催款，內務部不得已將難處再次向閻錫山說明，「現在財部以舊曆年關伊邇，實無餘款可撥，內務職權擬由部息借款，以資補助，但須仍由財部歸還，故現受財部之監督，對於此項概算，財部甚為注意，即本部正在擬具劃一辦法，俾有疫各省用款有所稽考。明知防疫事宜最應迅行，自不能繩以尋常之用途，但亦須有一標準，將來乃有結果。所需款項俟本部籌措到手，當可酌彙現銀數萬圓，以應急需，惟望督飭所屬迅赴事機，一面將各種概算提前計劃。」〔註182〕而閻對內務部的解釋還是不甚滿意，以為「現在省南北各縣幾於遍地設防，用人用款均繫相機設施，多寡萬難預定，迭據各縣飛電呈報，均以地方所存有限，或毫無餘存，而應辦之事，如查驗、隔離、醫藥、埋葬、堵擊、消毒、衛生、情節等項，或須多派員役，或須添募警隊，頭緒既極紛繁，用款急如星火，均經先後電飭，在徵起正雜各款內暫行挪用，以應急需」，仍要內務部先撥100000元，其餘部分慢慢劃撥，〔註183〕並電葛敬猷向內務部交涉先撥100,000元。〔註184〕

　　葛敬猷獲電後即赴部交涉，內務部堅稱「款尚未到」，葛便與之談判，始

〔註179〕《閻檔》（第四冊），第592頁。
〔註180〕《閻檔》（第四冊），第592頁。
〔註181〕《閻檔》（第四冊），第593頁。
〔註182〕《閻檔》（第四冊），第595頁。
〔註183〕《閻檔》（第四冊），第594頁。
〔註184〕《閻檔》（第四冊），第595頁。

獲得 30,000 元撥款，繼之又詳陳種種不敷理由，力爭多時，內務部允諾再加 10,000 元，於 26 日由財政部領出彙晉。〔註 185〕葛將此事電知閻錫山，並讓閻推薦他為防疫委員，列席內部委員會，詳探防疫信息，以為晉省獲取更多資源。〔註 186〕與此同時，山西籍另一在京士紳李慶芳，拜訪防疫會長江朝宗後，將會見情形電知閻錫山，江朝宗準備於 2 月 2 日赴太原，擬設隔離所於正太路左近，並希李慶芳隨行。〔註 187〕此時葛敬猷亦獲得內務部防疫會議，接納由農部勸業場事務所長職兼任防疫委員。〔註 188〕於是，葛立即將 2 月 1 日防疫會議決防疫區域之事電告閻錫山，即：由內部呈請暫分四區，一是綏遠區、二是察哈爾區、三是晉北、四是雁門關以南。且石家莊附近平山縣已發生疫症，京漢各大站均設查驗所，小站停止售票，防疫會電函閻錫山和直隸督軍曹錕，要他們在附近各縣嚴防流傳。江朝宗要在 3 日專車赴晉，沿途視察，大概 4、5 日可到晉。〔註 189〕

山西的防疫得到了中央與外人的肯定，據李慶芳電「內部于寶軒次長稱：各區防疫以貴省督軍最為認真，外醫送有報告，本部殊為慰佩等語。」「詢以晉省僅撥四萬，不敷應用，於謂：可以再行請款，本部酌量情形，亦可續撥等語。」〔註 190〕又葛敬猷稱：「今日部會，江會長及猷報告晉省防疫情形，全會會員同聲讚佩。惟平山有疫蔓延，擬請鈞座飭晉邊各屬嚴行協防。」〔註 191〕當內務部發放第二批防疫款時，閻錫山電催葛敬猷再次索款，「防疫經費概算已達部，並隨文請撥洋十萬圓，昨覆電催，希向部索領為要。」〔註 192〕

經過閻錫山和省民的共同努力，到 4 月，山西防疫完全終了，政府報告山西省疫症確已肅清，所有一切防疫機關於 4 月 6 日一概撤銷，並列出防疫中出力人員，要省政府分別獎勵。〔註 193〕然而，不久之後疫情又有發生的跡象，山西政府對其再次嚴加防範。1919 年 1 月，晉省臨縣薛家邨附近香草塌高恒成家疫死 4 口，水草溝高爾成家男女疫死 9 口，薛家邨薛仲山家疫死

〔註 185〕《閻檔》（第四冊），第 596 頁。
〔註 186〕《閻檔》（第四冊），第 599 頁。
〔註 187〕《閻檔》（第四冊），第 601 頁。
〔註 188〕《閻檔》（第四冊），第 602 頁。
〔註 189〕《閻檔》（第四冊），第 602 頁。
〔註 190〕《閻檔》（第四冊），第 603 頁。
〔註 191〕《閻檔》（第四冊），第 604 頁。
〔註 192〕《閻檔》（第四冊），第 606 頁。
〔註 193〕《晨鐘報》1918 年 4 月 13 日，第 6 版。

3 口、薛畢廣家疫死夫婦 2 口、劉國光和高握祿兩人染疫身死。苗二醜子在王家坪吊喪回到崇條嶺疫發身死，並傳染苗得枝一家 5 口，隨後苗咸義、苗外犇、苗侯犇、苗成瑞、苗四九和苗照應 6 人相繼疫死。王家坪王振義在隔離期內身死，該村尚有年幼子女 2 人染疾未愈，崇條嶺苗咸生和苗咸秀染病於 17 日死亡。喬家坪苗德禮忽患頭痛亦於 17 日死，而苗咸修染病未愈，是否肺疫，王醫生尚未能定確。除此以外，政府未發現其他染疫病人，估計數日內可期肅清疫情。再者，此次疫症限於縣屬兩隅王家坪等 7 村，其餘各處沒有受傳染。該縣自疫症發生已疫死 70 人，雖派汾陽醫士王守全、王興赴臨縣檢驗，但未能確證肺疫，於 16 日又加派西醫萬德生前往檢查，並督飭該縣嚴防，以期完全撲滅。中央官員金僉事於 22 日到山西，擬定 23 日由警務處派員偕同前往臨縣，檢查防疫情況。〔註194〕

（二）救　災

　　1920 年，山西發生旱荒，為光緒大祲以來所未有。其中五臺縣受災較為嚴重。如石村徐姓者平時靠運炭（俗名駝炭）謀生，是年旱魃為虐，禾苗盡死，炭價陡落，米價暴漲，以致運炭所得不足供家人飲食。徐某仍忍饑營業，繼益不支，默慮與其忍饑待斃，不如飽食速死，於是將毛驢拍賣，換得斗米，讓他妻子做飯，在飯中暗加砒霜，飽餐之後，一室盡斃。泉陽村楊姓者，家有脊地一頃，豐年僅可度日。1920 年自 4 月下旬落雨下種後，再沒下過寸雨，荒象呈現，民眾大發牢騷，到田地察看，發現禾苗盡枯，難以解決生計。他們忽然變得悲觀，心想年景不好，家貧力薄，無法維持生活。於是，楊姓者歸家後懸梁自盡。旱災發生適值秋初，糧食作物正處於生長階段，不像冬春兩季種植植物較少。當時山西被災最重區域，一斗糠的價格達到四五百文，糧米價格更高。再加之山西政府購買軍糧，一般有勢力者藉以囤積居奇，冀獲厚利，因此糧價飛漲，小民無處得食，人心惶惶，不得不四處逃荒。〔註195〕

　　自河北定州往山西方向，沿途逃荒饑民，扶老攜幼，不計其數。小兒不能行路，沿途痛哭。食物價格猛漲，小米粥賣到一碗兩銅元，而粥中米很少，稀水反而多，根本達不到充饑目的。饑民沒有食物充饑，只好摘楊樹葉當飯。田地中包米等物全被旱死，收成全無，民眾家中食物十室九空。自保定、五臺

〔註194〕《晨報》1919 年 1 月 23 日，第 3 版。
〔註195〕《晨報》1920 年 9 月 24 日，第 2 版。

一段，在1919年7月至1920年夏，沒有下過一點雨，七月初一下了一場小雨，可惜這場雨晚到20天，如果能早到20天，農民還可種些糧食。從前小豬1口賣大洋一二元，災荒時期1個銅板1口都沒人要。大牛1隻，從前賣價七八十元，災荒期不過能賣到10元，但就連賣10元的地方都沒有。鄉村滿目荒涼，所聽到的不過呻吟臥病之聲，所看到的不過是路斃屍骸而已。僧侶因寺院斷糧，只好外出尋食，然他們想化齋吃都無處去，路上整整餓一天，精神疲憊不堪。〔註196〕大同、應縣、朔縣、山陰、平魯等處年收成至多不過十分之三、四，或二、三。雁門關以北20州縣，秋收時期農民叫苦連天，無所得食。又因1919年也是薄收，大多家庭無以為繼，而米糧行市價格卻一天數變，小米1斗漲至2元，莜麥一觔制錢百餘，粗糠1斗價值4毛。農民不僅缺糧，而且還缺農業生產工具，作為他們農業生產最重要的牛騾馬驢，也遭災情重創。農民自己生活都無法保障，根本顧不及飼養牲畜，但不忍牲畜餓死，只好將它們賣掉。牛騾馬驢平常價值能賣百元或數十元，旱災出現後，它們不過能賣十分之二、三，其餘如豬羊雞狗之類就更沒法飼養。大同某村一貧寒人家，有子僅六七歲，餓不能忍，竟將狗糞取而食之。見者無不下淚。更有甚者出妻賣子，一小女可換糕數觔，甚或棄其親生子女而送人者時有所聞。〔註197〕

面對突如其來的旱災，中央政府籌賑以直、豫、魯三省為限，卻未顧及山西。晉籍士紳李慶芳對此深為不滿，讓閻錫山編成詳報，迫切上報中央。〔註198〕可山西災情與直、魯、豫不同，直、魯等省都未下種，屬於過種之期，可報荒。晉省則已下種，除禾苗已枯槁大概20餘縣外，其餘縣份不到秋分還無法確定，得不到確情，山西就不能像他省一樣早日請賑。但閻錫山為獲取中央賑款，建議李慶芳將山西災情登報。〔註199〕李在北京將災情登報的同時，並向閻提出四種救災方法：1、廣儲籽種，以備下種；2、設牲畜招養所，以備寄養；3、速種短期收穫物；4、多設無利貸的小當鋪。〔註200〕民國北京政府除讓各省上報災情外，也在籌劃一些切實賑災辦法。9月20日，中央籌賑會70餘人決定三事：1、修路開渠以工代賑；2、緩徵地丁；3、稅捐

〔註196〕《晨報》1920年9月25日，第2版。

〔註197〕《晨報》1920年9月25日，第2版。

〔註198〕《閻檔》（第五冊），第585頁。

〔註199〕《閻檔》（第五冊），第585頁。

〔註200〕《閻檔》（第五冊），第586頁。

酌量輕免，並讓李慶芳將其轉達閻錫山。〔註201〕閻於 9 月 17 日電抵北京，「晉省被災區域業經籌款振賑，現擬酌量地方情形，勸令富戶集資開設地產抵押會，限制利息寬假年限，以免災民另謀生活。」〔註202〕

　　旅京晉籍人士獲知山西災情後，積極準備籌賑，於 20 日邀集同鄉在雲山別墅開籌賑談話會，一時到會者甚形踴躍，經多數表決將組織定名爲山西籌賑會，推賈書農爲臨時會長、李楓圃爲捐啓起草員，到會者均爲發起人，一切詳細辦法由大會決定，〔註203〕並定於 23 日（即星期四）下午 2 點至 4 點在下斜街雲山別墅開成立大會，屆時務祈「同鄉諸公賁臨爲盼，除發起人名單另函分致外，恐未周知特此登報奉聞」。〔註204〕23 日正式開成立大會，以雲山別墅爲籌賑會地點，推賈書農、梁伯強、田子琮、李楓圃、景昭太、解芷紉、邵竹琴、鄭楚箴、王平山、許少芸、冀新吾、大德通恒茂木廠李鏡涵、韓鑫山等 15 人爲大會幹事，並將成立情形報告警廳立案。〔註205〕北京山西籌賑會成立，說明在京士紳出於家鄉情誼，很關心山西的災情與災民，特成立專門組織協助山西賑災。

　　而閻錫山在山西除組織賑災活動外，還借機向北京政府獲取賑款，增加山西的賑災資金。9 月 20 日，閻錫山函電中央「晉省亢旱成災，哀鴻遍野，茲特設立旱災救濟會，辦理急賑，惟本省財力綿薄，無裨實濟，迫請發帑施仁，以拯涸鮒。」〔註206〕22 日，葛敬猷電閻錫山，向閻透露北京政府的賑災計劃，與閻商討賑災辦法，謂「山西災狀並寄來各件，均已摘要登報。昨閣議通過大總統交論賑濟直、魯、豫、晉四省災民，由財部籌款一百萬，會內、財兩部擇急發放。現有人問山西有獎賑券，已否經部核准。願仿照綏遠在上海按期開獎，一切開支給獎均由其包辦。每月報效山西賑災若干？猷以爲如此辦法，既簡便又可借賑於外省，免得在晉開獎款，仍出於地方，且恐有不能銷完之虞。是否可行？請電示，以便與之磋商詳細條件再行稟請示遵。」〔註207〕

〔註201〕《閻檔》（第五冊），第 587 頁。
〔註202〕《晨報》1920 年 9 月 18 日，第 2 版。
〔註203〕《晨報》1920 年 9 月 21 日，第 2 版。
〔註204〕《晨報》1920 年 9 月 23 日，第 2 版。
〔註205〕《晨報》1920 年 9 月 25 日，第 6 版。
〔註206〕《晨報》1920 年 9 月 23 日，第 6 版。
〔註207〕《閻檔》（第五冊），第 587～588 頁。

閻錫山接葛電後，獲知中央發放賑款，遂將晉省災情、籌賑辦法及其資金困難情形再次詳陳中央，「經迭飭各該管道尹，派員詳勘，並派實察員分赴各縣，實地勘查，籌議救荒，而被災較重，如平定、盂縣、安邑、解縣、夏縣、垣曲、絳縣、崞縣、定襄、祁縣、五臺、黎城、襄垣等縣。其次如芮城、猗氏、忻縣、平遙、太谷、大同、懷仁、交城、霍縣、虞鄉、沁縣、武鄉、榆社、和順、山陰、朔縣、繁峙、曲沃、汾西、平陸、徐溝、太原、陽曲等縣，均以糧價飛漲，民食維艱，窮黎困苦，紛請賑濟前來。加以接連直豫之沿邊一十餘縣，饑民入境就食，無日不有數起，每起均在數十人或百餘人之多。數月以來，驟添數萬災黎，糧食愈形缺乏，食指益繁，供不給求，哀鴻嗷嗷，劌心怵目，轉瞬秋盡寒來，無衣無食，何以卒歲。……仰懇我大總統俯念晉省亢旱成災，夏秋雙歉，民生艱苦，待拯尤殷，允予飭部發給賑款，以恤窮黎」〔註208〕閻電上呈中央後，未得中央及時回覆，他只好再次聯繫晉籍官紳田應璜，進一步向其打探中央關於賑災內幕。

9月28日，閻錫山電田應璜「晉省災象，十日內連得透雨較覺減少。現據報災者五十一縣，全縣成災者甚少，或多半縣或少半縣不等，用特奉聞，以備見內部時為談災之資料。見內部後情形如何？仍望隨時見示為盼。」〔註209〕田當即覆電「頃晤張志潭，據云，部中擬籌鉅款約千萬元，分給各省為平糶工賑之資，但日後須由各省還本。此款未到之先，各省須先自籌款，從他省買蓄方不遲誤，平糶與急賑不妨稍遲。一開辦萬不可斷，辦法須分三層，現時急賑多賑明年春賑皆須統籌全局。又云部中調查災情，河南只有半省，而辦法最為不善，直隸亦不見佳。我省及魯省俱有經緯，並約璜到部中所設籌賑機關內贊襄其事。」〔註210〕據田電反映，事實上中央已開始關注山西災情，讓田參與中央籌賑機關，並討論籌賑辦法。

不久，對於閻錫山急籌賑濟之事，北京政府特派參議院副議長田應璜回山西襄辦，於9月組織「山西全省賑務處」，各縣設賑災事務所，積極進行。經過9個月賑災，花費銀元400餘萬元，受賑災民200餘萬。其中由省發放急賑雜糧 11,782 石，冬賑雜糧 51,338 石，春賑雜糧 127,808 石，籌放棉衣

〔註208〕《晨報》1920年9月30日，第6版。
〔註209〕《閻檔》（第五冊），第 588 頁。
〔註210〕《閻檔》（第五冊），第 589 頁。

33,375 件；北京撥給雜糧 2,853,300 餘斤，籽種 4200 石，棉衣 40,000 件。各縣自籌賑款 926,300 元。旱災救濟會用款 120 餘萬元。省設平糴局及其各處分局虧損 20 餘萬元。各縣自辦平糴局 17 處，共集資本 126,000 元；籌辦抵產者 17 縣，共集資本 260,000 餘元。各處用公款資遣他省難民 50 餘萬人，商款和慈善團體資遣者未計算在內。工賑預算需款 600,000 元，但各路尚未竣工，預算款已用完，不足之數差距仍大。此外，政府還令整頓倉穀規條，鑿井、開渠廣興水利，〔註211〕推動賑災活動。

　　山西除通過與中央博弈獲取賑災途徑和物資外，省內也動員各種力量積極進行了籌賑。晉省政府根據派員調查結果，將全省被災地方民眾分為五等，採取不同措施施賑。第一等為富戶，即有能力足以自贍者，對於這等人則按戶酌令納捐以濟災民；第二等為剛能自贍之戶；第三等為略有財產，可以押款以自贍者；第四等是無產者，他們體力強壯可以謀生。這類人大多是平常工人，靠作工糊口；第五等是毫無糊口能力又不能作工的人，如寡婦兒與老年人等，政府對於這些人，從省庫款中拿錢直接賑濟，不讓他們索償。對於第三、四等，賑濟主要途徑是令他們做工，如造路、掘井、濬河、種樹等。同時，政府還設立平糴局以賤價賣米給第三等災民，並設押款局，凡有地皮和牲口的災民，可將財產向押款局抵押現銀，嚴禁商人擡高米價，屯米居奇，禁止各縣阻止食物自由流通，全省官員也需各出年俸 10%助賑。〔註212〕

　　據統計山西全省災區有 51 縣，截止 1920 年 10 月 4 日止，已勘實者 32 縣，共 3867 村，戶數每戶以 4 口平均計算，約在 1,000,000 以上，每口糧以 1 石計，非千萬元以上款項不能救濟。然晉省籌得賑款不及百萬元，不足之數想通過中央政府和其他途徑籌措，如社會團體捐贈等。〔註213〕除政府籌賑外，山西社會紳、商團體受政府引導也主動出資賑災。如山西平定縣地方官紳商學各界和宗教慈善各團體，於 9 月 24 日集合會員組織發起平定縣旱災救濟分會，聯絡省城總會，舉定各項職員，選知事劉光瀅為會長，下設董事 40 餘人。於 30 日開成立大會，各界人員到會者甚多，凡在會職員都應盡義務，或捐資財，或盡人力，〔註214〕幫助並配合政府籌賑。

〔註211〕《民國閻伯川先生錫山年譜長編初稿》（一），第 417 頁。
〔註212〕《晨報》1920 年 10 月 16 日，第 6 版。
〔註213〕《晨報》1920 年 10 月 9 日，第 2 版。
〔註214〕《晨報》1920 年 10 月 9 日，第 6 版。

民國北京政府亦組織救災總會，由各地選派代表組成。據李慶芳言「北方救濟各團體組織總會，10 月 3 日已舉定梁上治為會長，伯唐、耀堂為副。我晉之旱災救濟會應派一人，擬請派申湘代表列席。一面電內部向救災會梁會長，一電芳，以便轉致申湘到會，明日下午開第一次會，盼急覆。」〔註215〕又「北方救災總會照章每團體得出代表二人，擬請續推賈耕列為敏。」〔註216〕田應璜亦電閻錫山「北京籌賑團體聯成總會因山西旱災救濟會無人在京，已由璜等代推賈耕（書農）為代表。」〔註217〕閻覺得他們「公推賈耕（書農）主張極是。茲續推葉守貞君為代表，共同列席，協助良多。」〔註218〕並致電梁上治「此間已推定賈耕、葉守貞為代表列席與議，藉助進行。」〔註219〕

從中央到地方，以及社會各界雖都參與山西賑災活動，但賑災款仍是晉省籌賑中的一大難題。賑款困難原因有兩個方面：一是以晉省財力而論，當時山西可能沒有那麼多的資金用於籌賑。二是晉政府在此種突發事件中，不想將山西財力耗盡，還想乘機向中央索取財款，至少可以彌補災難之損，甚或可有盈餘。為籌款項，閻錫山除他本人電告中央政府外，還積極利用在京晉籍士紳影響，與各部交涉爭取賑款。如「七日赴平定一帶親勘災區，本日回署。所過村莊災情甚重，待賑彌殷。魚（10 月 6 日）電請交涉部款，能否辦有頭緒，便示為盼。」〔註220〕10 月 9 日，李慶芳電閻錫山已領到部分賑款，謂「承電示代辦葉（恭綽）總長壽儀為期已近，請彙洋百元。因葉係代貯助賑，他處皆如此辦。國際會六千元，賑晉三縣，昨已向梁會長（上治）領出，暫交大德通。明日由山西籌賑會派人分赴芮、黎、襄三縣散放。梁意請鈞座分飭三縣官紳會同辦理。」〔註221〕後田應璜又告知閻，中央賑務借款恐終難靠，只有晉省設法自籌，中央只允諾接濟少量雜糧。〔註222〕閻當即電覆田應璜「賑務借款既屬難靠，此間亦無法可籌，平糶借款早已羅掘俱空。省議會已電交通部請發欠款，原電另郵寄，即乞費神向交通部索領，以

〔註215〕《閻檔》（第五冊），第 591～592 頁。
〔註216〕《閻檔》（第五冊），第 592 頁。
〔註217〕《閻檔》（第五冊），第 593 頁。
〔註218〕《閻檔》（第五冊），第 592～593 頁。
〔註219〕《閻檔》（第五冊），第 598 頁。
〔註220〕《閻檔》（第五冊），第 594 頁。
〔註221〕《閻檔》（第五冊），第 596 頁。
〔註222〕《閻檔》（第五冊），第 599 頁。

救困急。」〔註 223〕

經田應璜與總理靳雲鵬、張志潭交涉，靳雲鵬將賑款之事推到賑務處，而張志潭答應對於代借款定當幫助，田認爲張「因渠事太忙，恐難踐言」。〔註 224〕12 月 15 日，閻錫山致電李慶芳，讓其向葉恭綽索款，「請發同蒲欠款，計可邀允。此事關係晉省災民生死，務乞親赴葉總長處涕泣哀懇歸還歸還舊債，救活災民，至爲感荷。」〔註 225〕此外，閻還給田應璜施加壓力，「已電芬圃（李慶芳）雙方並進，憚公出示表列之數〔註 226〕，並非本省所報，似係前由北京賑務會逐電晉省十數縣呈報之數。現統計全省災民，當數倍於此，絕不止此數。仍乞力爲陳說，總期一視同仁。」〔註 227〕田應璜於 17 日覆電閻「聞賑務借款四百萬，業有成議。外人恐政府挪作別用，欲交國際聯合救濟會辦理，尚有爭執。隨至賑務處，知爲英公使之言，身後大有人在。目下業經轉圜，但索五省災民口數單，預爲分配，即可成立。我省以無浮報總數，吃虧太深，決定本日繼續交涉，經諸變態得張志潭通融，以部調查員前報被災縣份人口總數十分之五爲依據，並聲明分配款項，不以此爲準。」〔註 228〕

然閻錫山力爭賑務借款公平分配，山西災民也應得到實惠。如果爭持比較激烈時，晉省各機關可電中央爭取款項，以作田應璜等人後援。〔註 229〕田應璜答應將與各部直接交鋒，「分配借款，約在兩星期外，屆時必予力爭。交部欠款，據芬圃（李慶芳）來言，毫無把握。璜昨、今兩日，偕吳、高兩會辦，連至部晤總次長，請其將交通加價，移緩就急，分撥各省，交涉頗激烈，尚無結果。隨帶催我省欠款，據所答覆，或有希望，亦未可知。」〔註 230〕而李慶芳爲山西籌款事，也於 12 月 24 日到交通部催還同蒲欠款，交通部次長鄭洪年答覆有辦法歸還，李想交通部可能以公債折還。〔註 231〕於是閻再次指使李慶芳應親自拜謁葉恭綽，向其陳說「現屆嚴冬，災民飢寒交迫，流離失

〔註 223〕《閻檔》（第五冊），第 598 頁。

〔註 224〕《閻檔》（第五冊），第 600 頁。

〔註 225〕《閻檔》（第五冊），第 601 頁。

〔註 226〕雜糧接濟根據災民口數分配，直省四百餘萬口，魯、豫各三百餘萬口，而晉省已報者僅有二十四萬口。參見《閻檔》（第五冊），第 600 頁。

〔註 227〕《閻檔》（第五冊），第 601 頁。

〔註 228〕《閻檔》（第五冊），第 602 頁。

〔註 229〕《閻檔》（第五冊），第 603 頁。

〔註 230〕《閻檔》（第五冊），第 604 頁。

〔註 231〕《閻檔》（第五冊），第 606 頁。

所。交部能多發數十萬現款，即可多活數十萬生靈。執事向以社會慈善事業為重，務希親謁交部總長、司長，效秦廷之哭，竭力交涉發給現洋。」〔註232〕鑒於山西交涉，葉恭綽答應同蒲欠款將分批交還，鄭洪年也允諾用現洋還款，但第一批還款時間卻未能滿足晉省要求。〔註233〕據田應璜稱，中央代借賑款無望，而晉各縣官紳又在省守候賑款，閻錫山對此無奈，只好再讓李慶芳與葉恭綽交涉，約定最短期限統籌欠款。〔註234〕

　　到1921年1月，賑災雜糧和賑款難題出現了轉機。據田應璜1月10日電稱「中央借款因委員會之爭執，尚未簽字。下午四時，左恒祥君以災區代表名義，偕各省區代表往謁四國公使，要求列席，日、法均表贊同，英美派參贊接見，祇允轉告。尚使明日，仍須再往也。轉運雜糧，已與惲君議定，由我省擔任派員向正太路局交涉，協同中央委員到太原交納接收。請即遴派妥員交涉後，即速來京，以便陸續輸送。至分配各縣，一電中央，意在指定地方，以便派員稽查，請以多數縣份酌覆。」〔註235〕同時李慶芳也電告閻，交通部還款有了眉目，「頃切懇路政司，年關前先撥二十萬元，請逕電葉總長一致主張。」〔註236〕13日，田應璜電函閻錫山速從旱災救濟會中推選晉政府穩妥人員來京，參加中央賑務借款簽字儀式。〔註237〕閻遂推定左恒祥為山西赴會代表。〔註238〕

　　此外，田應璜還於13日電告閻錫山速派人到天津接洽雜糧棉衣，並讓閻多報晉省災民口數，以獲更多賑災物資。其謂「北京雜糧分配五十餘縣，固善變通辦理已勢所必然。中央不過欲知縣名為稽查地，已與之言明矣。各縣災民口數可暫緩報，惟雜糧陸續到津，並有棉衣二萬件，請依前電速派人來京接洽為盼。」〔註239〕又25日電「中央分配賑款雖未有唯一辦法，特恐將來洋員方面，必先以口數為標準。我省盡可大加，但須預定辦法，一、二日內，當專函細陳鄙意。」〔註240〕2月2日田應璜電中又稱「已與惲坐辦言

〔註232〕《閻檔》（第五冊），第605～606頁。
〔註233〕《閻檔》（第五冊），第607頁。
〔註234〕《閻檔》（第五冊），第607頁。
〔註235〕《閻檔》（第五冊），第608頁。
〔註236〕《閻檔》（第五冊），第609頁。
〔註237〕《閻檔》（第五冊），第609頁。
〔註238〕《閻檔》（第五冊），第611頁。
〔註239〕《閻檔》（第五冊），第610頁。
〔註240〕《閻檔》（第五冊），第390頁。

定，二批一百萬斤全運小米，以符前議。惟三批六十二萬五千斤，或紅糧，或小米，此時不能預定。交部款自二月一日起歸還賑務處一半假定為二百萬，由督辦處借款提前分配。刻議決支配各省之數，我省應得六分之一，約三十萬。」〔註241〕

但在交通部還款一事上，李慶芳與部交涉遇到障礙，交通部只答應還款200,000。〔註242〕為此，閻錫山特加派李鴻文前往北京，幫助李慶芳與交通部爭辯還款。閻給他們定的談判條件是「要求全數一次還清，以結欠賬，以救災民。希再費神力爭，並盼於陰曆年前清結為禱。」〔註243〕李鴻文和李慶芳於2月2、3日繼續到部交涉，鄭洪年允諾再加公債票50,000，共200,000元。至於按市價折合一層，雙方再三磋商，鄭堅決不肯答應晉省要求。為談判成功，李鴻文只好變通，聲明須先收利息100,000，得到鄭洪年許可。〔註244〕但閻錫山堅持要交通部歸還同蒲欠款，5月11日再電李慶芳「已電請交部將同蒲欠款掃數清還，以便辦理春賑矣。請執事迅向葉總長極力懇託，准予照撥為盼。」〔註245〕但交通部卻不全額撥款給晉，李慶芳也無能為力，清還欠款之事不得不暫時擱置。

索要中央賑款雖如此，但山西卻間接獲得了一些省外社會團體的賑災支持。在全國範圍內除官方救災外，民間紳、商與傳教士亦參與其間。他們組織華北救災協濟會，開展賑災活動，分散種籽。在1920年9月28日前，已發出小麥種200石，並派員到彰德府一帶分散。河間府肅寧縣安立甘教堂史牧師，赴會報告該地災況，要求撥款施放。協濟會答應撥款2000元，並派會員一人前往幫辦，隨時造冊報告。同時分四組調查災情，每組二人，一為本地人，一為會員，這些人須有拍照作報告的能力，進一步得到災荒實情，以利於賑濟。〔註246〕28日下午2時，北五省災區協濟會在北京金魚胡同九號中國紅十字會會所開會，到會者40餘人，由汪大燮主席，報告經過事項，逐條提案討論，決議如下：

1、收容兒童，因津保以南各地災情較重，協濟會與西什庫文主教接洽，

〔註241〕《閻檔》（第五冊），第614頁。
〔註242〕《閻檔》（第五冊），第615頁。
〔註243〕《閻檔》（第五冊），第615頁。
〔註244〕《閻檔》（第五冊），第617頁。
〔註245〕《閻檔》（第五冊），第618頁。
〔註246〕《晨報》1920年9月29日，第6版。

因文主教在該地所轄地域 12 區，分 5 大區和 7 小區，所有收容兒童事務委託該區教堂辦理，預計每一兒童月需兩元，月供 10000 元，即可救活兒童 5000 人。應預備款至少六七萬元，足夠半年開支。

2、散放麥種，各災區已獲透雨，急應下種，如災區已無麥種，應急施放，擬預備款 15000 元專辦此事，亦委託文主教辦理。

3、施放冬衣，冬令將屆，非棉不暖。其時幾次戰役中，遣散軍隊極多，遺留軍衣數不少，擬商請將此軍衣撥歸協濟會加翻新棉施放，請熊希齡擔任辦理此事。〔註247〕

在會中，張一麐介紹實業家穆湘瑤〔註 248〕賑災義舉，以激發其他紳商參與賑災的熱情，謂「湘瑤對於北方災情，共認捐四十萬元，本擬約集麵粉公會等公團，共同商議此事，旋以湘瑤來京未果，頃從報端，得知上海方面於此事亦正在進行，總之救濟災民一事，無間南北，決無不熱心從事者，惟聞京師總商會近擬從蘇皖贛購米辦賑。」眾官、紳一致推胡源彙、侯延塽、王敬芳、高增爵、梁善濟 5 人，偕同穆湘瑤赴滬接洽募賑。如穆氏一時不能回滬，則由穆寫信將其介紹給滬上支持募賑者，進行募賑。此外，蔡廷干還報告外國人為賑災也集款多數，如中國出臺具體救災計劃，他們就可交款，希望協濟會速做一救災具體計劃。大會商定 29 日特招待外賓商量賑災事。同時，北京各警區發傳單於各住戶，勸募小孩舊衣褲作災區兒童冬衣。〔註249〕可見，作為一個全國性且力量較為強大的精英賑災組織的建立，以一種政府之外的社會力量參與募賑，發揮了「士紳」對社會的救助功能。

在防疫救災中，山西軍紳之間的合作非常默契，在京官員和士紳積極配合閻錫山，他們儘其所能援助晉省難民，並與中央交涉，獲得更多對山西有利的權益。從防疫救災活動中，可更多地看到「紳」角色的影響，以及「紳」的角色與行為對閻錫山治晉的重要性，以此可認為山西「軍」主政的政治格局是離不開「紳」的協助，同時亦可發現「紳」作為一個社會精英階層，不

〔註247〕《晨報》1920 年 9 月 30 日，第 6 版。

〔註248〕穆湘瑤：上海人，穆藕初兄，民國時期著名實業家，民國 10 年與南匯朱祥紱修建上南路，行馳長途汽車。同時為提倡國貨、抵制洋貨，於楊思創辦德大紗廠，又相繼與陳悅周等合作籌辦恒大紗廠於楊思鎮南街，所產「飛機牌」棉紗，行銷國內外。

〔註249〕《晨報》1920 年 9 月 30 日，第 6 版。

管社會發生何種變化，其對政治與社會的影響始終存在。「軍」與「紳」的這種友好合作，體現了軍紳政權的一個面相，而他們之間的衝突與鬥爭也時有發生，下文將對此做一專論。

二、權力與利益之較量：紳民爭礦對軍權的挑戰

閻錫山雖掌晉政權柄，然在某些問題上與紳、商民等利益是相悖的，有時即便其行爲對山西有利，但紳民等也會借民族主義情緒或其它事情對閻的權威進行挑戰。閻錫山在賣礦借債一事上就曾引起以山西同鄉會會長梁善濟爲首的旅京晉人的群起反對。閻的賣礦借債緣於 1920 年度他報效供給安福部與某些中央大員，運動留任山西省長一職，合計虧空公款約千萬元以上。旅京晉人得知後，提出清查山西財政，閻對此大爲恐慌，特與親近密議數次，籌商彌補措施。晉省籌賑會辦田應璜爲閻籌得一法，即借籌賑爲名，以礦產作抵，先借外債 5,000,000 元，不足之數通過其它途徑籌措。閻錫山贊同田應璜意見，預定於借款內提出 50,000 元。爲促使省議員通過此案，並借救災招牌之用，閻授意省議員梁萬純提出此案，其他議員也由田應璜運動成熟，省議會便將此案付諸審查，大有通過希望。然閻還擔心中央不允，以及北京晉人反對，特派趙炳麟到京向各方運動。閻錫山將潞澤一帶礦產秘密賣於英商福中公司，事後外間毫無聞知，而閻的反對派卻將此事經過的略情告於旅京晉人。一些旅京晉人本來對閻就有意見，聽說閻賣礦後對他更加痛恨，欲以借此滋事，決定擇日開同鄉大會，專議對付閻錫山辦法。〔註250〕

1920 年 7 月 14 日，旅京晉人在北京雞兒胡同開會，政界人少，學界人多，高師學校人數尤占多數。梁善濟主席，趙瑞庵代表趙炳麟出席，報告山西實業計劃及經過情形。因趙未報礦務借款事，學生等較爲憤怒，詰責趙瑞庵，趙無言以對，意想溜走，但梁善濟仍讓他繼續報告，趙仍主張前說，學生當即拍案而起要打趙，趙急忙離開。15 日學生公推代表到趙炳麟寓所，與之理論，並將預帶「狗官飯桶冷血動物等旗」拋下離去。而梁善濟對 14 日大會因政界人士未到會，加以責備，決定在雲山別墅繼續開會，到會學生 40 人，內有女學生 3 人。學生公推芮城人暨晉學會長姚大海爲主席，依照研究自治辦法，組織自治促進委員會，舉定委員 10 人，姚大海、趙守耿等言論

〔註250〕《晨報》1920 年 11 月 9 日，第 6 版。

激烈，〔註251〕勸趙炳麟早行自退。16 日晚趙炳麟未出現會場，山西同鄉代表將「不要臉的狗官」旗多面，插於趙門並大罵而去。山西同鄉會對閻賣礦事議定：1、向政府告發閻賣礦罪跡；2、通告本省人民請一致反對；3、呈請中央撤換閻錫山，〔註252〕並於 10 月 17 日在《晨報》刊載閻錫山私行賣礦之事。

對於梁善濟等人的責難，閻錫山於 10 月 21 日致電梁善濟，向其解釋賣礦緣由，爲自己開脫。電謂「前屢與我兄晤談，時迭承以開發晉礦相囑，並屢承託人以此意傳達，亦至再至三。本省人民在省議會，亦有開發晉礦之請願，足徵內外人士心理相同。惟開發晉礦，與其扶植少數之資本家，不如利益歸諸全省。此次開發礦務，係經人民請願，省議會議決特別組織礦務公局，由省會選舉董事主持局務，離開官廳範圍，實行地方公有。曾有我兄及同鄉諸公，介紹各資本家來晉與礦務公局接洽，擇其條件利益最優者，議定草章，由省議會通過，按章咨部，純取利益，省有主義，成案俱在，事實難誣。」〔註253〕

不過，山西紳民卻借閻錫山賣礦借債之事，迅即發起自治促進運動。旅京晉學生會爲舉辦自治促進會宣傳事宜，開會舉定趙守耿等 7 人、張天珏等 3 女士，組織一委員會專辦此事。委員會於 11 月 24 日午後在北大開會，議定：1、致信省內學生，請預備監督明春選舉並促進自治；2、研究自治促進的方法和組織，刊爲小冊寄發山西，並決定日內即著手進行。〔註254〕面對晉人高漲的自治運動呼聲，山西省議會議長崔廷獻、嚴慎修、警務處處長南桂馨、河東道道尹馬駿，忽然通信各機關各團體學生會，要他們在傅山祠開成立會，但到開會時赴會的都是議員、各機關的科長與各學校的校長，而一個眞正老百姓也未到，沒有眞正的民意代表，結果大會不歡而散。後又召集第二次討論會，但還是沒有結果。直到第三次大會，才有學生多人加入，發表許多意見，與官紳大起衝突，使自命主席的崔廷獻被迫偷跑。議員張端出面調和，決定由學生會討論組織意見，等下次開會研究，由學生會選代表 10 人。〔註255〕

在此期間，省城出現了許多舉發賣礦和鼓勵人民反抗政府的傳單。閻錫

〔註251〕《閻檔》（第五冊），第 549～550 頁。

〔註252〕《晨報》1920 年 11 月 17 日，第 3 版。

〔註253〕《閻檔》（第五冊），第 551 頁。

〔註254〕《晨報》1920 年 11 月 25 日，第 3 版。

〔註255〕《晨報》1920 年 11 月 23 日，第 6 版。

山爲了緩和民衆對他的反抗，保持權位，心想通過舉辦一個官辦自治促進會，減少民衆抗議。他一方面指使省議員推翻區自治，一方面又派他的「家臣」南桂馨和馬駿向各校認識的學生遊說，「我們已是晉人治晉，本省在京同鄉和別省人又弄什麼自治聯合，你們有什麼話可拿到咱們自治促進會來說」。學生信以爲眞，就參加自治促進會，搞地方自治，結果山西官辦自治促進會成爲學生試驗民主的場所。自治促進會被學生占去後，省議會將山西原有的區行政制議決推翻，閻錫山對此又急又憤，「恨的是他拳養下比走狗還忠實的省議員要作反。」幸虧省議員容易收買，閻錫山於 11 月初按名給議員 200 元舉手費，議員領錢後，回去即馬上動議把區制恢復。〔註256〕

此外，運城中學學生也罷課抗議閻錫山出賣礦產權利。爲此，閻於 11 月 29 日向運城第二中學校長解釋礦務事宜，「此次北京學生對於礦務問題，實屬誤會，已由省城礦務公局發表辦礦始終全案，以釋群疑。查礦務公局之設，係由省議會議決設立。所有礦務公局擬訂辦礦合同，均提經省議會全體三讀通過，公開討論，毫無疑竇。此次設立礦務公局辦礦宗旨，純爲山西謀公衆利益。此事不利於少數之資本家，最有利於全省一般平民。該學生等向主張愛國愛民，當無不贊同之理。如該學生等有甚明瞭之處，可由該學生等舉派代表二人來省，親到礦務公局詳詢，全案情形自然了然。其餘學生仍本此意明白宣佈，勒令照常上課可也。」〔註257〕

而更令閻錫山不安的是包頭兵變案內主要嫌疑人張佩留，逃往日本東京潛匿，乘北京少數晉人攻擊他之時，亦借爭礦名義，糾合 10 數人私下結成爭礦團，印刷傳單多件，動員人民罷糧罷市罷工，分寄省內各縣。河東、雁門兩道尹和平魯、虞鄉、右玉、寧武等縣先後報省府檢查出東京寄來印刷品，閻錫山獲知後，當即電各道尹知事對其嚴加檢查扣留，〔註258〕並令教育廳嚴行查究，責令已發現印刷品的各縣知事轉令宣講區長等員，剴切宣諭，以遏制動亂。〔註259〕

由於賣礦引起的反政府行爲，使閻錫山對京中晉人和學生十分惱火。他採取利誘一法，派其屬員連某（係北京法政畢業生）攜巨大款項啓程入京，目的在運動京中山西籍學生與政界一部，使京中晉人團體渙散，以後不再反

〔註256〕《晨報》1920 年 11 月 25 日，第 3 版。
〔註257〕《閻檔》（第五冊），第 552 頁。
〔註258〕《閻檔》（第五冊），第 553 頁。
〔註259〕《閻檔》（第五冊），第 553 頁。

對其政。至於省內各團體因處於他威權之下，不敢做有力的反抗。〔註 260〕
如對於學生，閻則採取報復和收買的手段，一面限制學生留學，將留日學生
經費，減半發給，甚至在 1922 年時故意遲遲不發，恨不得把所有留學生統
統撤回，關起門來，使省外只知道閻好，不能宣佈閻的負面影響。一面又收
買學生，如旅滬學生要組織一個「山西學生旅滬同學會」。他們尋求閻錫山
支持，並去找閻，恰好閻在下棋，當即答應每月捐 100 元。以後旅滬學生對
閻的事情，雖不能昧著良心，替閻辯護，可至少會少罵閻幾句，或對其置之
不理。〔註 261〕

　　而省議會亦出面爲閻錫山辯解，函電大同師範校長向學生說明情況，礦
產係歸國又不歸省有，但議會正在根據贖礦成案力爭省有，用省款設局，依
例劃領區域，以期礦利歸公。〔註 262〕同時又致河東學生聯合會「自民國三年
中央礦業條例頒佈後，凡屬中華國籍，人人可以請領礦區，人人可以依例與
人合辦，力求保守之法。若非本會特組礦務公局，爲地方公立礦區，則礦產
歸公之事，至今日更難著手。諸君試檢礦業條例而一閱之，當信此言之不謬。
自公立礦區以來，依例年納稅款，公家負擔甚重。若空領礦區而不實辦，豈
非失計。若將所領之礦區千數百方里全行自辦，又無此財力，於是限定方里，
與外人合辦。所有合辦經過情形，已見礦務公局之印刷報告書內，諸君取而
閱之，當知本會創議之由來。」〔註 263〕

　　此外，山西士紳楊柏榮也站出來爲閻錫山辯護。楊到天津後，即爲學生
密釋內容，學生似已覺悟到礦產之後的權力鬥爭，開始議論紛紛。梁善濟得
此消息後，在 12 月 9 日開評議會時，遭到他人反對，自此梁大有退步之勢。
〔註 264〕10 日，梁善濟借旅京同鄉會名義，致電閻錫山「河東學生因爭礦罷
課，希轉電馬道尹勿事摧殘。我公愛國愛鄉，素所欽佩。惟此次合辦礦務，
專謀少數人利益，想係受左右蒙蔽。同人等誓不承認，請速毀約。」〔註 265〕
12 日又開大會，梁善濟改變策略，對礦事不加討論，僅散發宣言書，並舉同

〔註 260〕《晨報》1920 年 12 月 1 日，第 3 版。
〔註 261〕《晨報》1922 年 12 月 15 日，第 6 版。
〔註 262〕《閻檔》（第五冊），第 554 頁。
〔註 263〕《閻檔》（第五冊），第 555 頁。
〔註 264〕《閻檔》（第五冊），第 556～557 頁。
〔註 265〕《閻檔》（第五冊），第 559 頁。

鄉會幹事。在最後表決時，議定礦事擬由幹事擬定辦法，再報大會。同時梁嗾使晉學會致函太原學生聯合會，慫恿學生反對閻錫山。〔註 266〕針對梁氏電文，閻於 14 日專電梁，當即進行反駁，主張礦案始末情形，並由省議會或省議會設立之礦務公局詳細答覆。〔註 267〕

梁善濟則全力動員山西民眾抗閻，籌劃大宗款項，分派私人散回各縣，以調查災情為名，蠱惑災民和學生，運動軍警協助，散發傳單，學生進行演說。12 月 14 日，大同職校學生罷課，職教員再三解釋，學生拒絕上課。〔註 268〕罷課風潮出現後，閻錫山勒令扣留鼓惑群眾及勸阻納賦之傳單，〔註 269〕並於 18 日急電大同等縣中等校長，申明京中有人誣陷合辦礦務為賣礦，讓其勸導學生勿以輕信傳言。〔註 270〕

大同道尹奉命於 24 日專程到第三師範學校演講，25 日即有四班 19 人上課，其餘學生則觀望情形，但大多學生是因幾個學生在教室強制攔阻，妨礙他們正常上課。對此，校方想以校規借軍警鎮懾制止，卻又擔心釀成大規模學運。〔註 271〕與此同時，閻錫山則聽從長治處長康佩珩建議，晉城為清化入晉傳單首站，較潞安為重，令晉城縣知事在總會處會同駐軍檢查郵件。〔註 272〕28 日，康佩珩向閻上報潞安檢查郵件情況，派員查省內各學校，僅檢獲傳單兩紙，由旅京晉學會與京津學生偵探團署名，以爭礦之事，煽惑鼓動學生。是日早，潞安各省校學生一律罷課，恰值陰曆年關，考慮到再令全體復課勢所難辦。康再次提議潞安各校應提前放假，以免群聚滋事。〔註 273〕閻認為，學生受梁善濟欺騙，既已罷課，應等學生明白真相後再說。但梁利用學生，鼓動罷糧，是在根本對閻「革命」。〔註 274〕

梁善濟借賑災之機，將山西杜縣知事違例徵收糧稅之事，登報公啓，進行揭露閻治理的腐敗。〔註 275〕閻錫山以為杜縣違例徵收自有國法，承認負有

〔註 266〕《閻檔》（第五冊），第 557 頁。
〔註 267〕《閻檔》（第五冊），第 558 頁。
〔註 268〕《閻檔》（第五冊），第 562 頁。
〔註 269〕《閻檔》（第五冊），第 566 頁。
〔註 270〕《閻檔》（第五冊），第 562～564 頁。
〔註 271〕《閻檔》（第五冊），第 570 頁。
〔註 272〕《閻檔》（第五冊），第 574 頁。
〔註 273〕《閻檔》（第五冊），第 573 頁。
〔註 274〕《閻檔》（第五冊），第 572 頁。
〔註 275〕《閻檔》（第五冊），第 575 頁。

監察之責，但指責梁散發傳單，並引發各處人民抗糧，實爲禍害晉省。其謂「由京印刷傳啓遍散各縣，不惜惹起抗糧罷學，地方治安上之紛亂，累及全晉父老。鄙人職責所在，不能不謀保全地方，而有煩於公也。公對於鄙人爲最近鄉里前輩，對於晉爲最負重望之大紳，愛護桑梓，人同此心，請公平心靜氣一深思之。果以正道糾正，敢不感佩。再此次礦務內容，確係晉人爲晉人謀幸福，無絲毫含糊。曾囑陳君芷莊面達我公，望公勿輕於晉人爲難，自貽後日之憂。」〔註276〕

　　然不知閻錫山採取何種手段，使山西一部分人卻對梁善濟產生惡感，亦或是山西民眾已察覺到他們之間以爭礦爲名背後卻有一種權力和利益之爭的伎倆，晉民開始變得反對梁善濟。1921年1月10日左右，河東公民代表李晰眞、張砥臣、米立綱、陳孝成等10人致電閻錫山，痛斥「梁善濟勾結黨徒，藉口爭礦，假同鄉會名義，散佈傳單，煽惑河東學生罷課，慫恿河東人民抗糧，使得青年廢學、公民子弟身受其害，饑民蠢動，地方前途危險」，主張政府對梁嚴加懲辦。〔註277〕閻錫山立即附和，「梁善濟藉端煽惑罷糧罷課，此間已電責更正。該代表等關懷地方，據情上陳，殊堪嘉慰。對於父老子弟，應隨時切實開導，各安本業，勿爲所惑。如再發生逾軌行動，本督軍定依法嚴辦，以保治安。」〔註278〕

　　隨之因爭礦引起的軍、紳衝突，擴展成了私人糾紛。據1921年1月11日閻錫山致梁善濟函覆，似有在民國七八年時，梁叔父友燾與崞縣錢糧案有牽涉，崞縣在并同鄉會全體士紳先後呈控到署，被控人列名之中有梁善濟弟允濟與其侄梁震，但晉政府一直未對此事查證。在爭礦運動發生後，閻錫山可能是有意於1920年12月派人辦理此案。〔註279〕更湊巧地是1921年2月20日，崞縣第二區破獲煙賭案，抓送賭徒多人，其中有梁善濟長子上楹在內，縣署對其處以罰金結案釋放。〔註280〕查獲梁氏家人犯案，是否與爭礦事件引起的風波有關，細想兩者應該是有一定關聯的。梁善濟本人認爲此舉是閻錫山針對他，便對總統徐世昌面稱，閻因同鄉爭礦對他報復，遂將其子逮捕，並派兵弁來京與他爲難，請求總統對他保護。徐世昌向田應璜詢問始末，田

〔註276〕《閻檔》（第五冊），第578頁。
〔註277〕《閻檔》（第五冊），第579～580頁。
〔註278〕《閻檔》（第五冊），第579頁。
〔註279〕《閻檔》（第五冊），第578頁。
〔註280〕《閻檔》（第五冊），第582頁。

只爲閻錫山講好話，並將閻對梁的指陳報告於徐，〔註281〕致使梁善濟處於理虧境地。

至於煤礦，山西與農商部議定，照山西所議，提紅利5%報效中央，山西人民出2,750,000元，向福公司贖回礦權，交由晉省礦務公局管理，辦全省公益，以補人民贖回之損失。〔註282〕同時，閻錫山囑咐手下幾個健將，組織一個「晉礦公有臨時管理處」，預備將全省礦產一律收歸公有，經省議會議決通過。可是到了1923年，也未曾收回幾個礦區。所以學生聯合會和公礦決進會兩個團體，約管理處召開了一個聯席會議，討論接收礦區辦法。首由公礦決進會述說對於管理處辦礦不力的失望，並希望以後能夠積極進行。次即討論辦法，當時議決五條：1、依照前次定的標準，先行接收保晉、同寶、晉同三公司；2、由管理處推舉代表，於本星期以內，向該三公司接洽；3、將交涉時候的情形，隨時通知學生聯合會和公礦決進會；4、如發生困難情形，不能接收時，由學生聯合會和公礦決進會以實力爲後盾；5、由管理處將最近接收礦區情形，編成報告書，通知各公司。實際上這次會議的結果沒有多少收穫。由於管理處幾個人物，都是閻錫山手下著名的蝦兵蟹將，而3個著名的保晉、同寶、晉同三公司，大半是有權力者的股本，如除閻錫山外，其餘爲河東道尹崔廷獻、警務處長南桂馨、晉北鎮守使張漢傑和糧服局長徐一清等。他們都是山西的頭等實權人物，管理處代表對其礦務何敢干涉？晉礦公有臨時管理處的一個啓事便是說明這一利益關係最好的例證。

> 查吾晉礦區接管辦法，早經省議會議決，並由本處迭次函徵各公司辦礦意見，不料去後，各公司或杳無回音，或雖有覆函而不得要領，而各公團之迅難聲則紛至沓來。本處迫不得已，爰集眾議，特再限期三月，倘期滿依不查照辦理，則另取方法進行，已於1922年7月3日通知在案。乃截至期滿，仍少積極繳礦者，本處忍無可忍之際，適又經省垣學生會，公礦決進會等各公團，與本處共開會議，討論辦法，僉謂晉礦公有，原爲潛消資本勢力，維護貧民生計。查吾晉公司雖多，而擁有最多資本，佔有最小礦區者，厥惟保晉、同寶、晉同三公司，預備一般的接收，今既不能同時辦到，則只有先從接收該三公司入手，本處既迫於職責，且鑒於輿論，用特遵照

〔註281〕《閻檔》（第五冊），第581頁。
〔註282〕《閻檔》（第五冊），第584頁。

　　前議，推舉代表，希貴公司開誠接洽。〔註283〕

從中可知，晉礦公有運動歷時已久，迄無效果。反對袁世凱所訂礦業條例，農部亦始終未准。1924 年 5 月，中央又有在晉設置礦務督辦擬議，山西人深恐礦權旁落。於是，晉礦省有之說復熾。晉省議會召集臨時會，由省議員王青田起草《山西省礦業法》26 條，提出 8 日大會，首由秘書宣讀理由及條文，由王青田說明提案理由，1、根據憲法第 24 條賦予省立法權，制定完善礦業法〔註284〕，以鞏固晉礦公有基礎；2、既不贊成中央設置礦務督辦，應自訂辦法，以資應付；3、整理以前各種公有條文，以便援用。討論結果，一致通過初讀，交付實業、法制兩股審查。其提議原文和草案爲「始有晉礦歸公之制，設晉礦臨時管理處以管理之。特晉礦雖有專管之機關，而章程尚欠詳密之規定，如礦區接管辦法也，機械工程接收辦法也，似亦應有而盡有。惟零星錯雜，未准一法，脫略之處，尤所不免，是非從事修正，殊不足以促進行而垂久遠，茲擬將關於晉礦公有各項規劃，存其原形，補其未足，都爲二十六條，明定之曰山西省礦業法，鞏固公有制度之精神，確立人民生計之礎，名正則言順，言順則事成，其關係於晉礦前途者，實非淺鮮也。本席等所見如次，是否有當，應請大會公決。」〔註285〕在礦務省有運動影響下，中央政府在山西設置礦務督辦的計劃落空，礦權逐步變爲省有，名義上有臨時管理處托管，實際上由於礦業法處於草創階段，礦業大權仍掌握在權勢派手中。

小　結

　　中央權力式微，地方意識凸顯，國家權力逐漸由中央層面轉向省級層面，省級政府成了國家權力的行使者與管理者，這一問題導致政治區域化出現。閻錫山用民政治的創設與實踐就是這一特殊政治現象的反映。在山西政治地方主義膨脹的基礎上，閻錫山通過各種省內外的社會行動，爲山西創造了一個相對穩定的環境，同時他也意想加強對晉省地方社會的控制與建設，遂乘機借用當時地方自治思潮高漲的氣氛，將傳統的儒家思想與國外的政治和技術之學相結合，提出了一套富有開創性的施政理念，以孔孟意識形態的教導

〔註283〕《晨報》1923 年 1 月 7 日，第 6 版。
〔註284〕《晨報》1924 年 5 月 24 日，第 7 版。
〔註285〕《晨報》1924 年 5 月 24 日，第 7 版。

宣傳爲主，創造了「用民政治」的理論與制度體系，在省內各地推行試驗。其運作的過程既凸現了傳統與現代的矛盾，又顯現了傳統社會改造中對現代化內容嫁接的保守性。此外，村本政治的實行並未遭到山西人大規模的反抗，基本上獲得了他們的認同與支持，重建並加強了清末以來微弱的社會控制，從而更加鞏固了職業軍人閻錫山在山西的合法性統治。且閻的這種社會治理在全國是一種典型官導型的地方自治，同時也凸現了「山西模式」在秩序重構中的突出亮點。

在中央政府無力控制地方財政並給予地方資金的情況下，山西通過自身解決了浩大的財政開支。除與其它身份相似的一般性收入外，閻錫山還採用一些特別的措施增加晉省的財政收入，使晉省的收入略有盈餘。但鑒於時局動蕩，山西一直在擴軍備戰，省收入大多用於軍事建設，軍隊的開支遠遠超過其它開銷，實則山西維持的是一種軍事財政。這一特徵可以說明晉省奉行的是軍權至上的政治理念，「武主文從」的政治實態得以進一步表露。軍人政治雖處於強勢，但其始終無法拋棄軍紳政治的治理，軍紳之間的關係也並非士紳絕對的服從於軍權，二者有時也有衝突。在防疫抗災的突發性事件中，軍——紳合作共治得以使災害迅速平息。然而，閻錫山的權威有時也會受到紳民的挑戰，他們對於閻錫山的某些政治活動，大肆抨擊，進行倒閻，但閻在晉省及其省外的政治行爲與影響力，使紳權與民權對抗軍權的做法難以湊效。不過，「紳」和「民」的這些反抗在某種程度上對閻錫山的活動還是有所牽制的。

第四章　以不變應萬變：北伐前夕
南北勢易中之山西

第一節　北軍〔註1〕政爭邏輯中的閻錫山

一、抵制外來者入晉

（一）國民軍圖晉風潮興起

　　第二次直奉戰後，直系失勢，段祺瑞組建臨時執政府，奉張與國民軍兩實力派秉持中央政權。奉、國因地盤擴張，導致矛盾升溫。繼滬案發生後，奉張以維持秩序爲名，將勢力拓展到淞滬，並要求執政府任命姜登選爲蘇皖魯剿匪司令，布置重兵駐紮徐州，意想向長江一帶擴展，結果促成各方反奉。湖北督軍蕭耀南首倡長江聯盟，保持直系在長江勢力，於 1925 年四五月間聯絡陝、甘、豫、川、湘、皖、贛、黔等省，在武昌籌設聯合辦事處，著手聯盟事宜。山西雖擁護段執政府，但擔心奉系一倒，直系仍能復燃控政，故閻

〔註 1〕 這裡的「北軍」即指北方軍人集團。「北」是一個單位，因爲在我們所謂的「北」之中沒有南方的軍事勢力。「南」也是一個單位，其中沒有北方的軍隊。「北」包括東三省、直隸、河南、山東、江蘇、浙江、安徽、陝西的北部和中部、湖北的東部和中部、江西的北部和中部、福建的東北和中部。「南」指的是雲南、貴州、廣西。在北方山西是一個中立或孤立的區域，在南方廣東是一個各派勢力角鬥的場所。參見陳志讓：《軍紳政權——近代中國的軍閥時期》，第 30 頁。

錫山在 6 月 4 日收到晉駐漢代表曹步章電〔註2〕後，對於接洽聯盟之舉，表示贊成，並於 6 月 11 日電示曹步章，聯盟「所定八條宗旨正大，此間極表贊同。唯眾議驟行加入，對內恐生人民之驚疑，對外恐生環境之壓迫。擬請轉告前途，此間對於八條極表贊同，但為解除自身困難起見，暫不派遣代表，精神上無不合作，且認為晉、豫兩省均當如此，以免北方生事，致礙全局。」〔註3〕然閻錫山並不願加入 10 省聯盟，理由是「此間因人心複雜，表裏不一，對於各方來接洽者均取敷衍，故十省聯盟亦未加入。」〔註4〕

　　10 省聯盟的聯絡，致使奉、國關係漸趨緊張。奉張要求段祺瑞任命楊宇霆督蘇、姜登選督皖。段祺瑞為遏制奉系勢力，同時亦任命馮玉祥督甘，仍兼西北邊防督辦，孫岳督陝，以維持均勢。奉系則在北方壓迫國民軍，國民軍與吳佩孚本不能合作，因受奉張威脅，國民軍岳維峻、孫岳部準備參加聯盟，於是奉國合作將成破裂之勢，據李慶芳電稱，奉張「固扼徐州，則又何說？且徐為中州門戶，豫所必爭。豫攻徐，則馮出助，是奉國合作之局終不可望，政府前途已入悲境，日來國會恢復說漸起，〔註5〕恐政局劇變在一月之內也。」〔註6〕而聯盟各方卻主張山西入盟，據 9 月 3 日駐京代表溫壽泉電稱「頃駿良（段宏業）面告，九省聯盟尚屬可靠，山西似應加入。據（孫）傳芳代表來說，山西常派人接洽，惟究竟不甚明瞭，所以河南對山西取防備態度。又馮煥章（玉祥）代表亦謂：恐山西加入奉方，一旦有事，大同即先受控制。我告以：山西我敢擔保。彼又謂：山西能否供給子彈？我答以：山西出兵，不更勝於供子彈？此事請急告百帥（閻錫山），確定主義。聯盟各省現正籌劃出兵，某省擔任某方，某軍出兵何地，對於楊宇霆督蘇，將有一種共同表示，亦未可知。」〔註7〕9 月 4 日，閻錫山覆電表示「山西對茲時局，唯

〔註 2〕參見《曹步章電閻錫山》，《閻檔》（第九冊），第 16 頁。

〔註 3〕《閻檔》（第九冊），第 18 頁。

〔註 4〕《閻檔》（第九冊），第 37 頁。

〔註 5〕吳佩孚決定赴漢時，賄選議員曾以參眾兩院議員名義拍電報歡迎；到武漢後，賄選議員又到萬松園叩見，要求恢復法統，召集國會。後來吳召集部屬討論，張伯烈、張志潭等文人派主張在漢口召集非常國會，選王士珍為臨時大總統，吳任聯軍元帥，藉以號召天下，但武人主張先積極在軍事上準備，大局平定後再改組政府。同時吳也請唐紹儀來漢，唐反對恢復曹錕地位，勸吳如果曹錕地位一經恢復，則所謂合法國會承認問題必隨之而至。參見《閻檔》（第九冊），第 198～199 頁。

〔註 6〕《閻檔》（第九冊），第 198 頁。

〔註 7〕《閻檔》（第九冊），第 58 頁。

執政（段祺瑞）之意是從。苟利於政府，雖受何等犧牲，亦所不惜。適此時會，駿良（段宏業）當確定擴張實力宗旨，免常受制於人，是為至盼。靜庵（溫壽泉）或象乾（蘇體仁）順便回來一人，以便面罄。」〔註8〕

浙督孫傳芳因直系在長江勢力被蘇、皖奉軍截斷，等不到各方共同舉事，便先發制人，於 10 月 10 日以秋操為名，調動全省軍隊，集中主力於長興、湖州一帶，藉口奉方違反淞滬不駐兵協定，猛向奉軍攻擊。奉軍由於未布置完畢，放棄南京，退保江北。浙奉戰事初起，吳佩孚得到川、閩、鄂、贛、豫、浙、陝、黔八省推戴，於 10 月 21 日到漢就任討賊聯軍總司令職。段祺瑞擔心直系勢力復張，時局愈難收拾，遂於 11 月 13 日電張作霖等，「所有京漢鐵路沿線，應責成馮玉祥、岳維峻極力維持，相機制止，以遏亂萌。至孫傳芳前次通電，本以淞滬駐兵為言，今仍前進不已，武力是圖，殊違本執政倡導和平之意，著即通飭所部，停止軍事行動，聽候解決。其在津浦鐵路沿線，仍責成張作霖、李景林妥為辦理，毋任蔓延。近畿駐兵，均著即日恢復此次軍興以前原狀。自奉令後，均應將辦理情形隨時分別具報。」〔註9〕奉張通電表示服從，而浙江孫傳芳與岳維峻在徐州會議，商定浙軍負責防守、徐州以北軍事由豫軍負責。此時閻錫山基本保持「中立」，由於浙奉戰爭集中於長江一帶，不會擴展到晉省，甚或影響不到晉省的秩序，故閻錫山對浙奉戰事比較冷漠，不做任何表態，只是與各方駐外晉籍人士互通消息，以瞭解戰情的發展及時局的變化。

事實上，其時晉局亦有不靖之象。據漢口曹步章 8 月 24 日電稱「弓（富魁）部軍需王某與他人相談，章在隔座，頃聞云：弓已在洛與樊（鍾秀）、鄧（寶珊）、續（桐溪）計劃擾晉，推續為總指揮，如樊由河北三府闖入東陽各關，掠取潞、澤，鄧部現駐陝州，與弓、樊同時窺伺河東。鄧有一萬三千人，械彈頗足；弓有七千人，好槍三千餘枝，雜槍二千餘枝，無彈；樊有萬人，槍三千餘枝，彈無幾，現已開到河北。聞岳督（維峻）力行制止，〔註10〕恐

〔註 8〕《閻檔》（第九冊），第 57～58 頁。

〔註 9〕《閻檔》（第九冊），第 240 頁。

〔註10〕對豫軍欲向山西擴張地盤，豫督岳維峻持自保地盤主義，其時尚無驅閻錫山之意，但對當時在豫之非嫡系軍隊，則與其分豫境之糧，與本省直接發生影響，當然亦利他去，其時雖一再發出鬮謠電報，又電閻錫山，剖解一切，有「維峻在豫一日，不使豫省一兵一辛入晉」等語，但為利客軍離豫，仍可諉為部下與閻有宿嫌，並不絕對禁止。參見《樊鍾秀為圖晉之急先鋒》，季嘯風、沈友益：《中華民國史史料外編》5，廣西師範大學出版社 1996 年，第 583 頁。

無效。拙計岳督心理，勝則聽之，敗則斷其歸路，與晉協剿而已。此事必發東南防務，請及早準備為禱。」〔註11〕閻錫山隨即於24日電榮鴻臚等，詢問晉城「假如堅固，佔領東北、西南兩高地，共享步、炮兵各多少？守城兵尚需若干？即覆。鄙意固占高地，與城相為犄角，守城兵可減少，且易撲滅匪軍。」〔註12〕當日，閻又向長治榮鴻臚司令、晉城齊營長、朱鴻文知事等發出一電，謂「馬運使（駿）轉來該知事效（19日）電云，該縣大口十六，已斷毀者二，能堵絕者十，尚有四口均在豫境等語。此四口係何名？電覆。小口十五，已斷毀者十三，能堵絕者二云云。無論大口、小口，雖斷毀堵絕，亦應著軍警民團防範，不可毫不注意。」〔註13〕

9月3日，榮鴻臚電閻錫山「據團附崔守倫報告，前在彰德會見伊前上官，現國民軍團長高書亭之眷屬，問姑娘何以不來？答云不久即有戰事。覆會第六旅騎兵團五連連長孫朝瑞，問以太太云有戰事，從何說起？據云：從前計劃先攻山西，現旅長由洛陽會議回防，先攻奉軍，奉敗晉軍自降。又詢以何時動員？答云：高糧收後等語。」〔註14〕4日，又據駐京代表李慶芳言「在豫國民軍之一部擬集合八萬人攻晉，惟尚有反對者，將於鄭州會議決之。樊鍾秀三師、弓富魁一旅將為前線，惟馮（玉祥）方對晉有好感，岳（維峻）亦無惡感。純為復私仇，爭地盤，毫無政治意味，以剿匪為名，仿前此對劉（鎮華）、吳（新田）兩督故事。查二軍在豫、岳逾十師，其它客軍能去豫生存，於豫亦便，勢必願以鄰省為堅。此時準視晉軍實力如何，外援萬不可恃。」並向閻建議「愚見以為兵禍斷難倖免，政府不能救魯、皖、陝，何有於晉？馮得甘肅，勢不能制止他軍圖晉，〔註15〕僅取守勢，且不失人心。晉計自衛，宜取決於民意，效死勿去，此正其時，乞裁酌。」〔註16〕

9月5日，溫壽泉亦電稱「據王月波（印川）云：豫岳（維峻）已將四旅調至河北，分駐懷慶一帶，有說要拿京漢路者，有說對山西有作用者。」〔註17〕

〔註11〕《閻檔》（第九冊），第554～555頁。
〔註12〕《閻檔》（第九冊），第554頁。
〔註13〕《閻檔》（第九冊），第553～554頁。
〔註14〕《閻檔》（第九冊），第557～558頁。
〔註15〕段祺瑞曾許將甘肅給國民三軍，但後來卻任馮玉祥為甘肅督辦，何遂大怒，認為段太無理，馮太可惡，他要帶兵打馮。孫岳也恨馮不講信義。參見《徐永昌將軍求己齋回憶錄》，臺北傳記文學出版社1989年，第99頁。
〔註16〕《閻檔》（第九冊），第556頁。
〔註17〕《閻檔》（第九冊），第558頁。

對於國民軍圖晉之說，岳維峻特於 6 日函電閻錫山加以辯解，「風聞豫軍將有事於晉省，此等傳聞固難徵信，當非尊意等因。又接法制院姚院長（震）支（4）日密電開：聞貴部弓（富魁）、樊（鍾秀）兩軍在懷慶密議，竊取晉省，歃血爲盟，不日實行。似此任意行動，實有破壞大局之虞云云。是此項謠言諒已甚囂塵上，若不明告我公，竊恐流言熒鏡，市虎成三。查豫、晉壤境毗連，輔車相依，素敦睦誼。貴省模範全國，夙所欽仰，傚之不暇，何來無因侵覦之舉？不獨斷無此理，抑且更無此力。然則謠諑之興，想由貴省二三失意政客故爲此言，虛聲恫嚇，徒亂人意。」〔註 18〕

可閻錫山明知國民軍有犯晉之意，〔註 19〕且早已存有防備國民軍之心理，〔註 20〕但顧及到國晉兩軍表面上的關係，或是閻的一種政治策略，不輕易將他的防範與怨憤心理表露出來，仍與國民軍維持關係，並電岳維峻「敝處尙無此謠言，且信無此事。荷承詳示，益佩開誠，親仁善鄰之旨，弟與臺端固心心相印也。」〔註 21〕而李慶芳對於國民軍攻晉之說，於 9 月 7 日專門向財政善後委員會副委員長黃郛打探消息，「黃謂與晉督辦私交甚深，將派李筱垣（鳴鐘）赴晉說明。數日前有二軍代表來詢辦法，當答以二、三軍一部分人如此舉動，不敢贊同，並告以一軍愛莫能助等語。」「黃深表贊同，並斷言不得一軍同意，未必敢遽發難。」〔註 22〕北京段宏業於 8 日也電閻「惟連日經弟切實調查，並與國民軍要人開誠推討，似圖晉一說，確出本省素懷怨望之少數人，勾結二軍，局部造佈謠諑，以惑人心，確非該軍主將及大部分所與聞。現已遄派田德三（雄飛）、李仲三兩君馳往曉諭，以消隱禍，即祈密督。」〔註 23〕北京姚震亦於 9 日電閻，向閻說明圖晉之說爲姦人挑撥。

〔註 18〕《閻檔》（第九冊），第 560～561 頁。
〔註 19〕直派失敗後，國、奉並未執政，而是以擴張地盤、增厚實力爲唯一目標。奉天將山東、安徽、江蘇等省取爲己有，而國民軍方面亦取所謂「大西北主義」，與奉天互相競爭，先後奪取陝西，控制甘肅，並有奪取山西之計劃。國民軍將兵力集中於彰德方面，與駐在直隸磁州之李景林軍隊成爲對峙之勢，但國民軍之目的在奪取山西，並非與李景林開戰。參見季嘯風、沈友益：《中華民國史史料外編》5，廣西師範大學出版社 1996 年，第 587 頁。
〔註 20〕據徐永昌 1925 年 3 月 6 日日記中所記「老二電謂山西軍移動意將防我。」參見中央研究院近代史研究所：《徐永昌日記》（第二冊），臺北永裕印刷廠 1990 年，第 299 頁。
〔註 21〕《閻檔》（第九冊），第 560 頁。
〔註 22〕《閻檔》（第九冊），第 562 頁。
〔註 23〕《閻檔》（第九冊），第 563～564 頁。

〔註 24〕隨即閻錫山也分別致電北京溫壽泉、段宏業與姚震，告其岳維峻已為圖晉之說專電剖白。〔註 25〕

（二）晉省對樊鍾秀部擾晉的防務

閻錫山口頭上對外人表示相信國民軍不會攻晉，但他在實際行動上卻對國民軍圖晉是有所防範的。9 月 13 日，曹步章電閻錫山「據寇師長（英傑）云，樊（鍾秀）部李（友於）、任（毓仁）兩旅向我輸誠，餘眾七千，有槍四五千支，每槍平均子彈六七粒，確與奉有勾結，仍駐滑河。俟豫省大部出動後，該部在內擾亂，若調到河北，即由內、滑侵入潞、澤，牽制我軍，將來議由鄂、豫、晉各出兵兜剿，請我由潞、澤方面出兵堵擊。此消息由戚任等報告。」〔註 26〕閻錫山隨即分別電曹步章與榮鴻臚，詢問樊鍾秀部情況，「意思不甚明瞭，河滑、內滑係何地名？戚任係何人？樊（鍾秀）部現在究駐何處？既云現駐河滑，又云調河北內滑，查滑縣即在河北。」〔註 27〕「樊鍾秀部現駐何處？其部下李（友於）、任（毓仁）兩旅刻駐何地？共有若干人？仰速探明報告。」〔註 28〕同時又針對曹步章 15 日電「樊部之李友於旅、任毓仁旅已輸誠於我方，即將樊之原定二種計劃報告於我，原駐河南臨潁等處，俟二軍主力向東北兩方出動後，該部即在黃河以南擾亂，若調往河北，即由內丘、滑縣等處侵入潞、澤，牽制我軍。現樊部業由臨潁陸續向河北調動。」〔註 29〕閻指示曹鄂豫晉三方合剿樊鍾秀部甚好，「但我意三方軍隊必須事前布置妥當，然後置彼死地，自可一鼓蕩平。戰事急迫，倘布置不周，致彼流竄，影響匪細。潞、澤一帶向來駐兵僅止一團，如此計劃，晉省須先加派軍隊，向太行山一帶扼紮，鄂、豫兩軍如何布置？望與前途切商，電覆為要。」〔註 30〕

後閻錫山又「據潞、澤、營縣報稱，探聞豫軍樊鍾秀及胡景銓所部定舊曆 8 月 15 日前由晉城、陽城攻晉，弓富魁旅擬由黎城竄入。二軍旅長李培賢等近日開到沁陽、濟源、清化、焦作等處，兵力約在兩旅以上，勒令人民中

〔註 24〕《閻檔》（第九冊），第 565 頁。
〔註 25〕《閻檔》（第九冊），第 562～566 頁。
〔註 26〕《閻檔》（第九冊），第 571～572 頁。
〔註 27〕《閻檔》（第九冊），第 571 頁。
〔註 28〕《閻檔》（第九冊），第 570～571 頁。
〔註 29〕《閻檔》（第九冊），第 572 頁。
〔註 30〕《閻檔》（第九冊），第 572 頁。

秋節前收秋，準備節前以追擊變兵爲名，乘機分三股竄擾晉境。又據報稱，涉縣知事布告人民，限十日內將秋禾收割清楚，俾便行軍各等情，先後到署。我以岳督辦（維峻）日前曾來電闢謠，決不至有此事實，想係前定合剿樊部計劃，營縣不察，誤爲攻晉。此間已派重兵南下，預備兜剿。」〔註31〕同時將其聽聞電詢曹步章，曹於9月26日覆電「弓海亭（富魁）一再來函，並派員來漢，表示極爲誠懇，願竭力捍衛桑梓，傾心帥座。章已先心跡，已代表明，帥座亦掬誠相與，謂海亭畢竟丈夫，素所深信，既肯效忠鄉邦，亦願助其發展，有何衷曲，可以逕行呈請。弓始終不肯冒昧通電，恐其見拒，欲章轉達意見，懇帥座發給機關槍十二支，子彈二萬粒。章以充量之害，不過以區區械彈與敵，然爲釜底抽薪計，眞誠所屈，金石爲開，海亭亦血性男子，固可輯其心，而消其謀。凡事之壞，皆因隔閡而發生誤會，雙方充耳所聞者，反對仇視之，見帥座恕既往，酌予資助，欲成其捍衛鄉邦之志，未始非兵法所謂攻心，孫謇之策，如能收效，則利益不可勝言矣。章不敢阻其誠意，冒昧直陳，是否可行？伏乞鈞裁。再樊（鍾秀）部現仍在臨潁、寶豐等十二縣駐紮，陸明（蘇蔭森）與樊某有交情，刻正接洽輸誠事實，陸明對之甚有把握，俟有結果再詳。」〔註32〕

經過多方打探和溝通，山西以「信其有」的方式對樊鍾秀等的犯境之說做出應對，令邊境各縣加強防務。9月28日，陵川李光華將其籌防情形電告閻錫山，「（一）腹地劃分四區，邊界三區，區設督練一員，於本月二日分別給委專任督練、團丁、防守口隘，稽查奸宄事宜。（二）村團丁以百人爲隊，隊分三班，由村選有膽識者充隊班長，以備調遣便利。（三）邊界口隘應斷塞者，已派員斷塞。（四）凡道路口隘，無論已否斷塞，現均加蓋蓬房，分配團丁，夙夜駐守。（五）除邊境各村派探外，由縣密派偵探多員，分頭偵探，用資戒備。（六）將舊有火藥、大鐵炮預備齊全，購置藥彈以備應用。（七）險要口隘均經堆積石塊，以備拾擊。（八）業將城防團丁招齊訓練，以備防守。」〔註33〕

陵川士紳以時局不靖亦請閻錫山招收民軍自衛，主張應招民軍320名，月餉6元，照陸軍編制，設營、連、排各官長統率，以半年計，需投入大洋

〔註31〕 《閻檔》（第九冊），第575頁。
〔註32〕 《閻檔》（第九冊），第576～577頁。
〔註33〕 《閻檔》（第九冊），第581頁。

10845 元。軍餉除仿照晉城辦法外，其餘由下忙地丁項下每兩加徵大洋 2 角，可得 2725 元，不敷之數 18120 元擬請山西政府設法劃撥。此外，地方士紳還想擬請政府派子彈炮分隊長段樹華兼任教練。〔註 34〕但閻錫山不太同意由省府撥大量款項用於編練縣民團，認為風氣一開，全省皆照做，省府難以承受，主張「由省派教練多員協助紳士辦理教練事宜，如此辦理，應以知事為總團長，請紳士數人為總團副，段樹華任總教練，七區團各設區團長一，區教練一；每一口設分團長一，設分教一，助教一二人。區教練、分教練及助教均以軍人充之。本地人才不足，可由段樹華在軍界中選之。由軍界所選者，薪水由省出。團丁人數不必多，多則不易精，每分團團丁以該口附近壯丁組織之，每人長矛一根，由地方預備，每人手擲彈兩顆，每區團甲種炮四門，均由省籌撥。步槍在山地無用，且非精練之兵不能使用，滾雷、地雷威力甚大，山地相宜，應用若干？均由省發。」〔註 35〕

11 月 10 日，閻錫山電示平定蔡榮壽旅長、長治榮鴻臚團長、晉城文團長、陵川段樹華總教練，「頃得確息，樊鍾秀攻晉，已於昨日全部開往河北，不日當有動作，著即加意防範為要。」〔註 36〕11 日，又獲平陸彭繼先電「景梅九（定成）〔註 37〕偕同黨數人在陝縣逗留多日，出處詭密，恐有不利於我晉計劃。」〔註 38〕閻錫山於 11 日電運城豐羽鵬旅長，要求注意景定成等人行蹤。〔註 39〕同日，亦電運城商震部署兵力，謂「京畿鎮、國兩軍在三河小衝突，樊（鍾秀）部集中懷慶，我方計劃擬集重兵於中南，以便策應東南、西南兩面。」〔註 40〕12 日，他又再次電示商震等「河東防務，守河非多兵不可，且專重守河，一有失即陷於束手。擬以守河為第一步，能守住很好，否則必須守城。各城兵力分配如下：永濟手擲彈一團缺一營，步一營缺一連；芮城手

〔註 34〕 《閻檔》（第九冊），第 582 頁。

〔註 35〕 《閻檔》（第九冊），第 580～581 頁。

〔註 36〕 《閻檔》（第九冊），第 584～585 頁。

〔註 37〕 景定成，字梅九，又署枚九，山西安邑人。東京帝國大學留學，曾加入同盟會。同盟會山西分會成立時，被推為評議長，與景耀月等創辦《晉聲》，後又在北京創辦《國風日報》。1913 年任北京國務院審計處議員，不久又當選國會眾議院議員。二次革命爆發後，赴陝參加討袁，失敗被捕。1916 年仍任眾議院議員。1917 年任護法國會眾議院議員。景與閻錫山敵對，和續桐溪等人一樣流亡在外省，閻不准他回到山西。

〔註 38〕 《閻檔》（第九冊），第 585 頁。

〔註 39〕 《閻檔》（第九冊），第 586 頁。

〔註 40〕 《閻檔》（第九冊），第 586 頁。

擲彈一營，步一連；臨晉手擲彈一營，步一營。以上三城，無論敵來多人，均須死守。敵如捨各城，直攻運城時，該三城應以全力撲其後路。張店、茅津等處分駐步一營，運城手擲彈一營，步三營，分一連駐解縣。運城軍隊屆時應先固守城池，以待聞喜軍隊內外夾擊，如此則垣曲駐兵亦可撤回，由高團接防。我意如此，你們如有所見，准即電陳。再緝私營應如何集合？一併議擬報核。又直岔嶺、百二盤為中條山南北交通要點，各派一兩排，即能防守，應並注意及之。」〔註41〕

同時，閻錫山又令晉軍將所有沿邊通豫各道路一律斷絕交通，施行破壞或阻絕，令駐軍認真監視，此舉引起路邊民眾反抗。〔註42〕閻以為斷絕交通是軍事計劃，防務吃緊時應立即斷之，並將斷絕理由曉諭人民，〔註43〕制訂出運城作戰計劃三種方案：（甲）四面無大顧慮，獨運城一方有敵人二三萬謀擾，擬以三旅應敵，約一旅守河，約一旅控制後方，約一旅堅守運城。（乙）東南、西南均有敵擾，他方亦稍有顧慮，則運城方面只能以一旅及四營手擲彈對二三萬之敵，但以固守運城為唯一之宗旨。守運城不須一旅又四營之兵，尚可餘出若干，寄於險要城池之中，以作牽制敵人之計，故並擬固守臨晉、永濟、芮城及解縣等數要城暨張店之要路，如此則控制重兵於侯馬一帶，以作中南垣曲方面、東南潞澤方面、西南運城方面的預備，哪方面有隙可打，則乘隙打之，打下一方，則再合兵力打一方，只能以少勝多，非此不可。（丙）四面有事，非堅守省城不可，故需集重兵於省垣附近，運城可留一團固守，其餘一團調駐平陽，以屏蔽省城。〔註44〕

（三）樊鍾秀攻晉與閻錫山的保境戰

其時奉張與馮玉祥部亦發生武裝衝突，馮玉祥為擊敗奉張，暗中接洽閻錫山。10 月 18 日，馮玉祥致電閻錫山，探詢其對時局有何主張？〔註45〕閻錫山以為對晉省最大威脅來自奉張與馮玉祥派，奉張擴張野心較大且實力又較強，故閻企圖借馮之手削弱奉張勢力。而對於國民軍部圖晉之說，閻雖知國民軍部對晉態度並不統一，但他還是比較謹慎，採取防患於未然之舉措，積

〔註41〕 《閻檔》（第九冊），第 587～588 頁。
〔註42〕 《閻檔》（第九冊），第 593 頁。
〔註43〕 《閻檔》（第九冊），第 592～593 頁。
〔註44〕 《閻檔》（第九冊），第 594 頁。
〔註45〕 《閻檔》（第九冊），第 141 頁。

極布置山西的防備，前文對此已有所述。因此，對於馮玉祥合作反奉的意圖，閻積極響應，於 21 日電覆馮，「我兄身繫安危，志在匡濟，救民救國，端在此時。弟雖不才，願從兄弟，如有驅使，惟命是從。」〔註46〕29 日，馮玉祥電閻要「在天鎮、陽高一帶駐兵一團，即由此一團中撥出一連，分駐大同。除由此間派員前往接洽外，仍請吾弟飭知大同一帶駐軍知照為感。」〔註47〕但是，據 11 月 4 日張家口張之江電稱「前奉敝督辦電令，著由敝部派兵四營，分駐貴境之陽高、天鎮、大同，以便保護鐵路，而資聯絡。」〔註48〕可見馮部駐軍數目遠遠超過原議，閻錫山對此甚為不滿，即於 5 日致電張之江「查煥兄（馮玉祥）與敝處商定，在天鎮駐軍一營，內撥一連分駐大同，保護運輸，並面向孫道尹（奐侖）等聲明此數。接誦大電，似軍隊數目及駐紮地點與原議均不相符。弟與煥兄患難至交，一切運輸過境所屬，分當加意照護，重勞盡慮，慚惡已深，固無須駐紮多數，反起人民疑詫也。」〔註49〕

張之江則將駐兵一事推給了馮玉祥。〔註50〕閻錫山對國民軍進駐晉省軍隊增多之事，也並未當即質問馮，而是與馮商定由馮方派代表賈德潤赴晉商談合作條件。〔註51〕於是雙方議定，如孫傳芳軍到達徐州，閻錫山即刻出兵石家莊，以收夾攻之效，同時派兵嚴防晉、直接壤之地紫荊關一帶。〔註52〕為了雙方的聯合，馮玉祥亦於 11 月 12 日電函閻，向其解釋孫岳並無攻晉之心。〔註53〕而且為確保得到閻錫山支持，馮玉祥又於 14 日再次電函閻，「謠諑極多，惟有不為所動，高論極佩。」〔註54〕然馮玉祥部岳維峻進兵石家莊後，為避免晉軍與他爭地盤，卻於 11 月 16 日電閻，阻止晉軍出兵娘子關，「貴軍因赴煥帥（馮玉祥）電約，準備出發，雖未越疆，良深感篆，即請貴軍停止娘子關，嚴防貴省在外無聊政客、軍人藉端冒名，擾及棠封邊圉是禱。」〔註55〕閻不得已於

〔註46〕《閻檔》（第九冊），第 140 頁。

〔註47〕《閻檔》（第九冊），第 296 頁。

〔註48〕《閻檔》（第九冊），第 299 頁。

〔註49〕《閻檔》（第九冊），第 298～299 頁。

〔註50〕《閻檔》（第九冊），第 300 頁。

〔註51〕《閻檔》（第九冊），第 302～304 頁。

〔註52〕《閻檔》（第九冊），第 304～305 頁。

〔註53〕《閻檔》（第九冊），第 588～589 頁。

〔註54〕《閻檔》（第九冊），第 589 頁。

〔註55〕資料中載岳電為 11 月 26 日發出，但筆者推斷其應為 11 月 16 日所發，因 16
　　　日前岳維峻部曾將晉軍李參謀（峻德）與張副官（貴元）去石莊與當地駐軍

18 日電覆岳維峻「前準煥章督辦來電，約定出師石莊，昨日準備兩旅出發，先頭一旅開至中途，聞貴部鄧（寶珊）師行將至石，業飭暫行停進。我輩動作一致，此後貴軍開拔，務請隨時電示，以資協同。」〔註56〕可見，國民軍內部在要求晉軍出兵石家莊一事上，岳維峻與馮玉祥是有分歧的。其實，閻錫山對此也非常明瞭。他以為山西之地位稍有不慎即引起國奉二軍誤會，而且當時傳言，山西軍出石家莊是要拒李景林，晉軍齊集大同是要斷馮玉祥的後路，故李景林對山西密為戒備。馮玉祥亦曾派部下精兵第十一師開往大同及豐鎮，以防山西軍，〔註57〕而山西則將主力放在太原，不過派遣一部駐於南部的清化鎮和運城等處，防止由豫、陝方面土匪入晉，閻錫山這樣部署是不願與國民軍發生衝突，同時也避免晉省遭到干擾。

　　馮玉祥取得閻錫山的支持後，與奉張集團郭松齡、李景林聯絡，計劃共同倒奉。郭松齡因不滿奉系老派作風，暗通馮玉祥發動倒奉事件，11 月 22 日發佈通電，要求張作霖下野。國奉戰事自此開始。此時，山西也出現保境危機。據閻錫山 23 日電北京溫壽泉「迭據報告，續桐溪、弓富魁、胡德甫（夫）等集合大部分隊伍，在石莊會議，分道大舉攻晉；樊鍾秀所部亦在河南武安縣索要多數騾馬，積極運輸，意圖侵入東陽關。查續、弓等圖犯山西，已非一日，我均置之不理，現在保、大換防，二、三兩軍屬集石莊一帶，續、弓等乘隙圖犯，本在意中，已分派重兵前往防禦，並設法消弭，以期相安無事。倘果來犯，則山西為保境安民計，亦不得不出以正當之防衛也。」〔註58〕可見閻錫山對於外軍入晉的防務很積極，而對於馮玉祥請援要求則視情形而定。12 月 11 日，馮玉祥電閻錫山要求出兵，「現在正由馬廠、北倉兩方夾擊天津，或不難將此敵捕捉殲滅。惟山東敵氣猶尚猖獗，非厚集兵力，痛予打擊，恐滋蔓延。前承允出兵兩旅，曾經酌定路線，電商臺端，計邀鑒入。並轉電知岳西峰（維峻）及鄧（寶珊）、徐（永昌）各師長，無不一致歡迎，務盼剋日出發。」〔註59〕「頃接前敵情報，徐永昌所部軍隊現正與敵軍在子牙

　　　接洽經過石莊之事，被岳維峻扣留，可見岳是反對閻錫山出兵的，故極可能
　　　於 16 日電閻錫山停止出兵。而且閻錫山針對出兵一事亦於 18 日電覆岳維峻。
　　　參見《閻檔》（第九冊），第 590～592 頁。

〔註56〕《閻檔》（第九冊），第 591～592 頁。

〔註57〕季嘯風、沈友益：《中華民國史史料外編》9，廣西師範大學出版社 1996 年，
　　　第 415 頁。

〔註58〕《閻檔》（第九冊），第 596～597 頁。

〔註59〕《閻檔》（第九冊），第 486 頁。

河相持，望吾弟飛催商君啓予（震）速率所部兩旅，星夜向此方助戰。並將進兵情形、開拔日期賜覆爲盼。」〔註60〕閻錫山則以晉省七九、六五子彈用完需馮盡力湊撥爲由，作出不願出兵的緩兵之計，從而對國奉雙方採取不偏不倚的策略，但此時山西正在遭到樊鍾秀部的攻擊。

12月6日，據閻錫山致溫壽泉電稱「頃接峻極守關守兵電話云，武安駐軍今日開始向我攻擊，我守兵已就陣地防禦。特電知，過一二日即當電呈執政（段祺瑞），通告全國也。」〔註61〕隨之，山西遼縣遭到豫軍樊鍾秀部〔註62〕進攻。〔註63〕樊部於12月8日攻入峻極關（係晉豫交界之處，在山西之南），獨立團高佩五一團亦已進至晉境潞安。〔註64〕此時，閻錫山經營的晉域政治空間遭到了空前的威脅。時評已對其發出同情之聲，「閻之十四年來所保持之地盤，恐此次非被人推翻不可矣。『模範督軍』之末路亦正可憐！」〔註65〕出此變故，山西只能先解決自身困境，然後才能顧及其它。當樊軍進攻山西時，閻錫山即於7日電詰岳維峻，略謂：

> 武安駐軍大部分向峻極關進攻，究係何軍，不得而知。前奉鈞電，境外均屬友軍，無故不得開釁。當派軍使前往疏通，以免誤會。初次被拒，二次派往，迄尚未歸，應如何處置請迅電示遵等語。當復以仍應設法疏通，不得已時即退卻三十里。俾留疏通餘地，武安涉縣現在究駐何軍，即請查明制止爲盼。特電奉懇，並乞示覆。

〔註66〕

岳維峻於12月9日覆電稱「武安駐軍係樊醒民（鍾秀）部，約有一、二萬，僉號「建國豫軍」，不屬敝部管轄，此次行動自由，弟無法制止。」〔註67〕對岳制止樊部無指望後，閻錫山即轉向依靠晉省實力進行驅樊，遂於8日電

〔註60〕《閻檔》（第九冊），第487頁。

〔註61〕《閻檔》（第九冊），第606頁。

〔註62〕岳維峻接任豫督後，豫境雜軍盡被收編，唯樊鍾秀仍打著建國豫軍旗號，屹然不動，他常說：「建國豫軍是孫大元帥委派的，誰敢更換我的旗幟！」因之岳維峻對他亦無可如何。續桐溪和孔庚向岳維峻建議攻晉，獲岳採納，商請樊擔任攻晉任務，蓋岳意，勝則幫他發展，敗亦無損於國民二軍。參見《閻檔》（第九冊），第485頁。

〔註63〕《閻檔》（第九冊），第485頁。

〔註64〕《晨報》1925年12月12日，第2版。

〔註65〕《晨報》1925年12月12日，第2版。

〔註66〕《晨報》1925年12月13日，第2版。另見《閻檔》（第九冊），第609頁。

〔註67〕《閻檔》（第九冊），第610頁。

函運城豐羽鵬「假定豫匪萬人來攻，固守運城三個月，需兵若干？」〔註68〕而馮玉祥得知樊部犯晉後，亦電閻「先行解決樊（鍾秀）部，自屬切要之辦法，深望將此事速爲辦妥，俾商（震）師得以早日東來也。」〔註69〕隨後馮又從道義上支持山西，函電探詢實情，「除飛電西峰查明制止外，特先奉覆。惟弟臺亦須對之佈以相當兵力也。對貴省爲擾亂敵方，對西峰爲不從命令，如有妄動，盼痛剿之。」〔註70〕閻當即告馮山西有驅逐樊部的實力，「據王營長（靖國）報告，彼仍前進不已，軍心憤激，不可遏止，已迎頭痛剿，擊斃一千餘名，餘均不支，紛紛竄去等語。」〔註71〕但閻錫山出於馮玉祥部勢力較大以避免國晉衝突的考慮，一邊布置軍隊圍剿樊鍾秀部，一邊派兵支持馮軍，於12日電晉軍傅存懷，「馮督辦（玉祥）請晉出兵四旅，此間擬先出兩旅，頃准馮督辦電請，速由石莊至定縣北開，已電沿途軍隊知照，盼接洽等語。希該旅即派員與石莊駐軍先行接洽可也。」〔註72〕傅即於13日電知閻錫山「已派定職部上尉參議李峻德以中校參謀二團差遣員張貴元以少校副官各名義，准於今午二點前往石莊，與駐石國民軍接洽。結果如何？再報。又接李副長電話，令測魚鎮王營向和順縣之松煙鎮與之集合，再行前進等語。王營長率領所部，已於今早六時向松煙鎮出發，於開拔時亦將該鎮電話拆卸。」〔註73〕

　　在援助國民軍後，晉軍加強了對樊鍾秀部的反擊，結果在晉省拐兒、下莊和峻極關三役中，樊軍傷亡2000餘人，晉軍傷亡1500人，其中有中級官1人，下級官20餘人，民團傷亡500餘人。〔註74〕閻錫山於10日電示洪洞高團長，「樊匪攻晉，我決定放進來打他，如由東陽關進，該團應東移屯留、長子，如由黃澤關進，該團應北移介休、平遙，仰即準備完好，奉令即動。」〔註75〕同時又電示平定商震與遼縣蔡榮壽等「酌擬全滅敵人之法，供你參考。固占鼇峰塔、東帝君廟附近高地，分一部分暗占黃家會南北之兩山頂，再用勇敢之伏兵、伏炮、伏機關槍於相當地點，將敵人誘進蛤蟆里及城垣附

〔註68〕《閻檔》（第九冊），第612頁。
〔註69〕《閻檔》（第九冊），第487～488頁。
〔註70〕《閻檔》（第九冊），第614頁。
〔註71〕《閻檔》（第九冊），第613頁。
〔註72〕《閻檔》（第九冊），第490頁。
〔註73〕《閻檔》（第九冊），第490～491頁。
〔註74〕《閻檔》（第九冊），第617頁。
〔註75〕《閻檔》（第九冊），第619頁。

近，斷其後路，殲滅之，如何？」〔註76〕反閻派景定成則招納會匪，委任會興鎮民團首領張永和爲旅長，帶領紅槍會 200 名，又委任匪首鄭福禮爲團長，帶槍 800 餘支，〔註77〕準備進攻山西。

另據溫壽泉在北京探得消息，「仲言（谷思愼）消息，陝軍圖晉計劃共分五路：第一路由茅津渡入河東；第二路由清化到垣曲；第三路由武安、涉縣到遼縣，再沿汽車路攻榆次；第四路由正太路進娘子關；第五路由龍泉犯五臺。其各部如下：一李雲龍部：自正定至順德，共六混成旅，其部下少年爲劉（鎮華）、憨（玉琨）舊部，內有第九團長袁麟閣，係河津人；正定一帶指揮爲毛炳文，毛係陝籍，爲人尚好；順德一帶指揮爲丁文華，丁亦陝籍，係軍官出身。二樊（鍾秀）部：自順德、武安、涉縣一帶，共兩萬人。第一路李三林，強悍而不識字；第二路任瑞周，此兩部約八千人，合樊部衛隊旅、高（桂滋）支隊一萬人左右，清化樊部爲四、五兩路，約八千人。三李部聯合馮子明，在潼關會興一帶：約四旅餘，人數二萬上下，擬渡河入晉。四晉籍弓（富魁）、胡（德夫）、武（勉之）等部：完全調入津浦，內容係反對李、樊無效，故脫離京漢線。五二、三軍及一軍方面之晉人：均以李、樊等舉動爲不合根本，因其強悍野蠻無教育，不忍破壞桑梓，二軍鄧（寶珊）亦表同情，但近於陝字團體，不能置辭。」〔註78〕

不過，陝軍圖晉計劃已對山西構不成威脅，閻錫山圍剿樊鍾秀等部接連獲勝。據閻 12 月 16 日電稱「樊鍾秀率兩萬餘人，九日進攻遼縣，一面飭駐我軍與匪鏖戰五日夜，援軍隨至，匪退拒城東北三十里，現正圍剿，匪已傷亡過半。除一部分解除武裝外，餘尚在激戰中。」〔註79〕17 日電「昨日我軍三路圍剿，與敵人激戰，竟斃匪無數，敵勢不支，紛紛向東潰退，人數約四千餘。至拐兒鎮，適遇我伏兵，斷其後路，隨即擊斃一千餘名，餘匪狼狽東竄，現正在追擊中，一兩日內當告肅清也。」〔註80〕又「本日大部分敗匪被我軍跟迫至許村一帶，又遇我伏兵，斷後截擊，死傷枕藉。餘匪沿山四散，棄置槍械、物品無算。我軍現在分投搜捕，據俘虜供樊鍾秀於昨日即行東逃，第一路李善林受重傷，衛隊司令樊鍾華受追擊炮傷，第二路司令雄桂蘭、第

〔註76〕《閻檔》（第九冊），第 619、620 頁。

〔註77〕《閻檔》（第九冊），第 622 頁。

〔註78〕《閻檔》（第九冊），第 623～624 頁。

〔註79〕《閻檔》（第九冊），第 630 頁。

〔註80〕同上書，第 631 頁。

四司令趙天青均潛逃無蹤。」〔註81〕

閻錫山剿樊鍾秀部獲有成效後，岳維峻對其態度亦漸趨好轉，主動電閻希望石家莊附近晉軍常與鄧寶珊部加強聯繫，〔註82〕閻則要求岳將被扣晉軍李峻德、張貴元放回。〔註83〕岳急忙向其解釋李德峻等 2 人在石家莊被扣，經查證實屬誤會，立即將他們放回。〔註84〕馮玉祥亦爲國民軍扣留晉軍將領之事向閻道歉，並將原因推到樊鍾秀等人身上。〔註85〕事實上，國民二軍只想借樊鍾秀力侵擾晉境，而並不願樊部成功，目的是疲乏晉軍，〔註86〕以防晉軍對國民軍不利。當樊部攻遼縣時，國民軍李雲龍坐視，欲乘機取巧。且直隸戰事未了，李部六旅一面對在石家莊、順德預備隊，一面對樊部，聲稱爲後援，實欲待東路勝利，樊力消滅後，一鼓入晉。稍後李部返潼關，在陝縣一帶留四旅，有急欲渡河替二軍覓餉源之意。而樊軍入晉者只其一部，尚有臨潁兩旅、涉縣、武安一旅、彰德一旅未對晉攻擊，〔註87〕但他們對晉仍構成威脅。

閻錫山 18 日接傅存懷和孔祥熙電，獲知國民二軍有向山西移動跡象。〔註88〕孔電要晉軍在沿邊嚴密堵防，並設法疏通，以免地方糜亂。〔註89〕閻當即電楊愛源「據報國民二軍開到石莊一師，有攻娘子關模樣，該司令應將所部整裝待命。」〔註90〕又致電商震「國民二軍開到石莊一師，有攻娘子關模樣，希酌令第一團及李副官長隊伍先行回平，並注意樊匪（鍾秀）反攻。」〔註91〕後又電函和順楊團長「石莊開到國民軍一師，有攻娘子關模樣。該團應星夜回防，並告總部專馬送商總指揮（震）及松煙李副官長，火速回駐陽泉。」〔註92〕20 日，閻錫山再電楊愛源「將來由娘子關北取一小路攻晉，與郭參議所云相同，希注意布置。匪軍之能在猛撲、夜襲、抄後路。對猛撲、

〔註81〕《閻檔》（第九冊），第 632 頁。
〔註82〕《閻檔》（第九冊），第 633 頁。
〔註83〕《閻檔》（第九冊），第 632 頁。
〔註84〕《閻檔》（第九冊），第 634 頁。
〔註85〕《閻檔》（第九冊），第 635 頁。
〔註86〕《閻檔》（第九冊），第 642 頁。
〔註87〕《閻檔》（第九冊），第 642～643 頁。
〔註88〕《閻檔》（第九冊），第 636 頁。
〔註89〕《閻檔》（第九冊），第 639 頁。
〔註90〕《閻檔》（第九冊），第 637～638 頁。
〔註91〕《閻檔》（第九冊），第 638 頁。
〔註92〕《閻檔》（第九冊），第 638 頁。

夜襲，非取堅固陣地不可，對抄後路，非圓陣地不可，最好是城，次則一山或數山做成犄角之堅固圓陣地，騰出多兵握在手中，相機應付，不怕敵人進來，只是保住娘子關側面即妥。」〔註93〕

山西在軍事上雖積極防備國民軍進攻，但還是擺脫不了樊鍾秀部與國民軍的威脅。樊鍾秀軍攻晉受阻後，派鄧建侯赴石家莊遊說國民二、三軍各師，企圖大舉攻晉，〔註94〕並將其建國軍五師，駐紮於石家莊、獲鹿、井陘，並將洛陽飛機完全運至石家莊。而李雲龍所帶國民二軍第10師率兩旅駐鄭州，其餘亦駐石家莊。〔註95〕另據溫壽泉24日電稱，國民軍二三軍仍有圖晉計劃，「國民軍戰勝直李（景林）後，二、三軍對晉計劃有：（一）以護路為名，派兵嚴守京漢、京綏兩路，封鎖山西交通，斷絕軍用品之供給。（二）調回津浦線之弓（富魁）、胡（德夫）、武（勉之）三部及鄧（寶珊）師，大部集中保定、正定、石莊，歷事整頓補充，預備攻晉地步，至遲不能過舊曆明正即要發動。（三）鑒於樊鍾秀師出無名之失敗，擬假一兩月時間宣傳山西苛政，興師問罪，期在必勝。（四）保定日內招集會議，凡二、三軍要人均定今日前往與會，我亦奉約前去，大約一星期內外當可返京，屆時再將詳情面告。（五）樊鍾秀刻在武安、涉縣，已收集殘部五、六千人，合計所餘部隊猶未下萬五千之多，將來仍決與二、三軍共同行動，冀雪此次戰敗之恨。」〔註96〕然就在山西忙於布置兵力並加固城池以防國民軍等勢力犯晉之際，而倒張作霖派的郭松齡卻倒戈失敗，馮玉祥與郭松齡盟約破產，戰局遂發生變化，向著不利於國民軍的方向發展。於是，國民軍部暫時擱置了對晉省的圖謀，樊鍾秀部因擾晉失敗也變得收斂起來。

二、「反赤化」行動中的擴張

國民軍自戰勝李景林後，控制了北京與直隸一帶。吳佩孚於1925年12月31日通電希望各方能夠結束反奉戰爭，〔註97〕進而與張作霖、李景林、張宗昌言和，共同組織聯軍，以討伐赤化為名，向國民軍進攻。而素有「倒戈

〔註93〕《閻檔》（第九冊），第646～647頁。

〔註94〕《閻檔》（第九冊），第649頁。

〔註95〕《閻檔》（第九冊），第650頁。

〔註96〕《閻檔》（第九冊），第651～652頁。

〔註97〕葉健青：《閻錫山檔案要電錄存》（第十冊），臺北國史館印行2005年，第8～11頁。

將軍」之稱的馮玉祥，對幾乎所有的上司和同盟者，皆有不同程度的倒戈行為，他自己最後在聯軍的攻擊面前也因部下倒戈而失勢。〔註 98〕據北京溫壽泉等 1926 年 1 月 6 日電，「馮（玉祥）下野主因由於張之江、李鳴鐘、鹿鍾麟、宋哲元等聯名電馮，反對其擁段（祺瑞），並主張和奉、聯吳（佩孚）擁黎（元洪），故馮不得不通電下野，以為轉換時局之地步。」〔註 99〕又「馮玉祥已抵平地泉，擬即備車經庫倫赴俄，從者除家屬外，有參謀副官、通譯數人，綜合各方面人言，馮氏下野內容如下：（甲）吳子玉（佩孚）與奉張（作霖）諒解似成事實，觀吳結束討賊軍事通電，當能知其端倪，今後國民軍處境益孤，目標愈大，殆將為全國集矢之的，因取消吳、張作戰目標起見，故不得不宣佈下野；（乙）天津戰事，一軍損失極重，給馮氏以莫大之教訓，今後餉彈械服諸待補充，官兵修養亦需時日，且二、三兩軍與之貌合神離，尤感非常之痛苦，故不得不親身遠行，結合庫倫聯絡俄國，以立今後攻守之基；（丙）環境惡劣，應付困難，進則害多利少，障礙重重，退則計策萬全，沈機觀變，故不得不宣佈下野。」〔註 100〕馮玉祥遂於 1 月 1 日通電下野，西北邊防督辦公署一切政務事，在未奉中央明令派員繼任以前，由察哈爾都統張之江負責代理。〔註 101〕

　　馮玉祥下野，討赤聯軍建立。值此變局，山西處境又如何呢？適值吳佩孚派人來晉省接洽，但吳對晉的真正用意如何，晉人根本無法知曉。故溫壽泉建議閻錫山應派人到漢調查，隨時詳告。〔註 102〕閻於 1 月 4 日電覆溫「百里（蔣方震）東去，商北攻事已五日，尚未回，回後即開始動作等語，然此後再未接來電，不知情形如何，日前李虎臣（雲龍）派副官長來表示好意，面稱武勝關甚緊，並云陳文釗、王文蔚兩師不受李紀才命令，李打之，大受挫敗，田維勤中立，又云徐州有一師三旅，大可顧慮，豫省將來能由直抽調四旅回豫，合豫南駐軍共有六旅禦鄂，惟子彈缺乏為可慮。看此情形，長江內部若無枝節必然發動也。」〔註 103〕9 日，吳佩孚致電閻錫山，對於馮

〔註 98〕羅志田：《北伐前夕北方軍政格局的演變：1924～1926 年》，《史林》2003 年第 1 期。

〔註 99〕《閻檔》（第十冊），第 49 頁。

〔註 100〕《閻檔》（第十冊），第 47～48 頁。

〔註 101〕《閻檔》（第十冊），第 35 頁。

〔註 102〕《閻檔》（第十冊），第 42 頁。

〔註 103〕《閻檔》（第十冊），第 40～41 頁。

玉祥下野一事最好能夠與他採取一致行動，使馮不能迴旋。〔註 104〕閻錫山則認為馮玉祥能否迴旋，關鍵看其實力問題，不在有無名義。〔註 105〕閻的言外之意似在告吳只要能消滅馮玉祥實力，馮就定不能迴旋。吳佩孚對閻用意甚為明瞭，況且吳自己也想剷除馮玉祥勢力。駐漢代表曹步章 9 日電閻稱「奉張（作霖）歌（5 日）電，玉帥（吳佩孚）謂關內事請君主持，關外事我自為之，至某軍當協力剷除云云。並聞有張景惠來漢說，再玉帥謂三軍與此間素通聲氣，將來北上，該軍定能聽受指揮。」〔註 106〕此後不久，聯軍與國民軍開戰，閻錫山調兵於娘子關附近駐紮，同時調 2 萬晉軍駐井陘與石家莊，以保晉境。〔註 107〕

然而，閻錫山對時局態度並非如先前所宣稱的要堅守「保境安民」之旨，事實上閻獲知張、吳等聯盟進攻國民軍後，也有聯吳的意圖。據 1 月 23 日吳佩孚電閻錫山「前議定解決大局計劃，由貴代表曹君電聞，計達左右，國民軍密聯赤黨為禍國家，不時撲滅，恐滋蔓難圖。豫省為陝軍蹂躪，民不堪命，籲請靖難，乃者張師長干臣已出荊關，馮占元共取洛陽，孫建業佔領桐柏，直向信陽進發，河南民團挺險紛起，西峰（續桐溪）已失統治能力，即懇吾弟出兵一旅，向陝州為干城犄角，肅清豫西，並以精兵兩旅，由石家莊邀擊北上陝軍，亦以阻馮（玉祥）軍南下援岳，則豫事解決迅速，而國民各軍亦失首尾相應之勢，於戡定大局，所裨尤多。至北出大同之師，仍望照約密為布置，屆時截擊，以竟全功，至盼至禱，務請照辦，並望賜覆。」〔註 108〕閻當即向吳表示「曹代表來電亦已接到，當遵囑辦理。」〔註 109〕25 日，閻錫山致電駐漢代表曹步章，讓其明白他是聯吳的，並要向吳表明此意，即「玉帥（吳佩孚）負中外重望，此番北上，必能戡定大局，山久不聞外事，惟河北各省民不堪命，國家前途危在旦夕，助玉帥即所以助國家，願率全晉十萬健兒為玉帥之命是聽。」〔註 110〕

此外，山西與孫傳芳也加強聯絡，為方便通信，雙方擬在南京與太原之

〔註 104〕《閻檔》（第十冊），第 56～57 頁。
〔註 105〕《閻檔》（第十冊），第 56 頁。
〔註 106〕《閻檔》（第十冊），第 59 頁。
〔註 107〕《閻檔》（第十冊），第 73～74 頁。
〔註 108〕《閻檔》（第十冊），第 96 頁。
〔註 109〕《閻檔》（第十冊），第 95～96 頁。
〔註 110〕《閻檔》（第十冊），第 99～100 頁。

間設置無線電聯繫。1 月 25 日，南京尹扶一電閻錫山「昨謁馨帥（孫傳芳）面述，帥諭各節，馨帥之意，對於大局，暫取緘默，服從多數，專事整頓軍、民兩政，對寧、晉連絡互助，極為贊同，但恐電報動生阻滯，主張設置無線，此間擬在徐州裝置電臺，如果見諸實行，我方作何辦法，請即電示，以便應付。」〔註 111〕閻當即於 26 日覆電「此間所設無線電，機件嫌小，將來擬在太原設一大者，我方駐漢代表曹步章寓特別區亞力大街協和里四號，過漢時，可與接頭。」〔註 112〕山西這種與吳佩孚、孫傳芳聯繫而想棄馮玉祥的行動被報紙關注，多家報紙已注意到山西在石家莊和娘子關對大軍的調遣，但他們並不知道閻內心的真實意圖。據溫壽泉 1 月 31 日電稱「軍機關晚報載稱，山西出兵娘子關、石家莊一節，茲悉山西駐京代表溫壽泉恐國民軍發生誤會，特向一軍某要人晤談，謂此次出兵，惟一之目的在防禦樊鍾秀部捲土重來等語，今日各日報亦多登載，泉並未與一軍人有此談話，恐與日前所載消息均另有作用，一概置之不理，免授口實，但有關係方面均經當面分別解釋，知係謠言。」〔註 113〕

2 月 3 日，北京李慶芳卻電告閻錫山，山西除注意北方政情外，南方力量亦不容忽視，應保持晉省自身的軍事實力。其電謂「吳（佩孚）、張（作霖）合作，二軍陷入悲境，但廣東蔣介石（中正）、汪精衛（兆銘）、譚組庵（延闓）等任用俄人鮑羅廷、加倫，內部已見統一，刻已成二十師，其志不在小，將來若與北方民黨軍合作，必造成一種新勢力，芳拙見以為，段（祺瑞）倒吳起不及一年，奉必離貳，我晉仍宜保持武力自衛，常度應酬，不妨圓通，孤注萬勿輕視，北洋勢力已成末路，吳之後，恐難嗣響矣，國民軍如頑童，雖討嫌，然可畏也，前馮（玉祥）最知機，半年後必再起，是否候鈞裁。」〔註 114〕李又於 5 日電稱「粵政府組織六軍任蔣介石（中正）為國民革命軍總監，第一軍軍長汪精衛通電反對護憲，孫傳芳亦電稱，護憲過拂輿情，不表贊同，惟吳子玉（佩孚）軍急圖北上，天津方面觀察年關前可入鄭州，靳雲鶚反攻豫軍已占碭山，意在攻取開封，岳豫督（維峻）不知大勢，陷於孤立，吳攻昧取亂，可操勝算，但吳主護憲，逆時代潮流，勢必不久，且左

〔註 111〕《閻檔》（第十冊），第 104 頁。
〔註 112〕《閻檔》（第十冊），第 104 頁。
〔註 113〕《閻檔》（第十冊），第 125～126 頁。
〔註 114〕《閻檔》（第十冊），第 135 頁。

右多陳腐淺狹，有逆取之能，非順守之器。」〔註115〕後又據北京錢孟材6日電「孫傳芳與國民軍仍不失聯絡，吳氏（佩孚）行軍被其牽制，日來似已停頓」。〔註116〕

2月6日，溫壽泉等電告閻錫山，國民軍聯合各省欲要求段執政府下令聲討吳佩孚。其謂「頃一軍代表陳礪忱來謂，國民軍現擬呈請執政下令討吳（佩孚），已由豫岳（維峻）來電發端，一、三兩軍議決一致進行，惟單由國民軍呈請，似不足以表示，大公意在聯合各省共同建議，期促成此事，鄂、贛、閩代表已與晤談，彼長江方面，以時機未到，現時均不能有露骨之表示，未審山西何如，當答以我省素保境安民主義，向不問中央事，君亦晉人，諒悉此中困難情形，此時在精神讚助當無問題，若在表面上有所主張，似與我們山西有種種不便等語，陳又謂，然則將用十六省區代表劉汝賢等字樣呈請執政，不必各代表分別署名如何，當答以事關重大，應由大眾共同商定，泉等愚見，以爲長江各省能首先表示反對最好，如彼等默認，而我獨倡異議亦覺不便。」〔註117〕閻錫山綜合以上各電後，以爲時局複雜，不能輕易表露其態度，仍回歸其不偏不倚之「中」的哲學，於7日電覆溫壽泉「山西向不主張討人，前歲吳子玉迭次派人要求討張（作霖）、討盧（永祥），均被拒絕，此事焉能出名討吳，希婉詞謝絕爲要」。〔註118〕

但就在吳佩孚進攻河南之際，國民軍意想聯晉抵制吳，而閻錫山對國民軍則有出兵承諾。2月11日，孫岳致電閻錫山，「鄙意吳（佩孚）果入豫，惟有我河北聯爲一氣，共事抵制，凡尊處所顧慮者，弟悉當竭力消解之，昨又派李參議芷政赴晉面領機宜，到時懇賜訓示。」〔註119〕據同日馮玉祥電稱「吾弟休戚相關，患難與共，慨允出師，共除障礙，曷勝佩慰」，「吾弟果待有機之時，迅速出兵，則大局粚平，翹足可待，豈惟國家之利，抑亦民生之福」。〔註120〕對於國民軍的聯絡，閻錫山只好周旋。平心而論，此時閻錫山並不願討伐吳佩孚，而且仍和吳有聯繫，但卻告馮玉祥會出兵幫助國民軍。可見閻處於兩難境地的心理，既不願輕易樹敵，又關心局勢爲何派控制，進而以利

〔註115〕《閻檔》（第十冊），第137～138頁。
〔註116〕《閻檔》（第十冊），第139頁。
〔註117〕《閻檔》（第十冊），第140～141頁。
〔註118〕《閻檔》（第十冊），第140頁。
〔註119〕《閻檔》（第十冊），第158頁。
〔註120〕《閻檔》（第十冊），第159頁。

於晉域空間不受政局變動干擾。

隨著國民軍的節節敗退，馮玉祥只好向閻求救，於 2 月 27 日電函閻，希望閻能出面調停國民軍和聯軍衝突。〔註121〕但見閻錫山無任何動靜，馮玉祥於 3 月 2 日再次電函閻，極力推崇由閻領導，共同消滅吳佩孚勢力。〔註122〕閻在沒有搞清楚馮的真意後，未敢貿然給馮回電，而是覺得其時晉軍該出兵石家莊了，遂於 3 月 3 日覆電溫壽泉時稱「此間出兵石莊為自衛計，已成不可緩之事實，至對於執政，無論如何犧牲，亦原向前做去，惟現在大勢已呈困難之象，非有特殊辦法似難為功，頃煥章（馮玉祥）來電略謂，張之江、李鳴鐘、鹿鍾麟、宋哲元、劉郁芬諸人皆為後進領袖，群倫非弟莫屬之語，此間因不審其意旨所在，尚未答覆也。」〔註123〕閻對溫說得是這樣一番話，而對駐漢代表曹步章則又另一說，「靳軍已進至中牟，我軍大部亦分數路向京漢線進攻，並派十三旅出澤州攻衛輝，懷慶於上月宥（26）日開動潞安軍隊分向彰德開發，麻（振武）師已動，陝局可無慮，馮（玉祥）現駐平地泉，曾開軍事會議，議決破釜沉舟背城一戰，並擬以四軍魏益三全部對晉，一面強政府授以綏靖使出任戰事。」〔註124〕兩電明顯的區別是閻致溫電中所述內容為其真意，而致曹電中所述內容有失偏頗。閻的意圖是向曹宣傳馮晉之間的隔閡，由曹向吳佩孚等轉達此意，從而使鄂方對晉仍持信任態度。事實上，閻錫山此時面對國民軍的敗退也有了趁火打劫的想法。

當鄂軍進至鄭州南北之蘇橋，靳雲鶚軍佔領開封後乘勝進至中牟，直、魯聯軍正面向靜海猛攻，左右翼分取任秋、小站，結果國民二、三軍大敗，天津動搖。〔註125〕值此時，閻錫山仍對國、聯雙方使用兩面手法。3 月 5 日，閻電吳佩孚「潼關於支（4）日克復，與雪亞（劉鎮華）商定合力東下，敵如由鄭西竄，請飭尾追。敝軍一路已至正定、元氏、石莊。」〔註126〕而當魏益三所部由石家莊進趨德州和晉軍開抵石家莊之時，閻錫山電告駐石家莊部隊勿與魏益三部發生誤會。〔註127〕然國晉兩軍還是發生了武裝衝突。據張家口張之江 3 月 6 日電稱「晉省恐二軍入境，已向東南出兵防堵，但絕不出晉省

〔註121〕《閻檔》（第十冊），第 203 頁。
〔註122〕《閻檔》（第十冊），第 204～205 頁。
〔註123〕《閻檔》（第十冊），第 212～213 頁。
〔註124〕《閻檔》（第十冊），第 215 頁。
〔註125〕《閻檔》（第十冊），第 220 頁。
〔註126〕《閻檔》（第十冊），第 223 頁。
〔註127〕《閻檔》（第十冊），第 224 頁。

邊界等語，足徵我公保境安民，至為欽佩，敝處前曾令魏總司令益三派遣一支隊，由石家莊東攻德州，業經電告吾兄請轉貴部，勿生誤會，想蒙臺覽，茲據魏總司令報告，所遣支隊行抵石家莊，貴省軍隊竟發生誤會，致在滹沱河發生衝突等情，查魏總司令所部與貴省素無嫌隙，此次衝突必係誤會，而貴省軍隊何以竟進至滹沱河兩岸，將於兩軍睦誼大有妨礙，除已電魏總司令對貴軍無論如何須抱退讓主義，可即向保定撤退外，務祈轉飭貴部制止前進為要。」〔註128〕而閻錫山對張之江的答覆是「送接報告，陝軍擾晉分子以在豫失敗，議決集主力於石莊，分股竄擾山西，敝軍分路進駐石莊、正定一帶，係為堵剿此項分子，魏（益三）部繫屬友軍，且為貴處所派，昨奉大電，已飭前方知照。」〔註129〕

但閻錫山並未就此事專門節制部下，而只電令商震「我軍出境應嚴守紀律，本署印發之告諭官紳人民五條，已飭兵站送交該總指揮部，到後速轉發各軍隊一體遵守。」〔註130〕張之江為消除國晉隔閡卻仍多次電函閻錫山，而閻只口頭承諾節制晉軍，〔註131〕但卻沒有看到他給商震等停止衝突的文電。可見閻此時的真意是默許晉軍對國民軍的強硬，逼迫魏益三部撤出石家莊等地，或有意改編魏益三部。據3月3日傅存懷電閻錫山「職旅先進部隊據報，於今日拂曉已占獲鹿，旅長率隊陸續跟進，派卅團六連長岳金元為南峪留守司令，電話電報同時撤去，如有電示，由獲鹿探投為望。」〔註132〕又據商震7日電稱「連日與馬龍文協議，據前後聲稱，攜手後，魏（益三）即在新樂通電表示，態度且備抵禦北方，故餉械名義三項均不能不預為協定，該部月餉約需十五萬，希望於表示後先撥十萬元，及七九子彈若干，以便訓勵所屬，名義擬請即編為晉軍第幾師等語，該員即於今晨北返，商決惟三項，請求可否照准，候示遵行。」〔註133〕除改編魏益三部外，閻錫山還忙著計劃改編其他潰軍。3月8日，閻致電商震，要其對鄭庠所部以誠相待，派人接洽使其歸順。〔註134〕

〔註128〕《閻檔》（第十冊），第229頁。
〔註129〕《閻檔》（第十冊），第228頁。
〔註130〕《閻檔》（第十冊），第231頁。
〔註131〕《閻檔》（第十冊），第229～235頁。
〔註132〕《閻檔》（第十冊），第215頁。
〔註133〕《閻檔》（第十冊），第227頁。
〔註134〕《閻檔》（第十冊），第232頁。

　　對於國民軍和晉軍之間的衝突，國民軍重要將領孫岳特電函溫壽泉讓其從中協調。據溫壽泉 3 月 5 日電稱「頃據參謀總長劉汝賢電告謂，今晚接天津孫督辦（岳）電詢，石莊原駐有魏益三所部及三軍少數隊伍，專爲保護井陘官礦與石莊商民，對於山西始終取合作態度，二軍殘部已盡數返豫，今次貴軍出駐石莊，固爲政府所希望，惟對於魏部（益三）及三軍少數隊伍請勿發生誤會，以彼此均繫一家，如山西欲魏部及少數三軍調遣石莊，孫督亦可從命，務希轉電閻百帥，飭令貴軍切勿與我部發生誤會。」〔註135〕閻錫山當即覆電溫壽泉，承認魏益三部爲友軍，答應不能與其發生誤會，並已下令前方遵照執行。〔註136〕其實所見材料並沒有反映他對此事的處理函電，而這只是他對國民軍和溫壽泉的一種搪塞，進而掩蓋其眞實意圖。

　　閻錫山實則是想對抗國民一、二軍，在報豫軍擾晉之仇的同時削弱國民軍勢力，進而拓展他的晉域政治空間。據溫壽泉 3 月 5 日電稱「賈德潤約泉在少卿（張樹元）處談話，謂據報晉軍在石莊與魏益三部開火，馮督辦（玉祥）昨與李鳴鐘來電，囑向政府陳述，希望山西根據政府討吳（佩孚）令，與國一軍合作，蓋以此次戰事非馮、吳之戰，乃段（祺瑞）、吳之戰也，山西如不便通電表示，亦望以兵力相助，萬勿與吳合作等語，當答以山西絕不與吳合作，至軍事行動，係防止樊鍾秀部侵晉，萬不能於國民軍有所不利也。」〔註137〕6 日，溫壽泉等又向閻錫山透露國民軍敗勢，以供山西應對局勢之變。其謂「（一）灤河國民軍已向西退卻，奉軍進攻甚猛，其作戰計劃，以張學良進至通州，韓麟春進至軍糧城，直、魯聯軍進至天津、保定，即當設法恢復子貞（馬良）自由，但奉軍決不入京，且子貞對於奉、魯兩方維持之赤心尤表示誠意擁護，此事約不出兩星期，即當實現；（二）山西出兵石莊行動過速，子貞（馬良）頗爲滿意，清如說出兵數目宜在兩萬以上，並希望於適當時機調遣精兵兩旅，猛進至北京附近，以爲子貞聲援，兼備自己發言地步。」〔註138〕9 日，閻錫山電告溫壽泉，表明其眞實用意，「此間與吳（佩孚）絕不合作，惟當豫軍高唱攻晉時，吳迭次來電，並派人來說，豫果攻晉，彼必以實力盡量援助，此本好感，突與難堪，亦甚爲難也。」〔註139〕

〔註135〕《閻檔》（第十冊），第 239 頁。
〔註136〕《閻檔》（第十冊），第 238 頁。
〔註137〕《閻檔》（第十冊），第 240 頁。
〔註138〕《閻檔》（第十冊），第 242～243 頁。
〔註139〕《閻檔》（第十冊），第 239 頁。

「我軍此次出石莊者計達一師四旅，旅皆三團編制，分駐元氏一旅、正定一旅、欒城一旅、石莊一師、獲鹿一旅，另有騎兵一旅爲游擊隊，石莊以內預備一師、一旅，清如意當遵照預備。」〔註140〕

然而，時局變化無常，國奉雙方有達成和平協議及馮玉祥出山之說。面對此情，晉省又當如何應對呢？據馮玉祥3月9日電「昨日雨亭（張作霖）派代表郭瀛洲及靳雲鶚、劉二君來平，雙方和議條件業經磋商就緒，規定妥協，此間現派張鎮守使樹聲隨同郭瀛洲等回奉報告，我弟關懷時局，渴望和平，用特電聞。」〔註141〕同日，又得北京賈德潤電「本日馮上將軍（玉祥）已奉令出山，將任爲直、豫、陝宣撫使，知關鈞念，合併稟聞。」〔註142〕商震亦於9日連續發出兩電，向閻請教應對時局之策，「國軍與我軍爲同黨，與吳佩孚爲敵人，以利害論，貴軍不占石家莊，並無毫髮之損，我軍不通石家莊，即有後路斷絕之虞，現在此間二、五兩軍合計不下五萬餘眾，擬即沿京漢路線各地向北分駐，以期左與一、三軍取聯絡，右與晉省守門戶，彼此同志，諒無揣忌，惟兵士無知，突集一處，恐生誤會，望速轉告百帥撤兵西歸，共保和平，免致我軍漸行漸近，致生意外之危險，至爲企禱，仍盼速示等語。震察其語意，顯係外強中乾，已飭李司令（景林）切實備戰，彼軍如敢北犯，即予迎頭痛擊，鈞座對於文軒有無其它指示之處。」又「國民二軍來北將領，公推方振武爲二、五聯軍總指揮，孔文軒爲二軍北路總指揮，公同集議，令庠權作先鋒，開軍北上，以疏通京漢路線，與一、四軍連接爲主旨，刻我軍已抵高邑，其餘各軍亦陸續前進，惟雙方距離過近，易生誤會，稍有不慎，遺恨無限，弟夙荷百帥再造之恩，豈敢忘恩負義，貽譏於人，幸百帥賜予電示與我兄，就近接洽，至應如何商榷，請速電覆，以便遵循。當復以已令我軍前線部隊嚴守防線，囑轉令彼部勿過高邑，免生誤會，並派代表來石協商。」〔註143〕

閻錫山即於10日電覆商震「茲代擬鄭庠一電文曰：頃奉敝督辦電令，迭據四、七兩路司令報稱，樊（鍾秀）匪復集大部，匪軍於武涉一帶，將來仍爲晉患無疑，該司令等擬即進剿等語，希該總指揮相機進剿以除後患等因，

〔註140〕《閻檔》（第十冊），第242頁。
〔註141〕《閻檔》（第十冊），第248頁。
〔註142〕《閻檔》（第十冊），第251～252頁。
〔註143〕《閻檔》（第十冊），第249～250頁。

望貴旅長讓開順德以便南行，並盼即日見覆，文軒若肯單身來晉，讓他過來，否則是軍事問題不能兼顧。」〔註144〕10 日，商震又電告閻錫山「鄭庠爲人狡詐，雖有接洽之電，而語氣前後不倫，所部復節節北進，想係因追兵日迫，急欲突圍北竄，或虛聲恫嚇，以希多得數城養其殘部，無論彼方用意若何，我軍決無輕近之理，且元氏距高邑不過數十里，一觸即發。」〔註145〕閻錫山對商震之意表示贊同。〔註146〕

而此時國民軍部分將領卻於 3 月 10 日發出通電，抗議閻錫山出兵，「今我軍與李景林反直者戰，與害民害國者戰，對於山西始終篤於禮貌，方冀合做到底，乃閣百督東向出師，以塞京漢之道，有乘不備而猛擊之勢，北在大同以南節節佈防，劍拔弩張，若臨大敵，無事自擾，民命何堪，我軍初以爲交情素密，或係誤會，確實調查，恐出有心，竊恐貴省人民徒茲多事矣，無論新招軍隊，不能取勝，即幸而勝，則老弱疲於轉餉，少壯死於鋒鏑，人民之擔負增加，百業之消耗倍蓰，得不償失，究何所爲而爲。」〔註147〕

但孫岳卻電閻錫山，「馮公主意與兄處相同更多，若作真切之結納，凡兄所謂保民害民者，弟可必其絕無異議，即菲忱亦正與尊旨相符耳，萬象淪胥，一念之仁，總能提拔，兄其審諸。」〔註148〕孫之意是促閻與馮合作，拉攏閻錫山，避免晉軍進攻國民軍。北京政府因擔心吳佩孚重掌權柄，於是軍務廳派員以政府名義赴晉，協商助馮攻吳之事。〔註149〕而馮玉祥卻聲明不予復出，並用話語籠絡閻，謂「故決然下野，以求共諒，望我弟以推心置腹之誠，行保境安民之素，此後共抱定擁段（祺瑞）宗旨，與張督辦之江、李督辦鳴鐘、鹿司令鍾麟遇事提攜，共謀連絡，則感情益形親密，唇齒日見鞏固，豈獨地方人民之福，抑國家存亡所關也。」〔註150〕又 13 日電閻「長江方面必發生重大變化，望吾弟仍持向日主義，審慎應付，對於張（之江）、李（鳴鐘）、鹿（鍾麟）、劉（郁芬）、宋（哲元）諸弟切實聯絡，辱叨末愛，敢貢直言，語短心長，即希亮察。」〔註151〕此時李烈鈞也站出來爲國民軍講話，請閻撤兵

〔註144〕《閻檔》（第十冊），第 249 頁。
〔註145〕《閻檔》（第十冊），第 258 頁。
〔註146〕《閻檔》（第十冊），第 257 頁。
〔註147〕《閻檔》（第十冊），第 261～262 頁。
〔註148〕《閻檔》（第十冊），第 267 頁。
〔註149〕《閻檔》（第十冊），第 268 頁。
〔註150〕《閻檔》（第十冊），第 269 頁。
〔註151〕《閻檔》（第十冊），第 279～280 頁。

回晉，「中原鼎沸，晉有兵甲十萬，抒展偉抱，非無時也，屬在至交，故以奉陳惟兄妥酌焉。」〔註152〕閻錫山當即電告李、馮「此次出兵純爲堵剿擾晉分子，一俟肅清，當即回復原狀。」〔註153〕

國民軍等勢力極力勸阻閻錫山出兵的同時，吳佩孚卻在敦促閻迅速出兵大同，以共同進攻國民軍。據漢口梁紫垣3月11日電稱「頃奉玉帥（吳佩孚）面諭，令速電鈞座，通電聲討，如期會師，我公智在機先，義豈人後，脫國軍之威逼，樹不世之勳名，在茲一舉爲大局計，爲自身計，均宜當機立斷，實踐前言，宣佈之後，北庭關係自當斷絕，河東、晉地鹽款即可援例截留備用，至時再當奉命趨晉，翊贊鴻庥也，再前，玉帥電備子彈三百萬、炮彈二、三千，並望速撥並賜電覆爲盼。」〔註154〕但此時北京中華社社員王朝俊等在13日卻電閻出晉調停軍事，以主持中央。〔註155〕

就在閻錫山正籌劃如何應對時局之際，恰好獲悉國奉和議難成消息，不久又獲知國奉和議如能成功則以解決晉省爲首要條件。於是，閻對國民軍變得更加敵視。據溫壽泉12日電「（一）據少卿（張樹元）約談孫樹林，今晚赴晉接洽事件，表面上雖係以執政（段祺瑞）名義所派，骨子裏實係賈琨庭主持，爲一軍遊說助馮打吳，政府處於無可如何地位，不得不虛與委蛇也；（二）由法館轉到奉張（作霖）參議，吳晉由奉發來蒸（10日）電云：國、奉議和全係空氣作用，刻奉軍正攻灤州，熱河已準備進攻，目下絕無議和之事。」〔註156〕15日，溫壽泉再電閻「據仲言說，李鳴鐘昨日特約史宗法談話，謂豫軍退守河北者有三、四萬人，退守豫西者有六、七萬人，現經郝炳文打通潼關，陝、豫之間尚可聯絡，李即主張，如晉軍有不利國軍，時盼由二軍衝擊晉南，一軍當夾擊晉北，奉、國和議成功後，沿京漢南下討吳，再順便先將山西解決清楚，此息甚確。」〔註157〕

其實閻錫山本來還在國、聯軍兩股勢力之間抉擇，決定將與哪方聯手？當吳佩孚要其出兵時，他卻以各種理由遲遲不予覆電，雖對國民軍有所想法，但鑒於時勢變化，其對進攻國民軍仍表現得十分克制。然自從溫壽泉處得知

〔註152〕《閻檔》（第十冊），第271～272頁。
〔註153〕《閻檔》（第十冊），第271、278頁。
〔註154〕《閻檔》（第十冊），第270頁。
〔註155〕《閻檔》（第十冊），第278頁。
〔註156〕《閻檔》（第十冊），第273～274頁。
〔註157〕《閻檔》（第十冊），第285頁。

國奉和議以先犧牲山西爲代價時，閻遂決定與聯軍共同攻打國民軍。就在收到溫壽泉 15 日電時，閻錫山當即致電吳佩孚「兩旬以來，交通梗阻，連發數電，迄未得覆，亦鮮教言，至深馳繫，敝軍一、二、三各路出石莊後，即由元氏向南攻擊，連戰皆捷，昨晚敵由內邱南退，我軍正在進攻順德，七、八兩路亦由遼縣、武涉等處分道向順德前進，現在貴軍進至何處？北攻計劃若何？佇盼電示，並祈電知前敵將領，與敝軍總指揮商震設法聯絡接洽爲荷」。〔註 158〕吳佩孚亦於 17 日電閻「現靳雲鶚在鄭州已集合大軍，即日北上，其先鋒已過彰德向磁州前進，並由本部派蘇蔭森、梁巨川（汝舟）兩君兼程前赴順德，與商啓予兄（震）商洽進行。」〔註 159〕令閻更爲惱火地是，晉軍在攻打國民軍過程中，還得到國民軍圖晉證據。筆者以爲此證據可能屬實，亦或是閻爲攻國民軍而製造的合理性依據，以證明其「伐之有道」。據閻致溫壽泉電稱「我軍出石莊向南攻擊，連克元氏、高邑、內邱等縣，獲敵所刊山西民軍第一至第四路司令關防十餘顆，足徵圖晉是實。」〔註 160〕

　　3 月 18 日，閻錫山特電吳佩孚，主張聯軍出兵進擊北京，但要求吳不要先泄露這一秘密。其謂「敝軍在京漢線上有五萬餘人，若合十萬之眾，出其不意，分路迅速北攻，一直撲京師以奪其根本，一分攻南口，斷其後路，會大同之師，肅清敵巢。」〔註 161〕吳即於 20 日電閻「我方各軍並力北攻，一撲京師，一攻南口，合大同之師肅清敵氛，確係至計，佩服無已，貴軍至清化之一路，請飭先北行，靳雲鶚即率三師十旅北進，魯軍出大名，及出交獻之兩路，亦即會攻保定時機，莫好於此，誠如尊論，除電薦青、效坤（張宗昌）、芳宸（李景林）、弼丞（寇英傑）迅速查照進行外，即希按照計劃，即時進展爲幸」，「現馮勢窮蹙，對晉宣傳馮奉已妥協，對奉宣傳閻軍已退娘子關以求和緩，待蘇俄餉械之後援，日昨奉天海軍大沽截獲接濟馮賊之俄艦，解至秦皇島，據路透電，其軍火價值五百五十萬元，昨晚聞馮逆經此打擊，益增恐惶，掃蕩赤氛在茲一舉，大塘築出一網打盡，老弟實爲元勳矣。」〔註 162〕於是閻錫山令晉軍一路沿鐵道進攻新樂，一路由行唐前進，〔註 163〕並在大同布

〔註 158〕《閻檔》（第十冊），第 286 頁。
〔註 159〕《閻檔》（第十冊），第 287 頁。
〔註 160〕《閻檔》（第十冊），第 291 頁。
〔註 161〕《閻檔》（第十冊），第 299 頁。
〔註 162〕《閻檔》（第十冊），第 300 頁。
〔註 163〕《閻檔》（第十冊），第 329 頁。

置兵力以防退守南口之國民軍襲晉。〔註164〕

國民軍和聯軍酣戰之時，引發大沽口外交事件。事件中，面對日本的強行，學生遊行責問段執政府，進而導致政府與學生發生武裝衝突，即三．一八慘案。案發後，北京政府軍事會王士珍、趙爾巽等通電呼籲和平，於3月19日函電閻錫山，邀請閻和孫傳芳出面調停奉國戰事。〔註165〕北京衛戍司令鹿鍾麟等則乘機自動撤出北京退守南口，並與段祺瑞發生衝突。而段執政面對國民軍反抗和其他軍事實力派的逼迫，只好下令免鹿鍾麟職，隨即發佈通電下野，讓胡惟德攝閣維持政局。在此形勢下，直奉兩方均想把持政府，進而展開政治博弈，導致南口軍事呈相持狀態。直方為曹錕政府正統計，仍堅持護憲，主張由曹發表下野宣言，恢復顏惠慶內閣，而奉方以為護憲與討伐賄選衝突，不肯贊同直方意見。雙方迭起爭端，王士珍雖從中調停，但很難平衡各方利益。此時閻錫山堅決不贊成王氏調停，〔註166〕力主對國民軍武力擊垮，以解晉省憂患，並於31日電知吳佩孚，請吳徹底解決馮玉祥部。〔註167〕4月9日，閻擔任討賊聯軍副司令兼晉軍總司令，擔任討國先鋒。〔註168〕面對聯軍強大攻勢，張之江不得已而赴漢，閻則改編其所部。〔註169〕

4月11日，原交通總長葉恭綽致電閻錫山讓他接管綏遠，以期進一步配合聯軍牽制國民軍。電謂「弟日前來奉，知時局劇變，兄與此間早有接洽，但此次舉動如不徹底，則後患方殷，兄與此間將益當其衝，似宜雙方積極為聯合軍事行動，庶一了百了，綏遠歷年分割與晉不利，鄙意如乘此歸兄兼轄，似甚相宜，尊意如何，望密示當，設法轉達，或派妥員來此一行最好。」〔註170〕閻立即覆電「臺旆蒞瀋，聞之欣慰，徹底殲敵，弟與雨帥（張作霖）所見略同，臺端計慮深遠，尤佩卓識，現在敵軍全部退出北京，張垣是其巢穴，自應合力猛攻，以冀根本殲滅，綏遠敵人有限，將來回師西上，不難一鼓蕩平，弟此次讚助雨帥，荷承垂注，無任慚惶，來使當派前往承教也。」〔註171〕吳佩孚亦敦促

〔註164〕《閻檔》（第十冊），第360頁。
〔註165〕《閻檔》（第十冊），第316～317頁。
〔註166〕《閻檔》（第十冊），第417頁。
〔註167〕《閻檔》（第十冊），第412頁。
〔註168〕《閻檔》（第十冊），第447頁。
〔註169〕《閻檔》（第十冊），第466頁。
〔註170〕《閻檔》（第十冊），第482頁。
〔註171〕《閻檔》（第十冊），第481頁。

閻電促前方將領火速除絕禍根，將赤禍除惡務盡，〔註172〕閻表示「我公掃蕩赤氛，志意堅決，馨帥除惡務盡，所見相同，展讀再三，竊為大局慶幸，不置特覆。」〔註173〕

聯軍擊退國民軍後，在處置西北軍問題上，閻錫山因山西的特殊利益，除同意西北軍繳械外，還堅持將其徹底殲滅，以永除擾晉之患，甚或有將其勢力拓展到西北之考慮，所以他與吳佩孚等議定的處置西北軍方案有差距。吳等商定處置西北軍辦法為：1、所有西北軍繳械事宜，責成韓復榘、門致中兩師長辦理，至司令部方面，除責成齊撫帥（燮元）辦理外，並酌派助理若干員；2、張之江、鹿鍾麟解職到京，李鳴鐘已逃不議；3、官長均到保定軍官學校集合，連長給 30 元，排長給 20 元；4、目兵每名給 10 元，送回原籍；5、韓、門兩師長辦理繳械完畢，為酬勞起見，第 3 師及第 12 師各留混成旅。〔註174〕而閻以為「張（之江）、鹿（鍾麟）解職，西北軍官長、目兵繳械、資遣如能辦到，固屬好極，惟敵方自挑起國、直和議之聲浪後，乘便退回南口，認為觀變之機勢已成，鄙見非特難望繳械，且慮其確有陰謀，挑撥離間，煽起政爭，假彼時日，徐達反攻之詭計，仍盼我公排除一切本原定之計劃，會師進攻為上計也。」〔註175〕但吳佩孚堅持對國民軍繳械，〔註176〕閻錫山則堅持根本殲敵，並在大同、陽高、天鎮、陽原、蔚縣、左雲、右玉一帶部署 8 萬兵力，同時派一軍向歸綏、包頭進擊。〔註177〕

至於奉直分歧，張作霖與吳佩孚決定在北京晤面解決一切。吳於 5 月 26 日由武漢起程北上，抵石家莊後，因靳雲鶚部不前，致使奉軍猜疑，立即撤換靳職，並令三路出兵，分向懷安、宣化、蔚縣進發，以示與奉方合作誠意。奉張亦入關暫駐天津。於是吳佩孚迎接曹錕，進駐保定，吳奉雙方會晤，合商進攻南口國民軍。〔註178〕其時國民軍擔心晉軍會斷其後路，遂兵分六路對大同進攻，被晉軍擊敗，同時閻錫山請奉直聯各軍迅速進兵夾攻。〔註179〕國

〔註172〕《閻檔》（第十冊），第 485 頁。
〔註173〕《閻檔》（第十冊），第 485 頁。
〔註174〕《閻檔》（第十冊），第 502 頁。
〔註175〕《閻檔》（第十冊），第 501 頁。
〔註176〕《閻檔》（第十冊），第 508 頁。
〔註177〕《閻檔》（第十冊），第 510 頁。
〔註178〕《閻檔》（第十冊），第 3～4 頁。
〔註179〕《晨報》1926 年 5 月 24 日，第 2 版。

民軍則用 5 師兵力由靈丘至雁門關全線攻擊，晉軍竭力還擊。國民軍感到戰況不利，鹿鍾麟、張之江派員向閻求和，遭閻拒絕。〔註180〕國民軍不得不繼續應戰，先後攻陷山西懷仁、應縣、左雲等縣。〔註181〕晉軍則全力護守雁門關，鞏固陣地，並將行營設在雁門關，〔註182〕反擊國民軍。

於是，聯軍也開始進攻南口。吳佩孚於 7 月 18 日上午 4 時通令大同、雁門關、多倫、懷來、南口、蔚縣、易州等處下總攻擊令。直魯聯軍第 5 軍軍長兼前敵總指揮王棟已於 17 日下午 7 時半佔領南口車站。總攻擊令下後，在 18 日下午佔領南口外山頭三座，繼續猛攻，將南口三面包圍。〔註183〕國民軍面對強大攻勢只好總退卻。據閻錫山 18、19 日電稱「據商指揮電稱，據中路傳司令報告，本路追擊隊與懷仁之敵激戰一晝夜，敵勢不支，分兩路撤退，一向大同，一向口泉。又據王總司令電稱，東路追擊隊已出甕城，敵出口石，被我張旅兩團堵截，激戰甚烈，敵死傷尤眾。不得已轉向西北方潰退，刻正在追擊中。」「大同張副司令巧電稱，東路之敵，全部退卻，秩序紊亂，豐鎮北新大莊火車衝撞，路不能通。天鎮方面敵團長因兵心離異，單身逃走，現天鎮陽高張垣敵電話均不能通。」〔註184〕隨後，晉軍兵分三路追擊，先後攻下平地泉，佔領康包，接防包頭。

晉軍自將大同國民軍擊退後，追擊隊繼續跟蹤前進，佔領綏遠城。對於綏遠地盤問題，奉方允諾暫由閻錫山派員接管，將來仍應歸三特別區巡閱使節制，且須負防禦國民軍之責。晉方對此表示贊同，閻錫山委任戰功最卓著的晉軍總指揮兼第 2 軍軍長山西陸軍第 1 師師長商震為綏遠都統，同時調升山西縣知事陳賓寅為綏遠道尹、晉財廳第一科科長仇會詒為綏遠財政廳長。〔註185〕此外，閻錫山還收編國民軍韓復榘、石友三、楊兆林、鄭澤生、陳希聖等 5 師 3 軍。其中，徐永昌部被改編為晉軍 2 軍，弓富魁為晉 5 軍，韓復榘為第 13 師師長，石友三為第 14 師師長，陳希聖為第 15 師師長，鄭哲生為騎兵暫編第 1 師師長，而方振武亦向山西接洽投誠。其餘國民軍所有一軍殘部兩萬餘人，由張之江、鹿鍾麟、蔣鴻遇等率領退往甘肅。〔註186〕

〔註180〕《晨報》1926 年 5 月 6 日，第 2 版。另見《閻檔》（第十冊），第 4 頁。
〔註181〕《閻檔》（第十冊），第 5 頁。
〔註182〕《晨報》1926 年 6 月 6 日，第 2 版。
〔註183〕《晨報》1926 年 7 月 20 日，第 2 版。
〔註184〕《晨報》1926 年 8 月 22 日，第 2 版。
〔註185〕《晨報》1926 年 9 月 8 日，第 2 版。
〔註186〕《閻檔》（第十冊），第 6 頁。另見《大公報》1926 年 9 月 15 日，第 2 版。

閻錫山「趁火打劫」國民軍和山西佔據綏遠的行為，撕開了山西堅持「保境安民」話語的面紗，反映出山西也非完全的「保境安民」，而在條件允許的情況下，山西也在追求擴張地盤。閻的這種政治行為只能說明山西的「保境安民」是為了自衛，而非真正地保境。然閻錫山之所以提出「保境安民」話語，是鑒於當初晉省貧瘠以及軍事實力太弱，不敢和北洋體系爭奪地盤。在經過他對晉省多年治理與建設後，加之北洋體系內耗嚴重，山西力量逐步增強，日益成為軍事實力派中一支舉足輕重的勢力，於是閻才開始向外擴張，拓展他的政治空間。

第二節　新生力量對晉省之影響

一、抑制異己思想入晉

步入 20 世紀 20 年代之際，中國社會演進呈現新的面相。國內受西學東漸和文學革命刺激，文體解放，產生思想啟蒙，進而擴展為新文化運動，討論問題與研究主義之風盛行，思想空前活躍，社會思潮洶湧澎湃地由西方傳入，思潮的湧現促使社會層面出現多面景觀。特別是俄國社會革命取得成功，沙皇專制政府竟被布爾什維克黨推翻，德皇威廉二世也被社會黨趕跑，此種革命風浪震驚全世界。〔註 187〕昔日中國人士有些「鄙視」孫中山的民生主義，即西方社會主義，後來卻發現它的巨大潛能，表現地對它無比尊崇。第一次世界大戰中，中國勞工參加歐戰，為中國博得了殊榮，國人開始關注勞工階層，謳歌勞動群眾的偉大力量。〔註 188〕可見受五四運動和俄國十月革命刺激，中國底層社會逐步受到重視，以小知識分子為代表的群體在蘇俄共產國際指導下，倣仿蘇俄政黨經驗，組建了中國共產黨。隨之，1923～1924 年的國民黨改組和聯俄容共從根本上改變了國民黨在全國的形象及其在全國思想演說中的地位，〔註 189〕進而底層民眾運動逐漸增多，國民革命呼聲日益迫切，「打倒列強除軍閥」的口號在民眾中響徹雲霄。

這些新思潮和革命話語的出現與傳播，亦無疑給軍紳政治造成了一定衝

〔註187〕李劍農：《中國近百年政治史》，復旦大學出版社 2002 年，第 539 頁。

〔註188〕1918 年 11 月 16 日，蔡元培在天安門發表演講，首次提出「勞工神聖」的口號。參見《勞工神聖》，《每周評論》第 1 號（選論），1918 年 12 月。

〔註189〕羅志田：《南北新舊與北伐成功的再詮釋》，《開放時代》2000 年第 9 期。

擊。然閻錫山在山西對其基本持排外態度，他雖在其時還算得上是一個能學習外國先進技術的軍政大員，對此前文多有所反映，如他在興辦晉省工業、軍事工業、農業等方面都引進國外先進技術或產品，引導晉省及其民眾逐漸走向富強，推動了山西工業的近代化。事實上，閻錫山對工業化是否能夠給省民帶來實惠是表示質疑的。據 1921 年 10 月 9 日閻與美國學者孟祿博士談話，提出「我從來有個疑問，就是工商發達的結果，人民是否真能得到食吃、衣穿，與物用。我怕是工商業愈發達，人民作飯的愈沒有飯吃，作衣的愈沒有衣穿，作器的愈沒有器用。工商發達，我怕不但不能救人民的窮困，反倒更壞事。」「工業發達之後，我意不是工人沒飯吃，乃是老百姓，作飯的人沒飯吃。」〔註190〕而且在對待外來新潮方面，閻錫山更是容不得晉省有異己思想的存在，即使允許其存在也須將這些新潮進行變通，轉化為可以用他的思想進行解釋的一套理論。同時，他亦不允許山西有詆毀他的言論存在。為此，他對書信、報刊等嚴格檢查，並對傳播新潮的教育人員壓制，在學生教育中宣傳他的教化思想，控制晉省輿論喉舌。

閻錫山通常要檢查山西傳遞的書信與報紙，以杜絕新潮及反閻之聲的傳播。據報載「比來山西郵局傳遞信件，往往有撕破情事，詢諸郵差，則曰經軍隊之檢驗也，例須蓋戳證明，而細察原函，並無是項戳記，藉口於軍隊檢驗，是誰信乎，即曰實係軍隊檢驗矣，查信件經過檢驗，必須於蓋戳後仍為黏封，交郵遞送，郵局始能收受，此又中外之定例也，今不為黏封，逕交遞送，而郵局即貿貿然收受之，有是理乎，且檢驗信件，施之於戒嚴時期，蓋所以防奸宄之聲息相通也，如謂無論何時，皆須經過檢驗手續，則人民書信秘密之自由，剝奪盡矣」，〔註191〕又「閻錫山為政，雖在本省，人民攻擊之者，實屬不少，然閻氏則對於攻擊其行政之報紙，亦不過為禁止，惟派人在郵局檢查甚嚴，凡有攻擊之報紙稿件，概不准出省，故外省人鮮有知其真相者。」〔註192〕由於閻對輿論的控制，一般比較新潮一點的雜誌、書籍都被政府扣留。例如《平民鐘》是 1922 年前半年在太原出版的周刊，思想比較新一點，閻錫山視其為眼中釘。但該周刊為學生所辦，沒有一定的社址，閻欲封閉而未能。後來，政府想出一個封殺辦法，即秘密令各印刷局不得印《平民鐘》，隨後

〔註190〕《閻錫山傳記資料》（一），第 62 頁。
〔註191〕《晨報》1921 年 5 月 20 日，第 3 版。
〔註192〕《晨報》1922 年 2 月 12 日，第 3 版。

《平民鐘》只好宣佈停刊。而且該周刊發行之時，寄往外省者也都被扣留。因此，外省人都不知道有這個周刊。〔註193〕

　　山西教育界禁止新潮輸入更爲嚴厲。閻錫山的教育宗旨即「做好人，有飯吃」，小學至大學皆以此爲準條，稍有思想較新不守此教義的職教員皆遭排擠。如王樹畢業於中學後，因家庭關係未能升學，先任晉城第二高小校校長。但該校由於前校長辦學糊塗腐敗，學生幾乎全部輟學。王樹接事三月，學生逐踴躍投考，王更加力圖整頓，不到一年，學校成績卓然。然沒多久，王卻轉任縣勸學員，後又任第一高小校校長，奮力改革，將濫竽充數教員辭卻。王認爲學生非自覺用功不能速效，於是獎勵勤勉，但感到學生思想閉塞，特成立書報閱覽室，廣購有價值的雜誌和《晨報》、《努力周報》、《北大日刊》等報紙期刊，以廣博學生學識。此外，他在改造學生思想的同時，兼重體育，力倡運動，聘請拳術教師，鍛鍊學生身體。對於教授功課常開教員會議，詳加研究。經過一年多改革，學校成績卓著，稱響一縣，但他竟被裁撤。至於其撤換原因，政府給出的理由是王「性情乖張，管教多不合法」。事實上，他被撤原因是思想稍新、辦學熱忱、不罹勞怨，而尤反對閻錫山主張，故不能見容於山西。〔註194〕在教師任用上，晉省除軍事院校與職業教育聘用專才外，普及性教育一般很少引進有新思想的教員，學校的校長、教員一般都是幾十年前的「古董」，完全不懂得現代教育的趨勢，只是將山西教育把持的十分牢固，外來的新人物都無法得其位。而學生因得不到新知，於是進行反抗，致使山西第一中學出現驅逐校長魏日靖事件，結果政府用武力拘捕了鬧事學生，〔註195〕平息了這一事件。

　　平心而論，閻錫山自督晉省以來，創辦了許多國民學校。對於閻的這一創舉和貢獻是無可厚非的，而且一般人也以教育普及之美諡歸之。閻在興辦教育方面確實走在全國前列，但其教育思想開放程度還是有些問題的，並非大家一直肯定的那樣。閻雖倡辦許多學校，但大多以洗心、自省爲宗旨。在閻把持山西省政後，晉省演說之風十分盛行，而太原省城幾無日無地不有演講，亦幾乎無人不學習演講，可是政府只許有清一色的演講，而不許對閻政有稍持異議的演講，且不可稍近於閻平時所不願聽聞的講演。洗心社、自省

〔註193〕《晨報》1922年11月18日，第7版。
〔註194〕《晨報》1923年2月7日，第7版。
〔註195〕《晨報》1922年11月18日，第7版。

堂，一般爲演講地點。閻黨一派人物趙戴文、劉靈華等最喜好演講，演講內容多善頌善禱，代閻宣傳說話。而且爲防止異己思想對閻抨擊，山西特設立警察制，利用警察控制民衆言行，以致警察網絡遍佈晉省各個角落。如曾有第一師範學生晉北人某，學問文字均佳，因反對閻政，用毛筆版印刷許多演稿，黃昏時沿街散放，被警察發現，報告督署欲以逮捕，該生聞知將要被捕消息後飛奔出城逃逸。〔註196〕

山西便衣偵探也廣爲分佈，導致省城街巷無人敢議閻政，如有腹誹或沙中偶語，即被捉拿到官府審訊。1923年春，一名記者在太原迎賓樓訪問某人，詢問對晉政如何觀察批評，某君環顧門窗說：「耳屬於垣，僕未敢妄談。他日有機會者，將與子暢敍於都下」。又據某名士對記者言（其曾於1922年到山西遊勝，在晉旅居多時）：「閻督治晉，固煞費苦心，然因無學識，功罪實不相掩。其柄晉政十二年，至少當殺害三百萬兒童。閻即下野，受害之兒童三十年內，決不得翻身。容或禁錮其終身。」他所說的「閻殺害兒童」指的是山西文化在無形中殺人，即閻教育宗旨不正，摧殘學生思想，如洗心也、自省也、尊孔也、崇拜偶像也，換言之無異是使山西學子崇拜傾服閻錫山一人。凡省立各校學生，只准看御用新聞《山西日報》，山西《晉陽日報》、《并州新報》，及京滬各報均不准觀覽。教育界人士在開化市組織一晉華書社，專售商務印書館、中華書局與北京大學出版的書目，其中以研究哲學社會學等書籍爲多。閻黨南桂馨、趙戴文爲討好閻錫山，令晉華書社歇業，否則將其查封。隨後閻錫山在軍署召開會議，南桂馨和趙戴文堅持書社停辦最力。閻沉吟片刻，表示支持他二人的主張，並講到「吾人有此意，然不可行也。」另北京《晨報》和上海新《申報》、《時事新報》，時時遭政府扣留，而一般人民卻對所扣留諸報大加歡迎，以爲能主張公道。〔註197〕爲何民衆會如此呢？其實山西一般民衆心中只認可閻及其思想，閻的訓話就是山西的法律和民衆行爲的一般準則，因此在山西民衆反抗閻者相對不是很突出，反而他們很支持閻。當然民衆也不敢反抗閻，如有批評政府者一旦被發現，則一律遭槍殺。山西警察網絡分佈很廣，所謂「早起會兒」就是對警察監控嚴密的反映。其具體指每天早上6時，太原街上家家戶戶會被警察敲門，沒有起床的人便會受到處罰。〔註198〕

〔註196〕《晨報》1923年6月1日，第5版。
〔註197〕《晨報》1923年6月1日，第5版。
〔註198〕《閻錫山傳記資料》（三），第8頁。

此外，閻錫山對於不利己的外間輿論，都會設法破壞。除上文提到的閻扣留報紙、檢查郵件、通令禁閱等嚴禁行為外，閻還從宣傳著手，控制山西思想言論的主導權。他任命名律師曾【避】、郭元章為山西通訊社經理，命覺民派報社經理雷夢麟為主任，對山西的新聞宣傳把關。雷為各報分館經理，常為閻截留各報，且能通過個人關係疏通京津滬各報，故很受閻器重。閻在控制與引導思想輿論的同時，還加強對山西實力的美化宣傳。閻因各地軍閥常垂涎山西，他雖有實力準備，但終不能絕軍閥之念，故特囑秘書曾望生、憲兵司令張達三與駐晉英美煙公司經理潘某商，邀請上海總公司電影部來晉攝影，藉資宣傳，以壯聲勢。於是電影公司派管海峰、威爾德、強生等 3 人赴晉。閻叮囑副官處，通知各機關、學校、團體等整頓一切以備攝影，對於軍隊部分則召集各官開會討論各項辦法，議定電影公司攝影者由軍署宣傳部主任曾望三率領，先赴晉祠等處拍照風景等片，接著自省堂、圖書館等拍照，然後主要拍攝晉省的閱兵式，以宣傳晉省軍威。對於閱兵組織的各部隊及其服裝，亦做嚴格規定。〔註 199〕

對於共產主義思想，閻錫山是持反對態度的。由於 1920 年在蘇俄的晉商被驅逐回山西約萬餘人，他們對閻講述蘇俄的革命經歷，談及「蘇聯革命毀滅人性與共產主義不顧人情」的一些現象，激起閻對共產主義的畏懼心理。於是閻當即召開進山會議，針對共產主義問題展開討論，研究「人群組織怎樣對」的問題，參加會議者由 20 餘人增至 500 餘人，會期長達 2 年零兩個月，議題大致結論為「資本主義之改善，共產主義之禍害，均作詳密之研究，一致認為資本主義制度確需改善，而共產主義把從交易上治的恐慌病，誤認為是從分配上治的病，主張廢除交易，實行按勞分配，無補於人類，且有害於人生；必須尋求改善社會制度之道，以消除社會不平，與經濟恐慌，納人類思想於正軌，乃提出『物產證券與按勞分配』，期以和平改革，挽救人類之劫運。」〔註 200〕

而對於閻錫山反共思想研究，前人在追溯其反共思想淵源時，都會首先從進山會議談起，〔註 201〕但很少提到他召開進山會議之原因。筆者以為閻聽聞晉商所講蘇俄革命中的一些過激行為，是使閻對共產主義思想產生敵意的

〔註 199〕《晨報》1924 年 6 月 13 日，第 5 版。
〔註 200〕《閻錫山傳記資料》（一），第 14 頁。
〔註 201〕《閻錫山統治山西史實》，第 78 頁。

一個重要因素。當然，閻錫山後來也親自對共產主義思想進行了研究，因限於他個人的理論水平及對社會認知的缺陷，一直認爲共產主義思想太完美，不能夠實現，不能實現的原因是「說到共產主義，等於說天堂上如何好，就是上不去，共產主義有其理想中的利處，但是根本不能實施，共產即是共同勞動，共同生活的意思，就家庭生活說，即是共產方式，家庭中有能勞動的人，有不能勞動的人，以能勞動的人養活不能勞動的人，共產主義即是將家庭生活方式放大，使全部分人共同勞動，共同生活，並且是以能勞動的人，共同養不能勞動的人，這就是共產主義的意義。」而且「人的生產勞動是痛苦的，忍受痛苦爲的是生產供生活，共產主義將勞享分離，根本上消失了勞動的動力，消失了勞動的動力，即是消失了人的生活，所以說他不能實現。」〔註202〕

二、閻錫山與國民黨

閻錫山雖是同盟會元老，早年參加過鐵血丈夫團，但閻的思想和政治變化是較快的，他在處理與孫中山派關係時表現得相當靈活，基本上採取的是一種實用主義的態度，比較認同實權派人物，而不願輕易爲孫中山的「革命」或「主義」付出。前文對二者關係曾有過詳論，反映了閻錫山與孫中山派事實上處於分離狀態，但也並非如他人所講的「閻背叛了孫中山」。〔註203〕閻追求的是政治利益的最大化，不存在眞正的「盟友」或「敵人」。如在 1920 年，孫中山圖謀北伐之事，並聽到北京政府有更換晉督之說，他試圖聯絡閻錫山，心想能得到閻支持，但閻卻對孫婉言相拒。這一論斷來自 1920 年 9 月 1 日運城道尹馬駿致閻錫山電。其謂「孫中山、唐（紹儀）、伍（廷芳）等派張宗海來云：孫等聞中央有換晉督之說，〔註204〕大爲不平。言如無此舉，晉省仍進

〔註202〕《閻錫山傳記資料》（四），第 5 頁。

〔註203〕因孫中山的「三民主義」對閻思想與行爲的約束力。閻常以孫中山的忠實信徒自居，雖然從「二次革命」後期他就徹底背叛了孫中山，但是，「五四」以後，閻錫山爲了緩和從北京回來的激昂的年輕人，不得不讓中國國民黨進入山西，至 1924 年國民黨在太原建立了「臨時黨部」。參見陳芳：《試析民國初年閻錫山的倫理道德觀》，《晉陽學刊》2011 年第 1 期。

〔註204〕據臺灣曾華璧的研究，中央更換晉督，是因山西地理形勢重要，皖系眼見閻錫山致力地方建設、閻視山西爲私有地盤，勢力日漸鞏固，對北京威脅日益增加，乃有意迫閻卸去省長職。參見曾華璧：《民初時期的閻錫山——民國

行內政，爲全國保此模範區域，爲北方樹一革命壁壘，決不願令陷入漩渦。如張（作霖）、曹（錕）必不講公理，則晉、陜、甘聯爲一氣，不久唐繼堯則誓師滇省，甘、陜將聯秦州葉荃，仍進至鳳翔，然後分道內進等語。並云已派黃子玉赴商起予（震）處接洽矣。駿以此事關係重大，不敢贊一詞，僅告以更換晉督之說，自外交團責問政府後，已不成問題，晉省純粹抱民治主義，人所共知也。」〔註205〕可見對北京政府更換閻錫山之意，孫中山不予贊同，並有意想聯繫閻抗擊北洋勢力，但閻卻不直接與孫聯繫，而是讓馬駿對孫講一些冠冕堂皇之語，婉言謝絕孫意。此事由閻於 3 日覆馬駿電可證，即「此事應由君之意答曰：來意感甚。唯閻督（錫山）與孫公（中山）心心相應，純以民意爲依歸，決不計個人利害也。」〔註206〕事實上，閻錫山並非不計「個人利害」，而是將山西省長一職看得很重，多次派人到中央爲其省長職活動，前文對此多有提及。

9 月 4 日，馬駿在致閻錫山電中，報告其以友好態度招待了孫中山代表張宗海，並將孫聯絡閻的眞正用意及更換晉督之說之由來向閻做了透露，「遵以駿意婉言答謝，連日來派妥人偕往各學校及新修之馬路等處遊覽，夜則觀劇，種種形式上之待遇極優美。據該代表云：前此滬上列席，中山主張聯絡晉省，當由伍廷芳以晉省純係民主政策，爲革命保存實力，爲中國政治特標特色，不應先爲牽入，此議遂寢。又報紙傳播更換晉督之說，外交團所以起而責問政府者，實唐紹儀先在外報立論有以致之也。又孫等意在先取廣東，推翻桂系，接連陜、甘，直搗武漢，進兵豫省，暫不與北方議和云云。並囑他日入省，務將此意轉達鈞座。」〔註207〕

到了 1922 年夏，山西人苗培成由北大工科畢業，時值閻錫山要求北京政府將山西籍大專畢業生遣送回籍工作，苗培成借機與山西在北京的大專畢業生 60 餘人，發起在太原創辦「太原平民中學」的號召，以辦校爲由試圖在山西暗中進行國民黨重建工作。7 月初，苗培成、趙守耿、梁永泰、李進賢、劉同等由北京返回太原籌備學校，秘密開展國民黨的活動，進行宣傳主義和介紹黨員。他們的活動引起時人注意，被認爲：「在山西境內，太原平中即中國

元年至十六年》，第 63 頁。

〔註205〕《閻檔》（第四冊），第 214 頁。

〔註206〕《閻檔》（第四冊），第 213 頁。

〔註207〕《閻檔》（第四冊），第 216 頁。

國民黨，中國國民黨即太原平民中學。」〔註208〕第一次直奉戰爭爆發後，山西革命人士續桐溪企圖趁北方政局變動，聯絡民軍攻取山西，並將其計劃上報孫中山，孫於1923年2月27日對其計劃批示「須待北伐時同心合力。」〔註209〕在第二次直奉戰爭時期，因馮玉祥倒戈促成直系垮臺，吳佩孚雖稍後復出，卻挽救不了直系衰落。這一劇變的殺傷力毀掉了北洋體系的元氣，此後新主政的段祺瑞和張作霖不得不將國民黨視為重要力量而加以聯絡，邀請孫中山北上談合作，參加他們欲以和平解決國是的善後會議，使當時所謂「三角同盟」進入實際運作層面。其時南北雖仍對立，但已互相援引利用，南北均勢已逐漸是名義多於實際了。〔註210〕

　　而此時的山西受時局混亂和革命潮流影響，五四運動後由北京返回山西的學生民族觀念進一步強化，紛紛主張國家統一。同時，國民黨改組後新生力量的革命熱潮亦是一股巨大的社會潛流，對山西產生了一定的社會影響。其時閻錫山也已察覺到國民黨日益上昇的實力，遂改變昔日與孫中山派不冷不熱的關係，於1924年開始默認國民黨在太原建立「臨時黨部」。〔註211〕是年12月2日，閻錫山致電溫壽泉，表示願與國民黨攜手合作，聲言「我本同盟會員，與真正民黨攜手，豈非所願，（谷思慎）仲言〔註212〕（同盟會員）本我老友，為公為私，願為盡力。甚感，希轉至進行為盼。」〔註213〕4日，閻錫山再電溫壽泉示意，如「中山入京，著監先（王憲）前往代表歡迎，如監先出京，可派象干（蘇體仁），象干出京，即派康世弼。」〔註214〕

　　閻在注意國民黨力量壯大的同時，國民黨早已看到閻對北方政局的影響力，所以國民黨很樂意與閻互通信息。12月9日，國民黨員徐謙電函閻錫山，與閻商討國家改造建設事宜，認為「乃者國民軍實行首都革命，禍國武力亦已崩潰，惟此後欲圖根本改造，實現共和，似惟有廢止總統，於中央採

〔註208〕苗培成：《往事紀實》，臺北正中書局1979年，第31～32頁。

〔註209〕《民國閻伯川先生錫山年譜長編初稿》（二），第558頁。

〔註210〕羅志田：《北伐前夕北方軍政格局的演變：1924～1926年》，《史林》2003年第1期。

〔註211〕《閻錫山傳記資料》（三），第10頁。

〔註212〕谷思慎，字仲言，山西神池人。早年加入哥老會，後赴日留學，入明治大學政法科，加入同盟會，任執行部調查科負責人，兼山西省主盟人。回國後進行革命活動，與閻錫山熟識。民國元年任國會眾議院議員。

〔註213〕《閻檔》（第七冊），第223頁。

〔註214〕《閻檔》（第七冊），第227頁。

用委員制，於地方實行聯省制，始足謀永久和平，今當全國會議將開之際，不可不由各省協力主張，使不良政制於此告終，不致再遭後此無窮之戰禍，執事若能促成此舉，則功在民國，豈復可量？」〔註215〕閻則以為大局危急，改造建設應以國情為基礎，並於 10 日電覆徐謙，「一是臺端主張大計，聲譽日隆，載誦表言，彌深佩仰。弟自慚菲薄，無裨艱虞，年來內政略修，不過聊盡職責，荷承齒及，益覺汗顏。大局阽危，急須改造，深維建設，宜本國情，苟利國家，無不唯命。」〔註216〕

為了再次獲得孫中山的好感，閻錫山於 17 日特函孫，表示將派秘書王憲與其當面接洽，謂「自違教益，彌歷歲年，引企雲天，時深馳繫。民國肇造，禍亂相尋，我公揭櫫政綱，百折不屈，風聲所樹，中外傾心。乃者政局更新，人心厭亂，欣諗稅駕津衛，將涖都門，竭十載之精誠，為一朝之建設，睽睽萬目，瞻近維殷，弩失前驅，爭先恐後，輿情如此，喁望可知。茲派王秘書憲馳謁左右，代表歡迎，尚乞進而教之為荷。」〔註217〕然閻錫山並未收到孫中山覆電，反而於 18 日獲王憲函電，「孫（哲生）科、張（溥泉）繼、汪精衛云，山西近年來居北洋派勢力之下，不能有何種舉動，目下北方情形較佳，應與孫（中山）、馮（玉祥）、胡（景翼）、孫（岳）等同心合作，與胡亦不應有何誤會，並深願山西對中山有正式之表示，或盡力讚助中山之主張，方不背離民黨之宗旨。時機不可錯過，千萬千萬。」〔註218〕閻對此當即表態「晉省中級以上官長幾盡同盟會舊人，對於中山先生，自無不盡力讚助之理。不過山西做事，向主實力作去，不肯搖旗吶喊，故覺得默默無聞。然十三年來，無一刻不在實行革命中也。胡軍左右不無斥於山西父老之人，但能宣力國家，不致為害鄉里，在我本無歧視。胡督辦與我函電往還，亦曾言之，無所謂誤會，希轉達哲生（孫科）、溥泉（張繼）、精衛（汪兆銘）諸君。」〔註219〕

但就在閻錫山與孫中山派聯繫較為密切時，中國時局又發生劇變，孫中

〔註215〕《閻檔》（第七冊），第 235 頁。

〔註216〕《閻檔》（第七冊），第 234 頁。

〔註217〕《閻檔》（第七冊），第 250 頁。需指出的是此密電在《閻檔》中所書時間為 1924 年 12 月 17 日，而在《民國閻伯川先生錫山年譜長編初稿》（二）中所書時間卻為 1924 年 11 月 27 日，同一電文在兩本資料中所載時間出入很大，筆者以為《閻檔》中所載時間為可信。另參見《民國閻伯川先生錫山年譜長編初稿》（二），第 591 頁。

〔註218〕《閻檔》（第七冊），第 251 頁。

〔註219〕《閻檔》（第七冊），第 250 頁。

山與段祺瑞因江西事〔註 220〕和處置北伐軍問題，意見相衝突，〔註 221〕導致「反直三角同盟」破裂。孫中山於 12 月 21 日在天津通電各省軍民長官，「文對於時局主張，以國民會議爲解決方法，日前發表宣言，諒承鑒察。茲特選派同志，分赴各省區，向民眾宣傳，每一省區約二三人，務使國民咸灼然於會議之性質及關係，其宣傳範圍以此爲限，不涉及地方政事、軍事，所選派之同志皆有文署名蓋印證書爲憑。」〔註 222〕此時閻對孫電還較爲響應，於 23 日覆電，「尊處選派同志，宣傳政見，具見偉籌，已飭屬知照矣。」〔註 223〕23 日，王憲函電閻轉告國民黨動靜，「哲生（孫科）、溥泉（張繼）、因贛事明日乘船赴粵，約一月後返京，將還往山西參觀一切。協和（李烈鈞）長贛事已定，二十五、六即可南下。津浦路軍事吃緊，全係奉張主意。中山進京約在五六日內。」〔註 224〕24 日，王憲又發一電，向閻述說國民黨和段祺瑞執政府間的隔閡，以及國民黨欲借山西力量反抗段祺瑞執政府，而且「協和（李烈鈞）在京時與民黨軍人討論時局，以爲山西刻下關係重要，大有可以留芳百代之機會。民黨並非盼山西作何等有傷名譽之事，只要真能與中山及民黨各重分子同心合作，中國前途無限量矣。民黨將派黃郛、白應琦往山西接洽一切協商，並勸憲早日返晉，面呈彼之意見，派定山西之民黨宣傳員爲韓書麟、王振鈞，不日到晉。」〔註 225〕然對於王憲電，閻錫山並未向從前一樣急著覆電，而是採取了靜默態度，在思考政局變化。事實上，此時閻錫山

〔註 220〕方本仁督贛，孫中山派頗憤激，方報譚（延闓）師已逼南昌，段祺瑞臨時執政請孫中山疏解，孫中山覆稱派李烈鈞一行。參見《閻檔》（第七冊），第 259 頁。另據楊天宏國民黨與善後會議關係之研究，國民黨與段祺瑞的矛盾在地盤劃分問題上，雙方進行著爭鬥。當奉張以實力控制了天津並將勢力擴展到津浦鐵路沿線，馮玉祥的國民軍則控制了京畿及京漢沿線。對此，段政府分別給予了承認。孫中山作爲倒直三角同盟的一方，局促在廣東一隅，難紓抱負，故繼續揮師北伐，亟欲奪得江西。但是北伐軍進入江西時，段政府卻致電孫中山，內有「南軍師出無名」之語，請電令北伐各軍停止攻贛，並任命方本仁督辦江西軍務，主持贛事。方素與國民黨方面不協，曾四次發兵犯粵，孫中山對方受命督贛極爲不滿。參見楊天宏：《國民黨與善後會議關係考析》，《近代史研究》2000 年第 3 期。

〔註 221〕《閻檔》（第七冊），第 260 頁。

〔註 222〕《閻檔》（第七冊），第 261 頁。

〔註 223〕《閻檔》（第七冊），第 260 頁。

〔註 224〕《閻檔》（第七冊），第 265 頁。

〔註 225〕《閻檔》（第七冊），第 265～266 頁。

對國民黨利用山西對抗段祺瑞執政府的想法不能接受，也不願以山西為代價換取國民黨在臨時執政府中的利益訴求，但限於國民黨勢力增強的現實考慮，又不能完全對其拒絕，只好以無聲的方式表達出自己的心聲。

那麼，何以用上述的分析語言講閻呢？如試將閻錫山對當時段祺瑞執政府的態度，比較他對國民黨向其求援的態度，便可發現閻又開始向中華民國臨時執政府傾斜。當段祺瑞未採納孫中山召開國民會議的意見時，而仍以善後會議相號召，於 12 月 30 日通電閻錫山等各省民軍長官，「善後會議條例業經公佈，此會專為整理軍事財政及籌議建設方案而設。質而言之，即勾通各方意思，由各省以及全國共謀和平統一，擬十四年二月一日以前在北京開會，除第二條第一、第二、第四各款所列會員另行邀請外，茲查照第三款規定，應請執事蒞臨共商大計，如因地方重要，不能遠離，即希迅派全權代表與會。至關於國家根本大法，應照馬（21 日）電組織國民代表會議，由全國人民公意解決，以符主權在民之意。特電佈臆，即希電覆。」〔註 226〕對於段祺瑞號令，閻當即於 1925 年 1 月 1 日覆電響應並講明他不準備參會的理由，謂「鈞座召集善後會議，共謀和平統一，芻蕘下採，欽感莫名。惟錫山忝領疆圻，當此大局粗平，地方重要，未便遠離，謹遵鈞命，查照善後會議條例第二條第二款規定，派溫壽泉為全權代表，並查照第三款規定，派蘇體仁、潘連茹為全權代表，除飭各該員等依期赴會報到外。」〔註 227〕除此以外，閻錫山在致孫中山和段祺瑞電中，其電文末落款所用詞句都不一樣，如 1924 年 12 月 23 日覆孫中山電中為「閻錫山。漾印。」，〔註 228〕而 1925 年 1 月 1 日覆段祺瑞電中卻為「山西督軍兼署省長閻錫山叩。東印。」〔註 229〕可見閻對段祺瑞表現得相當尊敬和敬畏。

另還可從其他事略窺閻錫山與國民黨之關係。前文已述孫中山曾派專人有意聯絡閻錫山，希冀晉與陝、甘聯為一氣，響應南軍北進。但孫的意圖並未能於 1920 年實現，而閻在 1924 年 10 月馮玉祥發動北京政變後，為防止西北勢力與奉張擴張威脅對山西政局產生不良影響，卻主動與陝、甘聯防成功。12 月 19 日陝西劉鎮華電對其有所證實，即「王課長、曲諮議由太原寄到三省

〔註 226〕《閻檔》（第七冊），第 274～275 頁。
〔註 227〕《閻檔》（第七冊），第 273～274 頁。
〔註 228〕《閻檔》（第七冊），第 260 頁。
〔註 229〕《閻檔》（第七冊），第 274 頁。

聯防辦法七條〔註230〕，至深銘泐，除秦、晉兩份已經簽字外，甘省即遵兩帥電囑，交由陳局長代簽，以完手續。從此三省一家，休戚與共，鎮華自維庸駑，共濟危舟，誓當恪遵聯約，永久不渝。」〔註231〕

隨著國民黨和段祺瑞等之間分歧的日益擴大，孫中山卻遲遲未能入京，後因孫中山肝病加重，不得不於1924年12月31日前發出通電，準備進京選擇醫療，從事休養。〔註232〕31日下午4時，孫到達北京，進駐北京飯店，面目較爲枯瘦。〔註233〕其時閻錫山雖和孫中山派關係較爲冷淡，並相對地仍與段祺瑞執政府保持密切，但他還是不敢輕易忽視國民黨的影響力，建言段祺瑞政府要注意國民黨勢力，以及在解決國家問題上要聯合孫中山。此據田應璜1925年1月16日電稱「頃晤靜庵，言段公子（宏業）已將鈞意達諸乃翁合肥，決聯合中山，所見從同。中山主張，除絕難容納者外，必容納之，所見亦同，惟傳達多誤，必俟中山病癒面談後，方可有所表示。」〔註234〕

然而，就北京政變後解決中國政局問題一事，孫中山也做出讓步，對於段祺瑞召開的善後會議，不再堅持召開國民會議的預備會議，但要求善後會議代表範圍必須擴大，於1月19日特爲此致電各省軍民長官等，「固知於善後會議之後，尚有國民代表會議在也，然國民代表會議由善後會議所誕生，則善後會議安可不慎之於始？況其所論議者尚廣及軍制、財政乎！文籌思再三，敢竭愚誠，爲執事告，文不必堅持預備會議名義，但求善後會議能兼納人民團體代表，如所云現代實業團體、教育會、大學、各省學生聯合會、工會、農會等，其代表由各團體之機關派出，人數宜少，以期得迅速召集，如是則文對於善後會議及善後會議條例當表贊同。至於會議事項雖可涉及軍制、財政，而最後決定之權不能不讓之國民會議，良以民國以人民爲主人，

〔註230〕晉陝甘三省聯防辦法爲：（一）山陝甘（以下簡稱三省）以扶持和平，保衛地方之主旨，實行聯防。（二）三省聯防實力，尊重臨時執政命令，擁護中央。（三）凡與三省有妨害治安之事變發生，應不分畛域，協力剗除。（四）凡一省有內亂或外侮時，認爲有共同防禦之必要者，其它各省應盡力協助，其協助之程度臨時協定之。（五）三省平日應各自盡力清理內部，促進治平，以免養癰貽患。（六）凡一省通緝之亂黨，他省不得容留。（七）聯防辦法在未解除以前，無論何省不得有破壞或違背之行爲。（八）本辦法繕寫三份，自三省長官或代表簽字之日實行。參見《閻檔》（第七冊），第257頁。

〔註231〕《閻檔》（第七冊），第256～257頁。

〔註232〕《閻檔》（第七冊），第261～262頁。

〔註233〕《閻檔》（第七冊），第283頁。

〔註234〕《閻檔》（第七冊），第301頁。

政府官吏及軍人不過人民之公僕。」〔註235〕段祺瑞執政府也隨即響應孫中山要求做出妥協，議定擬擇派民意團體代表為專門委員，作為容納孫中山意見的最後底線，並定於 2 月 1 日開會，但孫中山方面對其讓步卻不甚滿意，計劃運動各省，希望各省能夠貫徹孫的主張。〔註236〕

　　孫、段矛盾升溫使閻錫山的角色更為突出。1 月 25 日，李慶芳電告閻錫山，「孫（中山）段（祺瑞）合作問題，以善後會為樞紐，經協同許俊人（世英）力為斡旋，暫不至走入極端。惟關係國民會議一部分，或另開預備會，或法團複決擇一行之，在合肥為得策，葉總長極盼兼帥設法調停。」〔註237〕閻錫山隨即電覆李「孫（中山）段（祺瑞）合作問題以善後會議為樞紐，譽虎總長（葉恭綽）主張調停，深佩卓見，實獲我心，自當設法進行。」〔註238〕然閻只在口頭表示將設法調停孫、段合作問題，而在實際行動中卻無任何表現，只是虛假地答應葉恭綽要求，進而在段執政府中樹立一良好形象。

　　孫、段就合作問題的爭執，因孫中山病危並接受手術治療，而漸趨利於中華民國臨時執政府。隨之閻錫山與國民黨聯繫再次疏遠，閻表現得遠不如孫中山北上期間那麼熱情。2 月 19 日，閻錫山接李慶芳電獲知「中山病已絕望，昨由醫院移住行館，芳親往探問，謝无量代見，談及平均地權，認為鈞擬二法可以參考」。〔註239〕閻得到這一消息後，函電李讓其代他謁見孫中山，以探視病情。〔註240〕3 月 12 日，孫中山於晨 9 時在京逝世，閻錫山於 16 日電李慶芳「中山喪事希代往致祭，已另電治喪辦事處矣。弔儀即致送貳千元，已交匯，並希代送。」〔註241〕由此，閻錫山與國民黨的關係又告一段落，直到南軍北伐，閻才再一次與國民黨的交往火熱起來。

　　從上文所述可見，閻錫山對國民黨（孫中山派）的態度並非如他年譜中為其疏遠國民黨而進行的辯解那樣，即「中山先生民國元年蒞臨太原，密令先生：『北方環境與南方不同，你要想盡方法，保守山西這一塊革命基地』。嗣派代表秘密抵晉，提示應變之方針，他人未知也。」〔註242〕這只是閻後來

〔註235〕《閻檔》（第七冊），第 309 頁。
〔註236〕《閻檔》（第七冊），第 311～312 頁。
〔註237〕《閻檔》（第七冊），第 317 頁。
〔註238〕《閻檔》（第七冊），第 316 頁。
〔註239〕《閻檔》（第七冊），第 332 頁。
〔註240〕《閻檔》（第七冊），第 332 頁。
〔註241〕《閻檔》（第七冊），第 338 頁。
〔註242〕《民國閻伯川先生錫山年譜長編初稿》（二），第 558～559 頁。

加入北伐行列爲他爭取政治合法性認可的一種手段。平心而論，從民國北京政府時期孫中山的活動看，孫自己對時勢應付得都不是很理想，就很難談得上去指導閻了。「保守山西」這一辯解之說，也只不過是因北伐後國民黨建立了黨國體制，孫中山派由邊緣走向權力核心，而閻錫山則倒向國民黨一邊，爲將自己塑造成一個合道的「革命」者，便將其在北京政府時期的政治活動貼一「革命」的政治標籤而已。然不容忽視的一個事實是閻錫山在 1924 年後確實相對放鬆了國民黨在山西的活動。如 1924 年春國民黨第一次全國代表大會後，國民黨中央委派苗培成爲山西省臨時執行委員會籌備員，著手組織臨時省黨部，並由苗培成、趙連登、王和暢、郭樹棠、武誓彭、李嗣璁、王英（共產黨）、王鴻鈞（共產黨）和朱志翰（共產黨）負責籌建。〔註 243〕到 1925 年冬，國民黨在太原發展到黨員 4 百餘人，成立中國國民黨山西臨時省黨部，秘密向各縣發展組織；吸收成員大多爲青年學生、工人，少數爲農民。同期還先後成立了太原市、靜樂、大同、臨汾、運城、忻縣、崞縣、曲沃、武鄉、沁縣、晉城、壽陽等 30 多個市、縣國民黨黨部，約有黨員 3 千餘人。〔註 244〕國民黨在山西雖有規模上的發展，但活動還是未能完全公開。直到 1926 年 12 月，山西省黨部在西緝虎營四川會館才召開第一次全省代表大會，正式成立山西省黨部，其成員韓克溫、梁永泰、梁賢達、李敏、郭樹棠、楊笑天、趙連登、李江、王英、劉臨科、孫眞儒等當選爲執、監委員，〔註 245〕組織程序逐步趨於全國水平。

三、底層民眾運動

　　國民黨走上師俄道路和馮玉祥發動北京政變後，中國社會政治生態再次發生劇變，社會結構裂變，新生力量迅猛崛起，「革命」主流話語回歸，民族主義革命動員高漲，使中國社會整體處於一種躁動與不安之中，而且這種獨特的社會現象通過上層社會的離合與底層社會的革命動員呈現出來，其對政治秩序較爲穩定之山西亦有影響。這種影響在晉省具體表現爲底層的民眾運動，尤以工、學界的政治活動較前頻繁，然畢竟山西的底層運動遠不如北京、上海等地那樣波瀾壯闊，其範圍相對狹小，規模也不大，而且大多受到政府

〔註 243〕苗培成：《往事紀實》，臺北正中書局 1979 年，第 34 頁。
〔註 244〕《閻錫山統治山西史實》，第 121 頁。
〔註 245〕《往事紀實》，第 36 頁。

的壓制和取締，但其運動目標與以往以抗捐鬥爭所表現出的反士紳運動有所不同，此次民眾運動主要是緣於時局變動和工人勞資糾紛而引發，在某種程度上衝擊著地方政權的合法性統治。那麼，這種底層運動對山西秩序有何影響，作為牢固控政的閻錫山是如何對其進行應對的呢？對於這些疑惑可從下文民眾運動與政府的博弈過程中得以解決。

1922 年 6 月，山西各印刷局工人因要求增加工資而罷工，警務處便隨意捕拿幾個自認為首領的工人代表，將他們驅逐出境，強迫其餘工人上工。由此可見，山西工人運動在發生的搖籃中就遭到重創，很難形成大規模的民眾運動。另還有前文曾提到的太原府青年會發起節儉運動，當時人力車夫千餘人加入遊行隊伍，晉省當局表面上似乎沒去干涉他們，而暗中卻監視得非常嚴厲。人力車夫本有一個俱樂部，但不受工人自主支配，完全聽別人指使，而指使者的首領和閻錫山有著密切聯繫，所以政府才允許人力車夫加入節儉運動行列，舉行提燈遊行。〔註246〕1922 年 8 月長辛店鐵路工人罷工風潮彌漫之時，正太鐵路工人遙相呼應。對此，曹錕特於 1923 年 2 月 13 日電閻錫山「據正太丁局長眞（11）日電稱，昨晚石家莊正太工會暨陽泉分會仍聚眾開會，毫無忌憚，總工程司擬將工人代表陸續撤回，但非軍警援助，恐生事端。」〔註247〕閻即於 2 月 14 日電吳毓麟「陽泉分會聚眾開會，自應嚴加取締，除飭軍警會商路局實力援助。」〔註248〕吳接閻電後組織軍警秘密嚴查，破壞工會組織，壓制鐵路工人運動。

此外，山西雖因受閻錫山長期控制，思想環境較為封閉保守，但學生的政治敏感度並未因此而蛻化，反而學生在「革命潮流」驅動下積極醞釀倒閻運動，通過罷課、遊行等方式表達對閻統治的不滿。1924 年 6 月，山西大學學生突然罷課，罷課原因與其政局有密切關係。山西部分官員以前忠於閻錫山者，因旁人誹謗或因小意見鬧衝突，紛紛遭到免職。此輩失意者團結在一起，擬定大規劃，試圖發動倒閻運動。山西大學學生罷課實為這些人嗾使，先是成立學生聯合會，抗議為何不召集縣議會，並派代表向省議長陳乙和責問。陳答稱「欲組織省自治法會議，必須縣議會先行成立，而縣議會之成立，究宜恢復民元之縣議會抑或依據民八縣自治法組織縣議會，或以二者均有瑕

〔註246〕《晨報》1923 年 2 月 9 日，第 7 版。
〔註247〕《閻檔》（第六冊），第 434 頁。
〔註248〕《閻檔》（第六冊），第 433 頁。

疵，另待制定新法組織。我省如恢復民元之縣議會，則爾時縣議會議員，多係推舉而來，法定手續，殊多欠缺。若依據民八縣自治法，則慮蹈非法之嫌云。」學生聽後，不得要領暫時而退。〔註249〕

就在學生代表與陳乙和議長告別後，學生代表運動各校一律罷課，但一般被動者不知所以然，未採取任何行動，結果只有其間的中堅數人起草宣言，宣告罷課，最後實行罷課者僅山西大學一校。6月10日，山西大學學生罷課突然爆發，由學生幹事部通告全校，一律罷課。法科學長冀育堂，欲將罷課風潮消弭於無形，自以為與法科學生略有交情，遂召集全體法科生在法學大講堂開會。當他正在諄諄訓勉之際，不料外圍立聽的工、文、預各科學生，竟破門直入。冀見勢不好，立即從小門竄避。於是，學生乘勢將校長室玻璃搗毀。冀脫逃以後，一面將情形詳報閻錫山，一面提出辭職。〔註250〕閻聞聽後，心知罷課學生中一部學生有收金錢之習慣，於是用金錢開始收買學生。據稱閻錫山花費5千元，就將罷課學生分化，導致山西大學上課學生與遊行學生各占半數。閻用錢暫時平息了學生風潮後，遂打算在暑假內將罷課學生一律開除。〔註251〕

是年秋，北方政局動蕩，閻錫山為應對外來壓力，擬擴充兵力一倍，但擴軍要增加稅收。於是擴軍與增稅之間的矛盾再次引發山西學潮。省垣大專及中等學校學生30000多人罷課遊行，口號是「反對擴軍」、「反對增稅」。閻錫山下令全城戒嚴，並不准軍警開槍擊傷學生，有「罵不還口，打不還手」的指示。遊行學生沿途高喊口號，首先搗毀省議會（因其同意增稅），接著搗毀陸軍被服廠長（閻氏岳父）的公館，打得廠長頭破血流，然後圍攻督軍署，軍署警衛人員也被打得頭破血流不敢開槍。後趙戴文出面對學生群眾高喊：「你們這樣鬧下去如何收場？有什麼要求好好商量。」隨之雙方進入和議階段，並達成協議，由學生推派代表10人面見閻錫山，當面要求閻停止擴軍增稅，將趙戴文作為人質，保證學生代表安全，如半小時學生代表不出，遊行學生就會殺趙戴文並放火燒毀督軍署。當閻錫山接見學生代表時，向他們慢聲細語地說，「山西是全省人民的山西，不是我閻某人的山西，山西存亡，關係大家的生命財產。現在的局勢你們是知道的，不擴軍如何應付得了外面的

〔註249〕《晨報》1924年6月28日，第5版。
〔註250〕《晨報》1924年6月14日，第3版。
〔註251〕《晨報》1924年6月28日，第5版。

壓力？擴軍就不能不加稅，事非得已，我心裏十分難過，你們說該怎麼辦？」而且閻在講話時滿臉淚痕，表現出無限的悽楚，使學生代表們面面相覷，不知如何回答，最後還是閻開口講到「好了，我和你們十個人也不能決定全省人的命運，我是人民的公僕，一切聽候主人的吩咐，你們回去請全省父老簽名，表示意見好了。」〔註252〕學生覺得閻錫山也有難處，於是解散遊行隊伍，返校上課。閻錫山就這樣通過掌握學生一時衝動心理，利用自己言語和表情博得學生同情，將一場大規模學潮平息。

在馮玉祥發動北京政變後，就段祺瑞召開善後會議與孫中山召開國民會議之間展開博弈，最後以段祺瑞派勝出。段祺瑞執政府與其它社會團體主張先召開善後會議作為國民會議預備會議，待善後會議進行後，再召集國民會議。然而，善後會議始終未能解決國家統一問題，國民會議聲浪再趨高漲。面對這一社會衝擊，閻錫山亦積極響應，在他可控制範圍內召集民會會員選舉，然也遭到底層社會力量反對。1925 年山西民會進行初選，各縣遵照辦理完竣，所選各代表先後赴省活動。大會復選擬定於 10 月 15 日舉行，但學生聯合會反對這種以運動獲選會員的形式。〔註253〕16 日上午 9 時為晉省民會復選之期，結果遭到山西國民黨黨員和學生聯合會大力抗議，他們反對會員通過不正當手段選出，到處散發傳單，張貼誓語。上午 10 時左右，有一中學生單獨遊行，進行口頭宣傳。下午 2 時，工專與平中學校部分學生遊行示眾，反對晉省民會復選。學生雖有反對行動，但民會仍照常會議，進行選舉。〔註254〕

1926 年 8 月 1 日上午 9 時左右，榆次晉華紗廠〔註255〕工人在同成車站開全體罷工大會，到會者約千餘人，首由主席楊繼雄報告開會宗旨，商議繼續與公司交涉，將罷工堅持到底。工人代表秦籍二向群眾解釋了「赤化」二字，其它各代表也進行了熱烈講演。會後工人遊行示威，糾察隊臂纏紅巾，高舉

〔註252〕《閻錫山傳記資料》（五），第 34 頁。

〔註253〕《晨報》1925 年 10 月 15 日，第 5 版。

〔註254〕《晉省民會復選揭曉》，《晨報》1925 年 10 月 22 日，第 5 版。

〔註255〕晉華紗廠是閻錫山於 1920 年初組織的一官商合辦紗廠，資本 150 萬元，其中官款 50 萬元，商款 50 萬元，由一般人招集 50 萬元，地點在榆次縣北門外，其地點有五利：1、榆次距太原 50 里，可與正太火車聯絡，將來同成鐵路開通後更屬衝要之區。2、榆次土質最宜於種棉。3、榆次一帶多煤，足以供燃料。4、榆次居民勤樸，便於訓練。5、山西全省銷紗 10 萬包，得此良地足以供給全省。《山西晉華紗廠之內容》，《晨報》1920 年 1 月 17 日，第 5 版。

旗幟遊行於前，群眾整隊隨行於後，適值大雨如注，遊行群眾仍冒雨前行，衣帽俱濕，鞋襪成泥，然猶勇敢前進，毫無懼色，到公司門口派代表 4 人前往交涉，但正值廠內開董事會，他們一直等到下午 1 時還未能與公司交涉。由於大多群眾沒吃早飯，大家商定離家太遠者在工會吃飯，飯後繼續集合。飯畢工人即而一一復來，人數有增無減。工人代表入內交涉，而公司為消除工人罷工，其經理告知工人公司不打算繼續開了，並出布告。〔註256〕工人對於公司這一「流氓」行為迫於無奈，遂只好散去。

到 1927 年 5 月，其它省份各項工人要求增薪的罷工運動紛紛湧現。山西兵工廠執事擔心罷工運動會迅即波及山西，於是急施離間手腕，在廠內鼓動部分「志願者」發起成立一獨立工會，促使工人加入，以希望獨立工會與其它外界團體完全脫離關係。此外，工廠還對工人宣佈「汝等如能加入本會，則一切待遇均可商量改善。若外界有人干預，汝等均可隨時以武力對待，個有損傷，本廠當遂以恤償。否則，本廠不負任何保護之責」。工人以為獲得了堅強後援，於是全體加入，獨立工會隨之正式成立。兵工廠執事為實踐前言並防患於未然，特呈總司令部，請求改良工人待遇，建議增加工人薪資，然得到的批示是「改良工人待遇，准其酌擬施行。惟增加工資一層，當此財政困難之際，實難照准。」〔註257〕就這樣山西工人的增薪運動在未發生之前就遭到山西政府的變相鎮壓。

小　結

第二次直奉戰爭時馮玉祥的「軍事倒戈」對中國政治格局演變影響巨大。它的發生導致北洋勢力走向衰弱，馮玉祥等邊緣軍事實力派走向權力中心。北洋元老段祺瑞雖在各方勢力妥協下，再次重掌中央權柄，試圖革新政治，實現國家整合，然段自己沒有強大軍事實力，進行的「段氏修制」表現得也心有餘而力不足。而南方國民黨經過改組，效法蘇俄，在廣州試驗的「以黨領政」模式始有成效。在這樣一種政局變動中，南北雙方或北軍內部為著國家統一而展開鬥爭，結果是軍人控政的合法性逐步喪失，南方革命力量迅速崛起，南北力量對比由馮玉祥發動政變始發生了重大轉變。面對南北勢易這

〔註256〕《山西晉華紗廠停辦》，《民國日報》1926 年 8 月 10 日，第 1 張第 4 版。
〔註257〕《太原勞動節大會不能舉行》，《晨報》1927 年 5 月 11 日，第 5 版。

一情勢，山西閻錫山似乎也隱約意識到北洋武人控政的沒落，但對於地處北洋包圍中的他仍認同虛設的民國北京政府，力圖維繫著自己的「準獨立王國」，且不容外力對其「晉域政治空間」有任何干擾或破壞。如當時處於權力中心的馮玉祥和張作霖進行著地盤和軍事競爭，以馮玉祥為代表的國民軍勢力推行「大西北主義」，試圖兼併山西，同時還出現了樊鍾秀勢力擾晉之事。對此，閻錫山憑藉權謀和武力積極抵抗，將其驅逐出境。隨後閻出於晉域安全和地盤擴張考慮，與奉直聯軍聯合，推行「反赤化」鬥爭，大敗國民軍，將綏遠納入晉省勢力範圍，收編了部分國民軍。閻通過這一政治行動不僅實現了他維持「晉域政治空間」的構想，而且其勢力相應得到擴張，進而成為北方乃至全國一股舉足輕重的政治軍事力量。

　　除了軍事防範外，閻錫山還極為注重政治思想的保境措施。面對當時新生力量的崛起和強大，以及革命思想與其他新潮對山西衝擊的日趨激烈，閻採取抵制和扼殺態度，抑制異己思想在晉傳播，並對底層民眾政治活動嚴厲監控和壓制。通過這些舉措，閻雖維持了晉省既有的軍紳秩序，但不見得利於山西社會的轉型發展。同時在對待新生力量的國民黨方面，閻採取的也是實用主義態度，一旦孫中山等革命派政治影響力超強時，他則與國民黨的關係會變得更加主動和親密，而當孫中山力量在善後會議及對民國北京政府的作用微乎其微時，閻則對國民黨失去政治幻想，而仍舊與北軍步調一致，形成了一種獨特的「以不變應萬變」的「外交」策略。當然，閻這種「以不變應萬變」的做法維護了山西的穩定，且仍被北洋等勢力接納為真正的「盟友」，從而形成他們在北方共同進行打擊國民軍的一致行為。然南方的國民政府對閻錫山也沒有產生很大敵意，而是仍將閻作為能夠革命的「盟友」。

第五章 似變而非變：易幟與軍紳政治的延續

第一節 回歸「督撫式的革命」

一、北伐前期閻錫山對山西政治出路的考量

馮玉祥北京政變後，南北勢易，中國的政治中心由北向南轉移。直系、奉系聯合閻錫山擊退國民軍，迫其退避西北。退回西北的國民軍在東南方扼守南口與奉直軍相持，南面死爭西安，與劉鎮華對峙。直系吳佩孚佔據湖北和河南兩省、直隸的保定和大名一帶，以及京漢線全部。直系孫傳芳以南京為根據地，控制蘇浙閩皖贛五省，對上司吳佩孚雖表尊崇，但已不欲居其下風，實力亦在吳之上。奉系在關內據有京奉線及津浦線北段，李景林因郭松齡倒戈事件遭張作霖猜忌被迫失勢，直隸督軍一職由張作霖授予張宗昌部屬褚玉璞，山東仍屬張宗昌轄區。〔註1〕進退於各派的閻錫山佔有綏遠，兼併國民軍3萬餘人，勢力擴增，擁兵將近16萬，〔註2〕成為北方軍政格局中一支舉足輕重的力量。早在段祺瑞任中華民國臨時執政時，鑒於奉張、國民軍及

〔註 1〕 李劍農：《中國近百年政治史》，湖南教育出版社 2008 年，第 624 頁。

〔註 2〕 自 1925 年 12 月遼縣戰事以來，閻感到山西軍事還不夠應付時局，如不再籌備相當武力，外侮必乘機而入，於是再次積極擴充軍實，編成軍隊將近130,000 人。參見《晨報》1927 年 3 月 24 日，第 5 版。

直系的明爭暗鬥，段曾想借閻錫山勢力重新整合北洋，〔註3〕實現和平建國。閻對段氏中興也極表支持，〔註4〕希望孫、段合作，和平解決國是。〔註5〕然善後會議未能如段祺瑞和閻錫山所願，反而政治和軍事更加走向分裂，段祺瑞被迫下野，北方政局再次陷入混亂。「段氏修制」的破產表明北洋體系已失去自身修復的能力和對國家整合的實力。而南方國民黨則日漸增強，實現了兩廣統一，鞏固革命根據地後便借援湘戰役北伐，一路凱歌。誠如羅志田在其研究中所論，恰值北洋體系崩潰之時，北方不甚重視的國民革命軍北伐卻取得了超出多數人預料的迅速進展，結果不僅馮部未能徹底消滅，直、奉集全力於北方戰事的方針反成為戰略上的敗筆，確非先前所能預料。國民軍充分利用了南軍北伐的機會，在敗退中肅清甘肅，保存了再起的基礎。〔註6〕北伐興起後，國民軍將領張之江、鹿鍾麟、宋哲元與在俄的馮玉祥互通消息，力促馮「回國組織西北總制府事告之」。〔註7〕1926 年 9 月 30 日上午 10 點，馮玉祥在五原誓師，宣告「以國民黨西北政治代表、國民軍聯軍總司令之資格，接受國民黨國民軍聯軍最高特別黨部發給之黨旗，此後誓本孫中山先生之主義，聯合世界上以平等待我之民族，促成國民革命之完成。」〔註8〕

　　馮玉祥的復出給閻錫山造成很大壓力，閻擔心馮仍會向晉挑戰，遂對馮做出友好姿態，將收編的國民軍部隊歸還馮。閻為何這樣做呢？因他「得知國民一軍的官兵戀主（馮玉祥），萬不可留，留必有禍，於是他便資以糧秣，全部送回給馮玉祥，讓他們歸還原建制，繼續追隨舊主子，只不過譚慶林原曾任過山西騎兵將領，閻在徵得他的意見以後，讓他留下。」〔註9〕另《馮玉祥日記》和馮之《我的生活》也反映了閻對馮的顧慮不是沒有道理，馮曾

〔註3〕 段祺瑞之子段宏業與溫壽泉談到，如馮玉祥出兵對南方吳佩孚作戰，山西應於適當時機出兵響應，為此早做準備，並問及溫壽泉山西能否出兵兩萬？以及其它情況。參見《閻檔》（第九冊），第 135 頁。

〔註4〕 閻錫山讓溫壽泉轉達段祺瑞山西軍隊實有 6 萬，願唯段氏之意是從。參見《閻檔》（第九冊），第 134 頁。「段氏中興」的提出，見申曉云：《論民國執政府時期的「段氏修制」》，《江蘇社會科學》2011 年第 1 期。

〔註5〕 《閻檔》（第七冊），第 316 頁。

〔註6〕 羅志田：《北伐前夕北方軍政格局的演變：1924～1926 年》，《史林》2003 年第 1 期。

〔註7〕 《馮玉祥日記》（第二冊），江蘇古籍出版社 1992 年，第 200 頁。

〔註8〕 《馮玉祥日記》（第二冊），第 230 頁。

〔註9〕 《閻錫山傳記資料》（一），第 39 頁。

電話歸綏都統商震，勸商震革命。馮說：「您是一位老革命黨，必然保持您的光榮歷史，今日之事您作何主張？」商答：「我一定革命」。馮玉祥隨之要商通電表明態度，商不肯，原因是擔心張作霖會為難他。於是馮玉祥提出主動與商震面談，也遭商婉拒。〔註10〕但馮並未罷休，一直給商震做工作，其日記中對此多有記載。如「10月12日，批答啓予（商震）來件。晚十一點，薛篤弼（子良）來談，商啓予因環境關係，尚不便表示也。」「10月13日，連日與商啓予接洽，困難之點極多，故早起後，即與石敬亭、李炘談啓予事。」〔註11〕除策動商震革命外，馮還大力宣傳與閻已合作，進而給北京政府造成一種錯覺。而閻卻因此更加擔心馮玉祥會奇襲山西。〔註12〕

　　閻錫山除擔心馮玉祥挑釁外，對掌控北京政府的奉張也有防備。於是，閻開展多方「外交」，與南北各強大勢力都在聯絡，以獲取保境資源。當北軍仍忙於政爭時，南軍北伐卻進展順利，浙江、福建已歸廣州國民政府，安徽不日也有變化。吳佩孚退出順德，劉鎮華退回潼關。〔註13〕1926年9月4日，張作霖派張學良、韓麟春抵太原拜訪閻，商談綏遠和西北軍事問題，〔註14〕不斷給閻施加壓力，表示奉願獨負北路軍事，逼閻將綏遠交給韓麟春。閻不得已只好應允，〔註15〕並電函商震，令商將綏遠隊伍開回太原，一是防吳敗兵侵入，二是防止劉鎮華退回潼關後進犯晉南。〔註16〕張作霖的咄咄逼人，使閻的保境心理受到威脅。為應對危機和驟變形勢，閻萌生重蹈「督撫式的革命」之想法，在與奉張保持聯絡的同時暗中也秘密與南方聯繫。早在1926年7月1日，國民政府任蔣介石為國民革命軍總司令、閻錫山為晉綏軍總司令，於7月誓師北伐時，閻就曾派信使往還，邀為策應。〔註17〕11月，閻派親信趙丕廉以山西代表身份出席上海全國教育會議，指示趙趨謁蔣介石，密取聯絡，並面聆北伐機宜。趙丕廉專程由上海轉赴南昌晉謁蔣。而奉

〔註10〕馮玉祥：《我的生活》，《民國叢書》（第五編），上海書店1947年，第629頁。

〔註11〕《馮玉祥日記》（第二冊），第234頁。

〔註12〕《民國閻伯川先生錫山年譜長編初稿》（二），第709頁。

〔註13〕《馮玉祥日記》（第二冊），第243頁。

〔註14〕《民國閻伯川先生錫山年譜長編初稿》（二），第694頁。

〔註15〕同上書，第710頁。

〔註16〕《馮玉祥日記》（第二冊），第243頁。

〔註17〕《閻錫山傳記資料》（四），第78頁。

系察覺到閻和南方有聯絡動向時，極為駭怒，對閻的多方「外交」存後顧之憂，不敢放膽南進。〔註18〕閻雖和南方有聯繫，但在北方仍推崇奉系組織安國軍政府，緊隨孫傳芳、張宗昌號召，列名第四，共推張作霖為安國軍總司令。〔註19〕12月1日，張作霖在北京就任安國軍總司令，派顧問日人土肥原到山西，力勸閻出任副司令，得到閻同意。閻於10日發出就安國軍副司令職通電，〔註20〕於20日就安國軍副司令職。〔註21〕

北伐軍興後，閻錫山成為僅次於張作霖、吳佩孚、孫傳芳之下的第四把交椅，〔註22〕故其成為南軍策反的主要對象。當國民革命軍進抵武漢時，李大釗就曾致函閻錫山，力勸閻北伐。在國民革命軍進軍江西後，李大釗再次以國民黨北京政治分會名義，詢問閻錫山駐京代表溫壽泉，「國民黨中央駐京負責的人很想知道晉閻對於國民黨的真實態度為敵抑為友？」溫徵詢閻後告知李大釗「晉閻決與國民黨合作，至時彼惟從黨令動作，但此時幸為嚴守秘密」。然沒有不透風的牆，奉系對閻暗通國民革命軍多有耳聞，張作霖在天津召集北洋軍閥各派代表會議，就命令閻攻擊國民軍，提出三項條件：（一）是否能將綏包一帶之馮部驅除淨盡；（二）是否能向甘陝進擊馮軍；（三）如一二兩項辦不到，則請以京綏全線讓之奉方，奉將單獨進攻。迫於奉系壓力，閻不得已而將京綏全線交於奉方。〔註23〕

不過，馮玉祥國民軍在北方的行動也引起閻錫山不安，為有效抑制來自馮的威脅，閻讓人轉告李大釗，「馮在包頭大張旗鼓的作起來，頗使晉方為難」。對此，李敦促閻早日革命，並於11月24日電閻「百川今日所處之境，真所謂千載一時之良機，不容或失者矣！」「倘來歲春深反戰起，百川果能率其十數萬健兒加入我革命軍方面作戰，則榆關以內胡騎全清，易如反掌耳！」同時李還告閻，馮玉祥已離包頭，赴平涼督戰，讓其不必擔心。但張作霖的

〔註18〕《民國閻伯川先生錫山年譜長編初稿》（二），第712頁。

〔註19〕章伯鋒：《北洋軍閥：1912～1928》（第五卷），武漢出版社1990年，第717頁。

〔註20〕閻錫山允就安國軍副司令職電謂「廖承鍾委，俾領兼軍，深慮輇材，不克勝任，惟大局所繫，自當隨我公之後，濟此艱危。除俟令文奉到即行就職外，特先奉覆。」參見章伯鋒：《北洋軍閥：1912～1928》（第五卷），第384頁。

〔註21〕卓遵宏：《國史擬傳》（第四輯），臺北彙擇印刷有限公司2001年，第304～305頁。

〔註22〕丁中江：《北洋軍閥史話》（四），臺北遠景出版事業公司1973年，第551頁。

〔註23〕《李大釗全集》（第四卷），河北教育出版社1999年，第686頁。

步步進逼，卻使閻只好命商震將大部晉軍撤回山西，將綏遠讓於奉方，同時於 26 日電溫壽泉，讓其轉告在京國民黨，「本號（暗指閻錫山）與田君（暗示國民黨）同行，早具決心，幸爲轉達，惟照（暗示煥字）章做法太差，令我爲難，現已決由奉方單獨解決，我軍除留一軍二旅駐綏遠外，悉數調回晉境，此外還有由國軍改編之晉軍二萬餘人。」〔註24〕

另據楊天石的研究所講，當張作霖調動奉軍佔領京綏線，決心進攻五原時，閻錫山擔心會牽及山西，於是再次啓動與李大釗、李石曾等的聯繫。李大釗經與中共北方區委討論後，電告閻錫山奉系舉動不僅在於取得五原，而且確實對山西有威脅。李的這一判斷更加重了閻的保境危機。此外，閻錫山在北方又不願居於馮玉祥之下。於是，他要求聯絡陳調元、靳雲鶚、魏益三、米振標等，自成勢力，由他組織一個不屬於馮玉祥國民軍系統的北方國民革命軍。〔註25〕李大釗、中共中央、共產國際遠東局同意閻的要求。中共中央致函北方區委，要求拉住閻，同時亦要求鮑羅廷和加倫「切實向國民政府建議」。自此，閻錫山與國民黨聯繫迅速升溫。〔註26〕另從馮玉祥日記也可獲知閻和國民軍合作的有效信息，馮記到「12 月 8 日，八點，北京李石曾來電云，閻錫山確與國民軍合作。」〔註27〕

閻錫山雖同意與國民軍合作，但自認爲加入北伐時機還不成熟，提出只有在利於晉域政治條件下，山西才加入南方革命陣營，予以出兵。12 月 28 日，趙丕廉再次晉謁蔣介石，與蔣確定山西出師北伐條件，他認爲山西出師北伐關鍵時機有二：一爲山西出師，革命即能成功之時，一爲山西不出師，革命即將失敗之時。〔註28〕雖如此，南方還是想盡快讓閻加入北伐。1927 年 1 月 31 日，蔣介石電請武漢國民政府任命閻錫山爲國民革命軍北方總司令。〔註29〕此項呈請，經國民黨中央政治會議通過，於 3 月 11 日經武漢國民政府批准。16 日，閻錫山接到委任狀後，覆電武漢國民政府委員孔庚等，表示「此間已準備好，一俟西北軍發動，當即一致動作，希轉達介

〔註24〕《李大釗全集》（第四卷），河北教育出版社 1999 年，第 686～687 頁。

〔註25〕同上書，第 692 頁。

〔註26〕楊天石：《論 1927 年閻錫山易幟》，《民國檔案》1993 年第 4 期。

〔註27〕《馮玉祥日記》（第二冊），第 263 頁。

〔註28〕《民國閻伯川先生錫山年譜長編初稿》（二），第 714 頁。

〔註29〕同上書，第 725 頁。

石兄。」〔註30〕與此同時，閻還派趙丕廉赴漢與武漢國民政府接洽，武漢國民政府授趙丕廉為國民政府參事職。〔註31〕當南京克復後，武漢國民政府特派孔庚赴晉，請閻早日出兵，閻面告孔：「我本預備出兵的，因為北伐軍不曾過河，我的兵力單薄，不敢冒昧，再則有兩個政府，我也不知道何所適從」。實則是閻獲知國民政府內部鬥爭激烈，對北伐成敗結果難以確定，於是按兵不動，觀望形勢變化。〔註32〕出於閻的這種政治擔憂，山西代表趙丕廉在6月前只好受命於南昌、漢口、南京之間，切取聯絡，策應南北合力北伐。〔註33〕

閻錫山除與南方過多聯繫外，也積極與北方掌握革命話語權的馮玉祥加強聯絡，認為要迎合革命潮流，就不能不敷衍馮玉祥。1927年2月10日，閻錫山函電馮玉祥，將派河東鹽運使崔廷獻「就近趨謁崇轅，代為奉候，尚乞俯賜，接納為幸。」〔註34〕19日，閻又派南桂馨，與馮玉祥商談時局及合作事宜。〔註35〕馮部下張之江和岳維峻等對閻也提出具體合作辦法：1、請閻錫山轉達靳雲鶚，劉鎮華是國民革命軍駐豫總司令，並非國民軍駐豫總司令。2、對麻老九只能聽從命令，不擾百姓即可，至於編制，究歸閻，抑歸國民軍，均無不可。3、對山西保障絕對負責。〔註36〕3月7日，馮玉祥電閻「此間簡練三軍，願瞻馬首，務請我弟早日誓師，兄即率三十萬同志，全聽指揮，請我弟早日發動，不必過慮」。閻於15日電中表示山西參加北伐正在籌議之中，〔註37〕同日又電商震「據確保國民軍大部集中磴口、臨河間，預備遇機向綏遠行動。帶兵官為石友三、門致中，此路總司令為鄭金聲，希設法調查，並派委員至寧夏一帶嚴加注意，隨時報告為要。」〔註38〕24日，閻錫山、馮玉祥和靳雲鶚在趙村鎮設聯合辦公處。

〔註30〕楊天石：《論1927年閻錫山易幟》，《民國檔案》1993年第4期。另見《民國閻伯川先生錫山年譜長編初稿》（二），第735頁。

〔註31〕中國第二歷史檔案館：《中國國民黨第一、二次全國代表大會會議史料》（上），江蘇古籍出版社1986年，第1000頁。

〔註32〕卓遵宏：《國史擬傳》（第四輯），臺北彙擇印刷有限公司2001年，第304～305頁。

〔註33〕《民國閻伯川先生錫山年譜長編初稿》（二），第714頁。

〔註34〕同上書，第726頁。

〔註35〕《馮玉祥日記》（第二冊），第295頁。

〔註36〕同上書，第297頁。

〔註37〕《民國閻伯川先生錫山年譜長編初稿》（二），第736頁。

〔註38〕同上書，第737頁。

　　除與南方、馮玉祥國民軍聯絡外，閻錫山又不敢得罪於奉系，仍和奉系時相往還。〔註39〕據 1 月 29 日田應璜艷電，奉系獲知山西與蔣介石接洽確切消息後，當即質問閻駐京代表田應璜，田為山西做了辯解，並將事情前因後果向閻報告，「鈞座已釋岳維峻回陝，我省學生開會反對，百帥亦不制止。且派代表與蔣介石接洽，有檢出該代表致次隴之電為據。」「蔣介石處派遣代表，兩三月前，百帥曾以此意詢及，我以為用代表作偵探，萬不可少。且不獨晉省宜爾，奉方亦當仿辦。至釋放俘虜及學生開會橫議，雖大罵伯帥，亦置之不理，此乃晉省習慣法，無足怪者。一之亦均以為當然。又政治討論會委員，迭次設法解決，尚難如願，只好暫時敷衍，以俟將來。」〔註40〕

　　可見，奉、晉關係雖趨緊張，但奉、晉、吳並未就此決裂。山西駐京代表溫壽泉、田應璜等仍為閻打探政聞，在奉、晉、吳之間傳達著信息。此時張作霖也開始盡力籠絡閻，以防其完全投向國民政府。3 月 5 日，韓麟春奉張作霖命，赴山西運動閻錫山與奉軍合作未果，當即電告張「閻錫山已與蔣介石合作、馮玉祥、靳雲鶚共通一氣，請以重兵駐石家莊，防晉軍由娘子關衝出；並在綏遠、察哈爾，作相當準備。〔註41〕對此，張作霖未指責閻，而是於 22 日電閻「擬請我兄去電婉勸，請吳佩孚返旆來京，共商大局。如必不願北上，亦可在豫代弟指揮討赤軍隊，總期彼此諒解，貫徹始終。」閻覆電稱「自玉帥離鄭後，此間曾兩電請其來晉休息，並派員勸駕。尊意請其北上，或在豫指揮，我公與玉帥貫徹始終之誠意，尤所心佩，已遵囑去電婉勸。」〔註42〕閻也確實在 3 月 19、23 日連續發出三電，要代表梁汝舟邀吳佩孚赴晉。〔註43〕27 日，閻再電張作霖，表示歡迎奉方代表於一之赴晉晤商。〔註44〕從閻這些行為可看出，他雖有倒向革命念頭，但對革命最終結果未能做出合理定論時，不得不仍處在十字路口觀望，既不敢輕易脫離北軍陣營，又不敢完全走向革命。

　　然而，奉、吳之間的裂痕，〔註45〕及北伐軍迅速攻佔鄭州的情勢，堅定

〔註39〕 丁中江：《北洋軍閥史話》（四），臺北遠景出版事業公司 1973 年，第 550～551頁。
〔註40〕 《民國閻伯川先生錫山年譜長編初稿》（二），第 724～725 頁。
〔註41〕 《民國閻伯川先生錫山年譜長編初稿》（二），第 734 頁。
〔註42〕 同上書，第 738 頁。
〔註43〕 同上書，第 738～739 頁。
〔註44〕 同上書，第 740 頁。
〔註45〕 北伐期間，奉、吳之間出現裂痕，閻錫山通過其聯絡代表獲知。如 1927 年 3

了閻走向革命的決心。4月1日，閻錫山宣佈廢除民國北京政府任命的山西「督辦」，改稱爲「晉綏軍總司令」，將所部山西、綏遠各軍改編爲晉綏軍，並於5日電趙丕廉「此間本日已下動員令，並向省民宣佈服從三民主義。」可是國民政府的激烈內訌，又延緩了閻的易幟。據趙4月6日電稱「據告政府，極爲滿意，但此間內部分化與前局勢驟變，北伐主力難免延緩，我們獨當勁敵，責任過重，宜攻宜守，相機審度。廉屢與商促催早北進。」〔註46〕獲此信息後，閻再次放緩革命步伐，〔註47〕與北軍增強聯繫。

張作霖對閻錫山的這種政治騎牆雖較反感，但出於北方政局考慮，仍希望拉住閻錫山。據4月15日李慶芳電稱「庚密雨帥面談：若對伯帥有絲毫壞意，上天不容，絕子斷孫。伯帥有何政見，我必盡量容納，如果引狼入室，我便不管北方，退回東省，等語。芳答以：伯帥如果聯馮攻奉，請大帥縛芳置之前線，願先受晉軍炮火。如以芳不能代表百帥眞意，當即日辭去代表，請改賢能，等語。雨帥又云：我信老弟，決不欺我。但綏區報告晉軍確有退讓形勢，事實如此。鄰葛云：最好伯帥來一詳電。」閻當即於16日電稱「徐部早與國民軍（馮系）脫離關係，改爲綏遠屯墾軍。前因駐綏遠諸多不便，故調省改編。」「將此意向一之兄說明，請由一之轉陳雨帥爲荷。」〔註48〕直系孫傳芳對閻的搖擺也極爲不滿，電詢閻眞意。閻稱「此間因徇人民之請求，已表示贊同晉民研究三民主義，但純粹內政問題，於省外決不使發生影響。」〔註49〕閻辯解中聲稱山西革命趨向是順應民眾接受三民主義要求，而非其個人意向，並保證不會影響時局變化。閻之解釋有一定合理成分，自北伐興起後，山西工界和學界出現了不同程度要求並渴望參與革命的訴求，誠如下文所論。

月26日梁汝舟電閻「玉帥剛毅成性，但能支持，決不作退一步想。既奉方極力要好，萬不輕離鞏縣。不過以子武之明達，玉帥之老練，決不至再陷入漩渦，所慮者馮軍東進耳。察玉帥之意，至必要時，無論奉方同意與否，先率隊退駐河北，再不得已，然後入晉休養。」參見《民國閻伯川先生錫山年譜長編初稿》（二），第740頁。

〔註46〕《民國閻伯川先生錫山年譜長編初稿》（二），第741頁。

〔註47〕據徐永昌1927年5月12日日記載：「日前令停頓東進，係因南方之內亂等。」參見中央研究院近代史研究所：《徐永昌日記》（第二冊），臺北永裕印刷廠1990年，第324頁。

〔註48〕《民國閻伯川先生錫山年譜長編初稿》（二），第743頁。

〔註49〕同上書，第744頁。

二、山西紳民及各團體的政治訴求

辛亥革命後，「革命」已演化爲一個時代的主流話語，甚至成爲一個時代的新傳統，這是一個言必稱「革命」的時代。〔註 50〕特別是在北伐革命興起後，「革命」這一主流話語在進行著政治與社會的革命，全國各地響應革命較多，山西也不例外。閻錫山對山西社會控制雖較爲牢固，但工界與學界也出現了要求和渴望參與革命的訴求，其具體表現爲勞工主動爭取權益鬥爭、紀念工農運動以及士紳的反閻鬥爭等。這些「革命」活動，雖有團體組織和政治利益訴求，但其無不在晉省司令部的掌控與允許範圍內進行，而山西政治秩序未受多少影響，社會控制依然如故，晉政府只是做了一些管理與疏導上的變通而已。

民國初年，山西交通不便，工業不發達，一般工人習於守舊而無團體可言，只有兵工廠工人曾組織過一兵工總會。北伐興起後，各業工人因受潮流激蕩，也紛紛組織團體如火柴工會、印刷工會、洗衣工會、鐵業工會、麵粉工會、機器工會等。工會組織雖建立，但精神仍爲渙散。兵工總會等爲集中團體力量，特發起成立山西全省工人代表大會的號召，以資團結，並於 1927年 3 月 13 日在太原城美術專門學校，召開成立大會，到會者有 10 餘團體、代表 20 餘人。會議定名爲山西工人代表大會，規定工會組織原則，選出工會領導人，統一工會運動，以提高工人智識、聯絡工人感情、保障工人利益、設法解決救濟與職業介紹等事項，並規定「如一處或一種工人，發生爲工人階級之爭鬥時，各工會接到本會通告之後，應一致爲聲勢上，接濟上，或實利上之援助。」〔註 51〕工會組織建立，促使工人由分散走向聯合，壯大了他們的力量，提高工人維權意識，同時也說明山西受革命潮流影響，工人已開始自覺發展組織，進行權益抗爭。山西這一新氣象的出現不能不說是受南方乃至全國革命氣氛影響所致，亦或是下層民眾對政治變革訴求的一種表露。

與工會組織建立相伴，工人和政府的鬥爭馬上也就出現了。1927 年 3 月12 日，太原海子邊會場內，工人因互爭印刷品，一時人聲嘈雜，秩序大亂，工人和糾察隊發生武力衝突。太原總工會糾察隊將工人手執紙旗全行撕毀。於是兵工總會、洗衣工會、成衣工會、火柴工會、泥木聯合會、人力車夫工

〔註50〕王先明：《歷史記憶與社會重構——以清末民初「紳權」變異爲中心的考察》，《歷史研究》2010 年第 3 期。

〔註51〕《晨報》1927 年 3 月 20 日，第 5 版。

會、銅匠工會、鐵業工會、商民協會等召開臨時緊急會議，認為「糾察隊之舉動，實屬野蠻，且來勢洶洶，目無一切，非設法報復，不能以解此恨」，多數工人極表贊同。13 日，工人彙集柳巷，徘徊於過門底、臨泉府等處。約 12 時，糾察隊員數人由臨泉府經過。工人即上前攔住去路，始而口角，繼則拋磚擲石，工人愈聚愈眾。雙方各不相讓，衝突大起，棍棒聲與吶喊聲混雜一片，行人車輛四散，交通斷絕，各商店紛紛閉門，小販急忙收攤。有一工人手執碗口粗大木棍一條，向一糾察員的頭直劈而下，糾察員當即而倒不省人事。兵工廠手槍開始射擊，中彈而倒者有一人，頭腫、面青、殘臂、折腿者不可勝數。糾察員因事倉促，無防身器具，急忙尋覓兵器，遂砸破關閉商店門，致使數家商店門窗毀壞。其中受害最重的商店為正大飯店、華豐懋、同升裕、瑞盛元等。政府獲訊後，大為驚異，覺得事態照此發展，可能會危及秩序。於是衛戌司令榮鴻臚派兵一連，憲兵司張建派憲兵一連，警務處長南桂馨派巡警 100 餘名，荷槍實彈，至柳巷後強行鎮壓。〔註 52〕工人運動雖被撲滅，但工人的這種自發反政府鬥爭表明山西民眾也絕非「順民」，他們懂得且也敢於維護自己的權利。

工人的自發鬥爭引起省府高度警惕，閻錫山等意識到晉民有走向「革命」道路的趨向。隨之，政府開始對省內工人運動和擾亂秩序者進行嚴加防範並嚴厲鎮壓。對於火車、旅店檢查頗嚴。正太火車由壓車憲兵與鐵路警察協同盤查。只要車進娘子關，憲兵和警察即向乘車旅客逐一盤問，如姓名、年齡、籍貫、職業、由何處來、到此何事等等。如認為形狀可疑之人，則當即檢查其行李。車抵太原後，自新南門外至車站馬路，由憲兵第一分遣所派兵檢查，問答內容仍如前。至新南門口時，由警察再逐一盤查，仍問姓名、年歲、籍貫、職業等。如係暫居旅店者，或係住於親朋家中，旅客必須對答如流方能通過。檢查旅店尤屬嚴密，旅客一進門，須受數次檢查，若在旅店稍住時日，每日必有警察上前盤問「所辦之事完畢否，何日方能離晉」等語。另如私印偽鈔犯者董樹權，設秘密機關於石家莊，專印山西省銀行 5 角偽票，單人來晉行使，後經商人查悉，一時金融頗感恐慌。對於 5 角偽鈔，各商號有完全拒絕收受者，即使免強收納，也必經數人之手而後可。偽鈔在晉行使沒多久，就被查獲，憲兵司令張建親加訊審，罪犯直供不諱，張當即呈請閻錫山，立

〔註 52〕《晨報》1927 年 3 月 21 日，第 5 版。

即將其槍斃。自此案在某客棧被破獲後，旅店檢查更加嚴格。而且也自從工人與總工會糾察隊鬧出慘劇後，街上巡警觸目皆是。〔註53〕

針對太原社會各界籌備五月期間的紀念活動，衛戍司令部通告禁止，於4月24日發出通告，「『五一』等紀念，一律禁止舉行」，「為通知事。查愛國運動等紀念，例可舉行。但值此戒嚴期內，對於一切集會結社，恐有不逞之徒擾亂秩序，故有禁止之必要。所有『五一』『五四』『五七』『五九』『五卅』等紀念，一律禁止開會」。〔註54〕對此，省市黨部表示不滿，特派代表往司令部再三交涉，希望五一紀念會能夠舉行，司令部以「恐有不逞之徒乘機搗亂」為由堅決反對。5月1日早，黨部更以強硬口吻函達衛戍司令部，「今日之會，准開亦開，不准開亦開」，司令部則針鋒相對「之所以決絕禁止者，非他，實恐左右兩派復演出上次中山二週年紀念會中血門之慘劇也」。而太原各處牆壁雖張貼「擁護總理之三大政策」、「工人階級罷工自由」、「剷除工賊及欺騙工人的改良派」、「第三次勞動代表大會萬歲」和西北革命同志同盟會等多人沿途散發傳單，但軍警滿街密佈卻未加干涉，只是絕對禁止五一紀念會舉行。黨部為示抗議，定於紀念會於下午3時在海子邊自省堂舉行，然屆時只有武裝憲兵數排、大刀隊數排及衛戍司令部衛隊多人排列附近，民眾無一人敢赴會。〔註55〕

隨著全國勞工運動高漲，由勞資糾紛引起的維權運動在山西也接連發生，政府技窮不能從根本解決問題，導致官民衝突不斷。太原省立中等以上學校職員覺得生活程度太高，薪金太低，而政府以受1926年雁北戰事影響為藉口，按八成發放工資。教職員認為戰事早已平息，省方財政亦漸恢復，應全額發放。於是各校教職員於1926年臘月在省教育會召集全體大會，商議索討工資辦法，推定仇會胗等為代表前往省署與教廳理論，歷陳教職員生活苦難，要求政府將以前欠得各薪補發。省府總參議趙戴文出面安慰，答應省北流通券行使後將如數補發工資，但流通券發行多日後，政府對於補發教職員薪金一事卻無明令發表。教職員迫於無奈，又於1927年4月第二次集議，呈文向政府請求「教職員等之生活，現已陷於最窮困之境域，為教育前途計，自宜增加預算，另定優待條例，以策將來，而為目前計，惟有仰懇我

〔註53〕 《晨報》1927年4月3日，第5版。
〔註54〕 《晨報》1927年5月3日，第5版。
〔註55〕 《晨報》1927年5月11日，第5版。

廳長將去年數月扣成之欠薪，照數補發，並將現時之一成，剋日恢復，以資救濟，且綜覈原委，他人亦不得竊爲口實，抱病者求醫，處貧者告貸，掬誠呼吁，惟我廳長爲教職員等個人計，爲世道人心計，似均應酌量情，曲予維持也。」〔註56〕然這一爭薪的合理要求未得政府回應，激化了教職工對政府的不滿，客觀上加速了紳民促動政府變革的步伐。

此外，全省工農商學團體也紛紛湧現，並從團體組織結構和制度層面壯大革命力量，製造革命氣氛。6月4日，山西省黨部、太原市黨部、山西農民協會、山西婦女協會、山西全省學生聯合會、商民協會、山西工人代表聯合會、太原學生聯合會等，召集各團體在省教育會內開籌備會，討論慶祝北方國民革命軍大會。上午10時宣佈開會，公推苗培成爲大會主席、焦如錕爲錄事，討論慶祝北方國民革命軍的必要和意義，通過簡章八條，推定五股主任、副主任和各幹事。總務股主任是省黨部代表苗培成，副主任趙秉訓、王嗣昌、趙繼舜、閻鳳山。宣傳股主任爲清黨委員會代表孔茂如，副主任韓甲三、荊盧心、高叔英、趙效復。布置股主任爲清黨部代表劉奠基，副主任張正一、趙守耿。秩序股主任白龍亭，副主任周英、崔竹修、魏榮卿、榮鴻臚、李咸林。講演股主任薛映羅，副主任郭澄、李俊卿、耿思容、牛承森。〔註57〕由此可見，由中上層知識分子組成的國民黨在山西的活動相當活躍，組織制度已趨於完善，並正在動員各種社會力量醞釀革命。省府雖未正式宣佈進入革命行列，但也默許一定限度內革命活動的開展。

與此同時，太原街上的牆壁也遍貼山西國民黨清黨委員會藍色標語，如「打倒麻醉青年的中國共產黨」、「打倒篡竊本黨黨權的青年共產黨」、「農工商學兵婦女聯合起來」等等。紅市街牌樓、柳巷南口、開化市前、督軍署街紮有綠牌樓四座，上插青天白日旗，旗上綴「山西各界慶祝北方國民革命軍大會」。海子邊陳列所前高搭綠臺，前後門各紮牌樓一座，上綴「天下爲公」和「世界大同」等字，綠臺中懸掛中山遺像及遺囑，兩旁懸掛對聯，臺兩角高插國旗與黨旗。各團體人員和各界人士紛集綠臺前方，慶祝國民革命。參與者有200餘團體，約20000餘人。各團體皆印有宣言，由代表當場發散，籌備會宣傳股實行報紙宣傳、發表宣言傳單、標語宣傳、飛機宣傳、汽車宣

〔註56〕《晨報》1927年4月25日，第5版。
〔註57〕《晨報》1927年6月10日，第2版。

傳等。數架飛機翱翔空中，散發各種宣言傳單。〔註 58〕可見，這種盛況反映了民眾團體要求加入北伐的強烈心情，同時也反映出政府在向「革命」邁進。

慶祝大會開幕後，首先進行意識形態教化，塑造「中山符號」。會議主持人劉奠基將籌備會議案提出，經大會一致通過。其要點爲：（一）通電反對日本出兵山東。（二）通電擁護南京國民政府，及蔣總司令。（三）電賀國民政府建都南京。（四）公推閻錫山爲國民革命軍北方總司令。（五）通電擁護國民革命軍北方總司令。（六）電請省黨部，歷行清黨。繼又議決由大會主席團代表赴總部，立請閻錫山就職，並由省黨部代表苗培成、政治部代表孔茂如、婦女協會代表高叔英和唐珠村、自強體育會代表王嗣昌、山西全省學生聯合會代表武誓彭、太原市黨部代表李江、清黨委員會代表張策、工人代表聯合會代筆焦如錕、婦女解放同志會代表周雲樓、農民協會代表趙守耿等相繼演說後，隨即整隊遊行，由海子邊出發，經皇華館、新南門大街、紅市街、橋頭街、鐘樓街、按司街、帽兒巷、鼓樓街、督署前街、府前街、灰布街、三橋街、西絹虎營、東絹虎營、上肖牆、西肖牆、柳巷、橋頭街、復至海子邊而散。〔註 59〕

隨後，由主席團代表大會逕赴總部謁見閻錫山，請其立就國民革命軍北方總司令職。閻再三謙讓，經各代表堅持後，閻答應就職。6 日上午 10 時，閻錫山行就職典禮，軍界自少校以上，政界自股長以上，學界自主任以上，於上午 9 時以前齊集總部大堂。軍官將舊式肩領章取消，換用青天白日新領花，學界由舊式制服換穿新式制服。早晨 8 時許，飛機數架翱翔天空，拋散閻錫山就職宣言，大意謂：「本總司令承六月五日山西各界歡迎國民革命軍大會，公推爲國民革命軍北方總司令，並敦促即日就職。本總司令爲完成國民革命計，爲適應革命環境計，爰於六月六日，接受革命民眾之要求，在總司令部宣誓就職。謹於就職之日，發爲宣言」。〔註 60〕

此外，省黨部婦女部決定組織一婦女運動宣傳會，於 6 月 20 日上午 10 時在省黨部大議場開婦女運動宣傳籌備會。山西農民運動委員會亦於當日在省黨部大議場召開第二次會議，議定推王子才負責訓練計劃、王惠卿負責宣傳計劃、渠通瀛負責調查計劃、唐珠邨和李樹森負責組織計劃、李蔭彪負責

〔註 58〕《晨報》1927 年 6 月 10 日，第 2 版。
〔註 59〕《晨報》1927 年 6 月 10 日，第 2 版。
〔註 60〕《晨報》1927 年 6 月 10 日，第 2 版。

教育計劃。隨後於 6 月 23 日再次在省黨部開會，討論農民委員會組織大綱草案，初步議定了草案。〔註61〕另太原因房租漲價糾葛，房客不堪忍受其苦。於是大多房客亦趁革命之潮，組織房客協會籌備會，對房東任意漲價和漫無限制的做法予以攻擊，推動租價公平運動，並定爲西緝虎營 24 號爲籌備處，討論一切進行事宜，〔註62〕掀起反房價運動。山西省黨部商民委員會也於 6 月 23 日在省黨部商民部開會，討論太原市商民協會進行事宜。13 名委員會議，討論一切事項，從制度層面規定各項事宜的有序進行。〔註 63〕山西電務工會也開始著手籌備，然因工人多數居住外縣，精神較爲渙散，故遷延數月未能召集。後因各團體紛起組織，電務工會也想早日籌建。如東路電線工人代表劉世勳、南路代表王德順、西路代表賀錦榮、北路代表劉振興等先後抵省，於 6 月 23 日在山西工會代表聯合總會開成立大會，通過簡章。是日正好爲廣東沙基慘案二週年紀念會之期，各團體爲追悼殉難烈士，特發起舉行山西各界紀念沙基慘案二週年演講大會，屆時山西省黨部、太原市黨部、山西學生聯合總會、山西婦女解放同志會、山西工會代表聯合總會等團體踴躍參加。〔註 64〕

然而，就在閻錫山走向「督撫革命」之時，山西旅察綏兩區同鄉會紳民卻於 1927 年 6 月下旬向民國北京政府乃至各省區發出討伐閻錫山電。他們的這一反閻行動可能是由於奉晉關係惡化，某些紳民受奉系指使所爲，亦或因紳民反對閻錫山易幟所爲，但另外也可能是昔日他們與閻有個人恩怨，藉此政治秩序激變之際，意想解除閻統治晉省的權力，〔註 65〕對閻發難。隨之太原省城出現討赤驅閻的綠色印刷品（分文言、白話兩種），省內軍政各機關、各學校、各公共團體都先後接到此類宣傳品。宣傳內容大致爲「吾晉本係完整局面，只以閻氏信服赤化，始致成此破敗之象。吾晉之人，誰不愛晉，其各急起驅除赤化，驅除信服赤化之閻錫山，庶幾吾晉完整安寧之局面，早日恢復。」溫壽泉認爲這些印刷品來自山西內部的反閻派，於是連日委派暗探密訪來源，並派專人常駐郵局檢查郵件，防備甚爲嚴密。同時溫還密令警廳

〔註61〕《晨報》1927 年 6 月 27 日，第 3 版。
〔註62〕《晨報》1927 年 6 月 25 日，第 5 版。
〔註63〕《晨報》1927 年 6 月 27 日，第 3 版。
〔註64〕《晨報》1927 年 6 月 27 日，第 3 版。
〔註65〕《民國日報》1926 年 7 月 1 日，第 1 張第 3 版。

將嫌疑者逮捕數人，其中有某校校長 1 人。〔註 66〕儘管此時有反閻行動，但晉人受革命熱潮衝擊卻對反閻活動沒多大熱情，而更多關注地是閻錫山的易幟行為。

三、閻錫山的政治轉向

　　蔣介石發動「四·一二」清黨後，中國政治呈現南京、武漢、北京三股勢力鼎立局面，而各方都在極力爭取閻錫山加盟。據武漢中執會政治委員會會議記錄，武漢國民政府任命閻錫山為第三集團軍總司令，隨後蔣介石、張作霖也陸續派人去山西。武漢為使閻不被蔣、張拉攏，決定派孔庚赴晉聯繫。〔註 67〕但閻出於仇視共產或比較認同軍事強人蔣介石之原因，漸漸疏遠了武漢國民政府。5 月 6 日，閻錫山電李慶芳「榮密武漢不倒，南京必失敗，時期愈延長，愈危險。武漢倒後，中國之腐敗軍閥，必不足為國民黨之敵手也。應排除一切，專對武漢。」〔註 68〕11 日，他還電張作霖勸張和蔣介石合作，共同對付武漢國民政府，同時也建言蔣聯奉討共。〔註 69〕對於閻錫山不與武漢國民政府合作一事，《民國日報》也做了披露，「傳晉閻表示不受武漢任命軍團總司令」。〔註 70〕

　　此外，閻錫山與馮玉祥之間本有約定，馮率大軍 20 萬東下鞏縣、洛陽，敵軍若大部渡河向南與馮軍爭衡，閻則乘虛扼其側背。〔註 71〕5 月下旬，奉軍在河南戰敗。26 日，馮玉祥軍攻佔洛陽。27 日，唐生智軍攻佔京漢線側的軍事重鎮臨穎，兩軍會師在即，閻卻未踐約出兵。〔註 72〕另閻錫山對張作霖邀其赴石家莊會晤之請，也以病婉拒。閻認為當時可不顧奉系阻攔加入北伐之時機已成熟，具體緣由是奉、馮開戰對山西威脅減少，況且日本介入，閻亦從中受益。據 5 月 25 日駐京代表蘇體仁、潘連茹電稱「日本武官土肥原定於二十八日起身與（薄）永濟同行，計二十九日抵省，請派員招待。據謂：此

〔註 66〕《晨報》1927 年 11 月 29 日，第 3 版。

〔註 67〕中國第二歷史檔案館：《中國國民黨第一、二次全國代表大會會議史料》（下冊），江蘇古籍出版社 1986 年，第 1120、1149 頁。

〔註 68〕《民國閻伯川先生錫山年譜長編初稿》（二），第 746 頁。

〔註 69〕同上書，第 747 頁。

〔註 70〕《民國日報》1927 年 5 月 13 日，第 4 張第 4 版。

〔註 71〕《民國閻伯川先生錫山年譜長編初稿》（二），第 749～750 頁。

〔註 72〕楊天石：《論 1927 年閻錫山易幟》，《民國檔案》1993 年第 4 期。

行爲申述彼等之希望，彼意奉將退出關外，北方政局自當由山西維持，斡旋南北，早息戰爭，以免再現寧漢等地之騷亂，而防杜赤俄之陰謀。」〔註73〕日本讓山西維持北方政局的想法迎合了閻之心理，閻確實也想通過北伐控制華北。他的這一意圖曾在北伐結束後對晉人有過透露，「中國如此之大，何必由一人治理」，「長江一帶由蔣先生多負責任，華北由我多負責任，中間由他們（指馮玉祥等）多負責任，我們做個比賽。」〔註74〕可見，閻加入北伐的目的是要在自保基礎上打算進一步擴張山西在北方的影響力。

當國民革命軍三路會師底定中原後，〔註75〕閻於5月31日頒佈動員令，進兵娘子關。奉軍受到晉綏軍威脅，加之又失利於豫皖，只好放棄鄭州退守直魯。〔註76〕6月3日，山西全省懸掛青天白日滿地紅國旗，閻將晉綏軍150000人改編爲北方國民革命軍，分由大同、娘子關兩路進軍，並力勸張作霖服從三民主義，轉向與國民黨接洽和平辦法。〔註77〕但因新舊勢力間的博弈，大局究竟爲誰掌控仍不明朗，而且蔣介石也在極力拉攏奉張，想雙方停戰共同對付武漢國民政府。閻得知蔣拉攏張的消息後，對奉系一改以前決裂之態度，仍與奉張藕斷絲連。6月5日，閻致電張作霖聲明山西軍隊出動係因奉軍北撤，考慮臨時不易佈防，僅進駐東天門，「停駐井陘，不再前進。」〔註78〕張作霖明白閻的用兵舉動，雖對閻不滿，但覺得此時過分逼閻，反對奉軍不利，故暫時容忍，暗中調兵遣將，準備進一步行動。〔註79〕

是日，太原社會各界舉行國民大會，擁戴閻錫山擔任國民革命軍北方總司令。〔註80〕主席團代表大會逕赴省總部謁見閻錫山，請立就國民革命軍北方總司令職。閻再三謙讓，經各代表堅持後，閻答應就職。6日，閻就任國民革命軍北方總司令職，發表國民革命軍北方總司令宣言，「在三民主義指導之下，爲民眾謀利益，同時領導民眾，從事於國民革命，尤其要者革命不能專恃武力，其所以能戰敗敵人者，尤在各地民眾之擁護，北方革命軍的武力是

〔註73〕《民國閻伯川先生錫山年譜長編初稿》（二），第750頁。
〔註74〕《閻錫山傳記資料》（五），第35頁。
〔註75〕章伯鋒：《北洋軍閥：1912～1928》（第五卷），第717頁。
〔註76〕《民國閻伯川先生錫山年譜長編初稿》（二），第751頁。
〔註77〕《民國閻伯川先生錫山年譜長編初稿》（二），第753頁。
〔註78〕同上書，第755頁。
〔註79〕章伯鋒：《北洋軍閥：1912～1928》（第五卷），第718頁。
〔註80〕《民國閻伯川先生錫山年譜長編初稿》（二），第755頁。

民眾所需要的，其勝利是民眾所給予的。……」〔註81〕山西軍官也將舊式肩領章取消，換用青天白日新領花，學界由舊式制服換穿新式制服。飛機數架翱翔天空，拋散閻錫山就職宣言。〔註82〕此即意味著閻錫山轉向南方，但南方革命陣營已分裂爲兩個政府，閻到底轉向何方，還在進一步的考量中。

　　6月中旬，蔣介石派劉芙若、何亞農、彭淩霄三人到晉視察，受到國民黨山西省黨部熱烈歡迎，但武漢代表孔庚赴晉則受冷遇。孔因交通阻隔，於17日才到達太原，〔註83〕一到太原就去省府面見閻，閻帶病接見並講到：「據一班人觀察，武漢是共產黨的政府，南京才是眞正國民黨的政府。」「武漢有一個鮑羅廷，是第三國際派來的，武漢政府完全是爲他所把持，一切任務非得他的許可，不能有所作爲」。孔說服閻的目標碰壁，便想由趙戴文勸閻，趙卻避嫌不見。19日，孔庚被驅逐出晉。而閻得力干將南桂馨則對武漢國民政府大加詆毀，認爲「武漢怎樣的糟，南京是如何的好。他到了南京後，本預備到武漢來，因爲武漢被共產黨盤踞，所以就回去了。共產黨排斥辛亥的老同志，他們都是辛亥起義的老人物，自然不見容，只有同蔣介石合作。」可見閻已準備棄漢擇寧，但此時他仍與奉張保持聯絡，覺得山西能在幾個均勢之下存在，就是靠面面敷衍。當鄭州被攻下後，張作霖急欲得閻錫山出兵幫助，允諾如閻要保定，奉可讓保定，要察哈爾可以讓察哈爾，甚至要北京也可讓北京，閻未表態，而是在擔心來自馮玉祥的壓力，所以令部屬在山西補城掘池，防備馮玉祥軍。〔註84〕

　　閻錫山表面與南京誠心合作，骨子裏　卻想單獨打垮奉軍後獨領京津，擴大地盤，再向蔣介石要求平分天下。〔註85〕然形勢劇變改變了閻的盤算，因寧漢分歧經馮玉祥等調解，在反共上漸趨一致，出現合作轉機，於是，閻完全倒向南京蔣介石政府，一反常態開始公然對抗奉張。6月18日，張作霖在北京就任安國軍大元帥。閻強烈反對張的做法，禁止山西駐京代表前往祝賀併入閣。28日，張作霖派邢士廉赴太原與閻商談解決時局辦法，奉軍打算在京綏路增加兵力兩旅防阻商震，遭閻駁斥，閻電令駐京代表李慶芳提議取消

〔註81〕《民國日報》1927年6月19日，第2張第2版。
〔註82〕《晨報》1927年6月10日，第2版。
〔註83〕楊天石：《論1927年閻錫山易幟》，《民國檔案》1993年第4期。
〔註84〕蔣永敬：《北伐時期的政治史料——一九二七年的中國》，臺北正中書局1981年，第130～132頁。
〔註85〕章伯鋒：《北洋軍閥：1912～1928》（第五卷），第729頁。

大元帥。7月7日，南京軍事委員會改組，任蔣介石、胡漢民、馮玉祥、閻錫山、李烈鈞等 46 人為委員。9 日，南京國民政府任命商震為國民革命軍北方第 1 軍軍長、楊愛源為國民革命軍北方第 2 軍軍長、徐永昌為國民革命軍北方第 3 軍軍長、傅存懷為第 4 軍軍長、傅汝鈞為第 5 軍軍長、豐玉璽為第 6 軍軍長、閻錫山兼第 7 軍軍長、張蔭梧為第 7 軍副軍長、譚慶林為第 8 軍軍長、鄭澤生為第 9 軍軍長、李維新為第 10 軍軍長。〔註 86〕

15 日，晉軍佔領京漢和正太路交叉要衝石家莊，奉軍退到正定佈防，晉軍隨即推展至順德。19 日，晉軍徐永昌部進駐石家莊，奉軍在正定、定州、保定布置三道防線。〔註 87〕22 日，張作霖向山西代表提出，要求晉軍撤出石家莊，保定和德州的奉軍準備進攻河南馮玉祥軍隊。25 日，張作霖和張宗昌分別派遣代表赴太原向閻提議撤走石家莊駐軍，以便奉魯軍南下進攻馮玉祥，閻不予採納。〔註 88〕直到 9 月，奉、晉完全決裂。而其間的寧漢政爭也日趨激烈，蔣介石以退為進自行下野，閻錫山致電中央黨部與軍委敦勸蔣復職。〔註 89〕隨後，寧漢雙方在滬晤商，議定一致繼續北伐。閻於 9 月 29 日向奉軍出擊，並將此決定電函駐南京代表劉樸忱與方本仁。〔註 90〕

此外，閻錫山還與馮玉祥商定分別進取北京和天津，〔註 91〕同時也與馮、蔣介石、李宗仁等議定北伐成功後地盤劃分的協定。據天津外報稱馮玉祥在石家莊發表，馮玉祥、閻錫山與南京政府三方面關於北伐協定已完全成立，軍事行動臨機不免有變化，但大體方針已確定，即何應欽、白崇禧軍隊以揚州為起點，擔任東部海岸進攻，經海州入青島；李宗仁軍以浦口為起點，沿津浦線一氣北上；何健、劉興軍隊由安徽出徐州，以該地為中心，擔任後方防守事宜；鹿鍾麟軍由歸德向徐州開動，在徐州與李宗仁會師北上平定山東；閻錫山擔任進攻北京之責，倘有必要時，可令馮軍一部加入京漢戰線。至於地盤分配：1、北京地方臨時由閻錫山、徐永昌維持，北方政治問題由關係各方之聯席會議解決。2、商震軍佔領北京後，即開赴天津，截斷京奉線與津浦線聯絡，等後續部隊開到，驅逐奉軍於關外。3、何健軍以安徽為中心，駐於

〔註 86〕《民國閻伯川先生錫山年譜長編初稿》（二），第 765～766 頁。
〔註 87〕同上書，第 767 頁。
〔註 88〕丁中江：《北洋軍閥史話》（四），第 551～552 頁。
〔註 89〕《民國閻伯川先生錫山年譜長編初稿》（二），第 817 頁。
〔註 90〕同上書，第 810、820 頁。
〔註 91〕《民國日報》1927 年 7 月 13 日，第二張第一版。

皖境，以形成唐生智軍與南京派各軍之緩衝地，憑此根本妥協。4、何應欽、白崇禧、李宗仁各軍，在徐州攻下後，一部留於江北，大部撤退江浙兩省，以充南京政府之基本軍隊。5、馮玉祥軍以河南為中心，駐於豫境，在山東酌留部分軍隊，以關係膠濟隴海兩路聯絡。〔註92〕

為快速促成北伐，新舊軍事實力派對昔日軍政利益的重新洗牌，不僅使閻錫山能夠繼續掌控山西，而且也使閻的政治空間較前擴增。這種利晉政治空間的擴張，引起奉張先解決山西的意向。9月中旬，奉軍欲乘南方專力解決內部問題未能全力北攻之時，以重兵迅速解決山西，並憑藉張宗昌在徐州魯東兵力，分別進攻蘇皖豫三省。閻錫山鑒於時局緊迫，心想非一戰不能解此危險，於是乘奉軍布置未成和戒備未嚴之時，突然對奉作戰，作戰計劃分三路進軍，（一）北路由商震指揮，自大同出兵，斷京綏鐵路奉軍東西兩段聯絡，攻取張家口，抉北軍之背。（二）南路軍由徐永昌指揮，自井陘取石家莊，分兵自鐵路西面進行，會師保定。（三）中路軍由傅存懷指揮，自山西西北部山嶺地帶分路潛行出發，於北京西南各地方，聯絡豫先派出別動隊分別動作，在涿州襲南路奉軍後方，使奉軍因根據地及後方被擾，不能作戰，或乘虛逕取北京。〔註93〕

隨之，奉晉戰爭在京綏柴溝堡附近展開。9月27日，商震乘奉軍不備，突起毀壞鐵路，奉軍檢閱使於珍和特派員趙侗在豐鎮被捕，被送往大同。於珍本為奉軍戰將，張作霖派其檢閱京綏路駐軍以潛整各軍，並統率軍隊壓迫山西北部。於珍被捕後，北路奉軍失去控制，京綏路西段者多被解決，鐵路東段者亦不得不節節退卻，商震乘機急進，進兵石家莊。〔註94〕北京安國軍政府則搜捕山西代表，李慶芳聞之早已避入使館，蘇體仁被捕。南桂馨、薄永濟、李慶芳、潘蓮如、張漢章等皆於27、28日秘密出京。徐永昌率晉軍復由井陘也進駐石家莊。〔註95〕當晉軍攻佔柴溝堡時，張學良和張作相正在京漢線檢閱軍隊，接到報告即於29日先後返京。張作霖也立即電召楊宇霆、韓

〔註92〕季嘯風、沈友益：《中華民國史史料外編》27冊，廣西師範大學出版社1996年，第93頁。

〔註93〕蔣永敬：《北伐時期的政治史料——一九二七年的中國》，臺北正中書局1981年，第62頁。

〔註94〕同上書，第63頁。

〔註95〕中國第二歷史檔案館：《中華民國史料長編》（第25冊），南京大學出版社1993年，第621頁。

麟春、張宗昌等入京會商。奉軍 9 月中旬本擬派與閻錫山關係較好的葛光庭赴晉接洽。然晉軍發動突然，葛氏未行，遂在京與尹扶一等聯名電閻，促請避免奉晉戰事。閻錫山以模糊語氣覆電「關於誤阻奉方官兵前進一事，已嚴責大同駐軍切查。頃據復稱，此次誤會非出我方之自動，除另電阻止外，特聞。」尹扶一等接電後，隨即擬覆電，但函電未能發出，北京與山西間電訊已中斷。〔註96〕

　　9 月 29 日，閻錫山電告全國，誓師討奉，對奉軍大肆進攻，並表明討奉正義性，「革命本不得已之舉，是以本總司令雖師發在途，猶不惜委屈婉轉，與張作霖相周旋，原冀有所悔悟，以期和平解決，乃半載以來，屢與開誠協商，終見固拒，近更龐然自大盤踞北京，不謀與民合作，只求一己尊榮，且日肆以武力壓迫國人，既無悔過之心，何有改善之望，我師旅之滯於途而士怨，車騎常留於軍中而田荒既忍無可忍，又望無可望，茲不得已隨諸同志之後，誓師北伐，以掃除三民主義之障礙，以達救國救民之目的。」〔註 97〕10 月 1 日，張作霖也發表討閻通電，指責閻出爾反爾，政治態度多變，並聲明討閻合法性，即「馮逆所迫，圍攻大同，蹂躪雁代，晉北不保，太原垂亡。閻錫山信使往還，迭電告急，搖尾乞憐心態，如在目前。本大元帥以晉省係完善之區，晉民多純樸之眾。倘被赤徒惡化，地方不堪設想，用是激勵諸軍，力攻南口，接濟械彈，救其滅亡。南口既下，大同解圍。我軍直趨綏北，轉戰數千里，兵無宿糧，馬無積秣，甫克掃除綏境，功成之後，舉土地俘虜械彈戰利品一無所取，拱手讓晉，口不言功。此上年已往之事實，對於晉省人民，對於閻錫山個人，可謂仁至義盡，足以大白於天下者也。不意閻錫山狼子野心，認賊作父。年餘以來，倒行逆施，反顏事仇，與馮逆相勾結。今年春間，竟於我軍攻豫之際，出兵石莊，意在斷我歸路，截我輜重。幸我軍見機尚早，全師而歸。」〔註98〕

　　閻錫山電促馮玉祥和唐生智早日出兵，一舉討奉。唐生智電稱「敵部集中安慶，已迫合肥，刻正搜討軍實，準備前進，為兄響應，庶竟大功」。〔註99〕馮玉祥亦覆電「聞我弟提前發動消息，即立命各路前進，現正在進展中，

〔註96〕《北洋軍閥史話》（四），第 551 頁。
〔註97〕《民國日報》1927 年 10 月 1 日，第 1 張第 3 版。
〔註98〕《北洋軍閥史話》（四），第 557～558 頁。
〔註99〕《民國閻伯川先生錫山年譜長編初稿》（二），第 825 頁。

戰情容俟續報。」〔註 100〕然據駐南京代表劉械南電稱「馮煥章（玉祥）此次與我省合作，自當特別慎重，馮之敵對為直魯殘軍，我之敵對為持有利器之橫暴奉軍。對方之力量強弱迥不相同，而馮得寧方之援助較易，我則孤立無援，似宜暫作忍耐，以待馮之正式軍隊先與直魯軍切實接觸之後，方始可進攻。」〔註 101〕此外，蔣介石也勸晉軍要保存實力，等待時機，不要與奉張完全破裂，理由是「胡（漢民）、汪（精衛）二領袖不能合作，黨內部不能團結與無黨爭，故北伐絕難進行。」「軍政各費全無辦法兵士日發洋二毛，官三毛。」「外交無辦法，現在縱能北伐亦只能到徐州，山東因日本關係，絕不能打。」「請閻總司令好自為之，勿靠此間，對奉竭力敷衍，不可破裂，實力絕要保持，以待將來。」〔註 102〕

然戰事進行已無法給奉晉留有緩和餘地。奉晉兩軍開火後，張作霖與閻錫山雖有往來電函。如閻電：「奉晉夙敦和好，不幸以兵戎相見，實違初心。在我公固不免有所誤會。在錫山實出於情不得已。鞭彌周旋，三舍莫避。膏血原野，言之疚心。方今革故鼎新，全國一致，民意所趨，順應為宜，苟有解決途徑，仍當開誠相與。錫山本無窮兵之心，我公夙有擇善之意，特佈巽忱，佇候明教。」張覆電稱「五原克敵，我讓綏區。石莊阻兵，我退正定。為顧全和好計，為北方大局計，退避威棱，豈止三舍。柴溝之役，釁自誰啓？我軍稍事抵禦，即退張垣，其為對晉並未設防，亦可概見。此已往之事實，難掩中外人耳目者，自問坦白公誠，無不可告人之事，是非具在，誤會何來。今既相見以兵，成敗利鈍，惟力是視。惟最後一言必須為公盡忠告者，認敵作友，與虎謀皮，敗固無幸，勝豈相容？至功首罪魁自有定論。我輩作事，宜光明磊落，爭千古不爭一時，爭曲直不爭意氣。」〔註 103〕但函電斯文筆戰的背後，卻是閻、張兩大軍事實力派間的惡戰。

晉軍因得不到南軍有力支持，由起初的攻勢逐漸轉為守勢。奉軍自楊宇霆、韓麟春於 10 月 5 日由奉天被召抵京後，商定五路作戰計劃：張作相率吉黑軍赴宣化指揮，以津浦路北段軍隊陸續增援；韓麟春赴保定助張學良指揮戰事，另派戢翼翹軍迂迴襲定縣，斷徐永昌軍石家莊與保定前線連絡。奉晉

〔註 100〕《民國閻伯川先生錫山年譜長編初稿》（二），第 826～827 頁
〔註 101〕同上書，第 824 頁。
〔註 102〕同上書，第 826 頁。
〔註 103〕《北洋軍閥史話》（四），第 562 頁。

中堅戰事開始後，晉軍南路因定縣於 10 日被奉軍戢翼翹襲取，攻保定軍隊不得不退，激戰一周，於 17 日集軍石家莊，與韓麟春相持。北路晉軍受奉軍大力壓迫，亦逐次後退，於 10 月 31 日失永嘉堡，退守天鎮。中路在門頭溝、齊堂、長辛店、通州、良鄉各地紛起活動，連絡學生、工人、軍民在北京城內與天津密雲有所動作，北京一時被動搖。但前線形勢已改變，奉軍迅速派預備軍分頭應付，中斷各地活動連絡。城內學生、工人亦被鎮壓而失去活動能力。11 月 6 日，閻錫山因無力獨當奉軍壓迫，為保全實力計，下三路總退卻令，北路退雁門，中路退蔚州，南路退井陘。此後南北兩路在井陘、雁門憑險堅守，奉軍攻之不下。〔註 104〕商震等奉令退守大同後，縮短戰線，暫時放棄綏遠，固守雁門關陣地。奉軍當即進駐天鎮、陽高等地，封鎖晉軍，形成對峙。停戰不久，閻為討好奉軍，將於珍等送還北京。〔註 105〕但由平荊關進入山西奉軍進攻甚猛，一旦失敗，太原即將不保，故閻特於 3 日由太原赴代州督戰。〔註 106〕中路傅作義一部突入涿州，堅守 3 月，扼守北京咽喉，牽制奉軍大部兵力，阻斷奉軍京漢路運兵，另一部不堪奉軍重兵攻擊，由蔚州退山西省內五臺、繁峙，與雁門北部軍隊遙相聯絡，由商震指揮，堅守以待時機。〔註 107〕

　　1928 年 1 月 3 日，南京國民政府令蔣介石、馮玉祥、閻錫山、楊樹莊四總司令督率所屬，剋日會師幽燕。〔註 108〕4 日，蔣介石復職，繼續領導北伐，分北伐軍為四個集團軍。2 月 7 日，中國國民黨二屆四中全會指定閻錫山等 12 人為軍事委員會常務委員。2 月 28 日，國民政府特任閻錫山為國民革命軍第三集團軍總司令，〔註 109〕仍在京漢線作戰。對閻的這一任命，說明閻已被接納並融入了黨國權力的核心層，再次成為重要的軍事實力派之一，在國家政權中的影響較之辛亥後有過之而無不及。隨之晉北奉軍定於同日動員反攻，但各首領在大同軍事會議上大鬧意見，內部軍心渙散。晉軍因敵人未反攻，遂決定主動出擊，於 29 日克復朔縣。奉軍以朔縣既失，事機緊迫，於 3 月 2 日晨中北兩路同下總動員令，遣派前自朔縣潰退至馬邑西方二十里鋪附

〔註 104〕《北伐時期的政治史料——一九二七年的中國》，第 63～64 頁。
〔註 105〕《北洋軍閥：1912～1928》（第五卷），第 730 頁。
〔註 106〕《晨報》1927 年 11 月 24 日，第 2 版。
〔註 107〕《北伐時期的政治史料——一九二七年的中國》，第 64 頁。
〔註 108〕《民國閻伯川先生錫山年譜長編初稿》（三），第 933 頁。
〔註 109〕同上書，第 943 頁。

近的殘部，及龍泉關附近之歪頭山，暨鐵角嶺附近之大西溝等駐軍，同時出擊。但晉軍自縮短防線後，一直建築工事，除在各險隘處埋有極密之地雷等外，還沿防線周圍敷有電網多層，設備非常周密。奉軍急欲作孤注一擲，然經數日激戰，終未得逞。〔註110〕

　　4 月 1 日，蔣介石在徐州通令第二、三集團軍於 7 日總攻擊。〔註111〕晉第 15 軍王英部於 8 日佔領包頭。〔註112〕但第二集團軍馮玉祥部卻稽延不進，並撤回原駐博野和安國一帶的部隊，僅留少數騎兵警戒前線。馮軍無意急進，第四集團軍遠在豫南，奉軍則乘隙包圍閻錫山第三集團軍。5 月中旬，晉軍三面被圍，閻見形勢危急，電請馮玉祥迅速北上解圍，馮拒絕派兵援助。後白崇禧率葉琪第 12 軍乘車趕到定縣、新樂一帶增援。奉軍不得已改變計劃，向關外撤退。〔註113〕奉軍撤退時，晉軍以「近水樓臺」的便利條件，佔領石家莊、保定等重要據點，收編安錫嘏的一師，並獲不少兵站遺棄的物資和軍用物品。白崇禧軍於 5 月中旬亦到石家莊，隨晉軍北進。馮玉祥部韓復榘軍急於獲得戰利品，遂派汽車載部分軍隊隨晉軍到北京，分繳一部分軍械。蔣介石因「五三慘案」，軍隊遲滯前進。晉軍商震、徐永昌到京最先，實力亦大，自然承擔了全部的接收任務。〔註114〕

　　5 月 22 日，蔣介石電令閻錫山「奉軍退出關外，京津由第三集團軍和平接收，同人極為贊同，望公主持，即電百川總司令進行。」〔註115〕30 日，蔣介石與閻錫山在石家莊會晤，商定收復平津及善後事項。同時第三集團軍迫近保定，於 31 日克復。張作霖下令奉軍總退卻。〔註116〕6 月 3 日，張作霖離京返奉。4 日，國民政府特任閻錫山為京津衛戍總司令。6 日收復北京、天津，閻錫山發就職電，「本月五日接奉政府支電開：特任閻錫山為京津衛戍總司令。奉此，遵於六日在行營就職，即日向北進發，謹肅電聞。」8 日，閻在保定就京津衛戍總司令職。〔註117〕然而，第二、四集團軍也進駐北京，與閻暗

〔註110〕《申報》1928 年 3 月 23 日，第 3 張第 10 版。

〔註111〕《民國閻伯川先生錫山年譜長編初稿》（三），第 951 頁。

〔註112〕《申報》1928 年 4 月 12 日，第 1 張第 4 版。

〔註113〕廣西文史資料委員會：《李宗仁回憶錄》（下），廣西日報印刷廠 1980 年，第 569〜570 頁。

〔註114〕《北洋軍閥：1912〜1928》（第五卷），第 740 頁。

〔註115〕《民國閻伯川先生錫山年譜長編初稿》（三），第 974 頁。

〔註116〕《民國閻伯川先生錫山年譜長編初稿》（三），第 980 頁。

〔註117〕羅家倫：《革命文獻》（第二十一輯），臺北中國國民黨中央委員會黨史料編纂

爭京津的控制權。據閻 6 月 9 日致馮玉祥電稱「日本領事報告：若第二集團軍入津，則第三集團軍不負治安之責，等語。此等挑撥離間之詞，不知發自何處？我輩站在同一戰線上，成敗利鈍，休戚與共，現在敵人尚未消滅，豈可任人挑撥。」〔註 118〕

11 日，閻錫山和白崇禧抵達北京，即著手直魯殘部處置與京津治安秩序恢復，如收編李寶章、陳源泉等，肅清張（張宗昌）、褚（玉璞）餘部約 2 萬人。傅作義、張蔭梧負責治安秩序，允諾由王士珍等治安維持會維持，免得外國人有所藉口，而且也可使人民暫得安居。對於行、財兩政事宜，由戰委會分別處理，維持現狀。京津兩地官僚政客以為該會為發放官祿總機關，包圍說項不一而足，有倖進鑽營之徒大顯神通，當局者則疲於應付，措置偶差則動遭物議。如當局者把持不堅，致為彼輩所乘。閻錫山意思是北方政治組織應克期成立，庶政得以整理，並希望蔣介石早日來京，一切大計均可協商就緒，逐漸實行，他個人不欲妄自主張，引起責難。〔註 119〕

事實上，閻錫山掌控了京津二地，為了以合法手段排斥其它勢力入京，他向南京國民政府表示聽命於中央，採取「欲擒故縱」手法，於 7 月 4 日致電蔣介石，「前奉中央命令，和平接收平津，所有各項軍隊，准其放手改編，彼時愚見即以收編軍隊，易惹嫌疑，而維持平津和平亦關重要，於兩難之中，再三審度，以為此正為國任勞怨之時，敢不先公後私，力避瞻顧，遂飭南代表等遵令收編，期達和平目的，慘淡經營，差幸就緒。惟收編之命，奉自中央，所收軍隊，允應還之中央，且錫山奉命收編，中央知之，他人不知之也，長此以往，恐不知者疑竇叢生，以為錫山亦有希冀多兵之意，實非鈞座愛護錫山之道，迭次電請派員接收，意即在此。幸值節廑蒞臨之際，正錫山減輕負荷之時，擬懇鈞座迅賜派員接收，在錫山能得公私兩全，亦鈞座所樂成全者也。」蔣介石覆電中對閻錫山此舉大加讚賞，並要其隨時協助總司令部編制調遣平津軍隊。〔註 120〕隨後，北京改為北平，國民政府任命閻錫山兼平津衛戍司令，派張蔭梧為北平警備司令，傅作義為天津警備司令，南桂馨為天津市長。直隸改名為河北，任商震為河北主席，楊愛源、徐永昌分任察哈爾、

〔委員會〕1953 年，第 1597 頁。
〔註 118〕《民國閻伯川先生錫山年譜長編初稿》（三），第 992 頁。
〔註 119〕《申報》1928 年 6 月 24 日，第 2 張第 8 版。
〔註 120〕《申報》1928 年 7 月 7 日，第 1 張第 4 版。

綏遠主席。至此，平津乃至北方大權均落入閻錫山手中。〔註121〕

7月3日，張學良亦致蔣介石、馮玉祥、閻錫山、譚延闓、李宗仁電，稱「兵禍綿延，民生憔悴，國勢顛危，學良上年渡河後，即伸弭兵，有志未逮，今遭大故，免膺重寄，勿違先公佳日通電遺訓，外審國情，內傷家難，具有肺腑，寧肯更事私爭，日前敵軍退駐灤州，本係孔代表雲生指定地點，茲為貫徹和平起見，更作進一步表示，已令前敵所部從事撤退，以明真意，至國是所在，當以全國民意為同歸，所盼愛國諸公，以國家大局為前提，同時結束軍事，並以最簡捷方法，速開國民會議，解決目前一切重要問題，學良愛國愛鄉，不敢後人，決無妨害統一之意，除派代表即日赴前晉謁外，敬布忱悃。」〔註122〕 9日，蔣、馮、閻、李四集團軍總司令，同謁西山碧雲寺，祭告孫中山北伐成功。蔣、馮、閻又於11日在湯山討論甚詳，〔註123〕對關外事亦甚一致，以奉張遵從三民主義為前提，不容納任何條件。〔註124〕 9月間，白崇禧克復冀東、唐山、灤縣等地。奉軍退出山海關。11月29日，張學良、張作相等通電東北四省易幟，歸誠南京國民政府。

綜上所述，北伐軍興後，北方也認識到「舊軍閥帽子不脫必倒」。〔註125〕閻錫山尤為典型，但閻不像李宗仁和馮玉祥等迅速投向革命，而是在觀察時勢變化，認真考量易幟的利弊得失，與各方勢力開展「親睦外交」的同時進行著利益博弈，直到洞察蔣介石集團是最後的贏家，才以索取更多政治資源為條件做出選擇，放棄武漢和奉系追隨南京，進而一躍成為南京國民政府的「地方霸主」。然而，較為詭異地是閻從辛亥革命到北伐都選取換旗，通過易幟成為新生政權的「革命功臣」，而且勢力越來越大。像這種情況不止在閻一人身上發生過，其他勢力也大多互相倣仿。易幟這種社會現象從古有之，每個政權的改朝換代都有易幟的成分，而具有代表性地是魏晉的南北朝、隋朝、五代十國、宋朝和中華民國等，但民國時期表現得更為傳神和普遍。它

〔註121〕《北洋軍閥：1912～1928》（第五卷），第741頁。
〔註122〕《申報》1928年7月4日，第1張第4版。
〔註123〕蔣介石於7月下旬約馮玉祥、李宗仁、閻錫山、李濟深等到京，在西山碧雲寺開軍事會議，主要因紅軍已在井岡山恢復了根據地，並從事發展，決議即派軍隊急速剿除。對張學良問題，認為張尚有相當的實力，用兵困難，為迅速完成統一，決定以政治手段處理，用和平的方式解決矛盾。參見《北洋軍閥：1912～1928》（第五卷），第740頁。
〔註124〕《申報》1928年7月14日，第1張第4版。
〔註125〕羅志田：《南北新舊與北伐成功的再詮釋》，《開放時代》2000年第9期。

在一定程度上反映出民國社會處於轉型期的多元和政治不確定的特質，同時也反映出在中西文化碰撞與交融下時人價值理念發生巨大變化的時代特徵。試想中國歷史演變過程中何以會一再重現易幟的社會現象？從易幟方講，是為了獲得再生機會，甚或獲取更多資源。而從接納方講，易幟是實現國家整合最省時最省力的有效改良途徑，可在短時間內實現統一目標。那麼，這種現象的一再上演，究其根源是社會資源或利益不均所導致博弈而始終存在的必然結果。

第二節　黨國體制的滲透與晉省的因應

一、清黨中黨權擴張失敗

　　1926 年 12 月，山西省黨部正式成立，工作重點是擴張黨務和宣傳。漢口總政治部鄧演達派羅豁等數人赴晉，組織政治部。閻錫山覺得羅等的言論行為有共產黨嫌疑，任命南桂馨為總司令部總政治部主任，而讓羅等分任秘書主任等職務。〔註 126〕另據楊天石研究，國民黨山西省黨部原是左右派的聯合組織，在 9 名執行委員中，國民黨占 5 席，共產黨員占 4 席。閻錫山易幟後，即遵照南京方面命令，成立國民黨山西黨務改組委員會，開除在省黨部工作的共產黨人；以南桂馨、苗培成、韓克溫、溫壽泉、梁永泰、楊笑天等為委員，又成立清黨委員會，登報通緝山西共產黨主要領導人顏昌傑、崔鋤人、王英、薄（書存）一波等 32 人。〔註 127〕當南京國民政府清黨運動走向高潮時，閻錫山表示贊同三民主義，反對聯共，〔註 128〕認為三民主義是抵制共產主義的有力工具，為應付潮流計，特准成立特別黨部，令各工人入黨，並將羅豁等驅逐出境，掀起山西清黨運動。〔註 129〕同時閻又特別規定，清黨除閻本人所辦者外，其它一概不許。〔註 130〕

　　山西有省黨部後，國民黨勢力在晉得到迅速發展，而且閻為表明自己易幟的決心，在山西總司令部還設立特別黨部。特別黨部內部組織分三部分：

〔註 126〕《民國日報》1927 年 5 月 12 日，第 2 張第 1 版。
〔註 127〕楊天石：《論 1927 年閻錫山易幟》，《民國檔案》1993 年第 4 期。
〔註 128〕《民國日報》1927 年 4 月 30 日，第 1 張第 4 版。
〔註 129〕《民國日報》1927 年 5 月 12 日，第 2 張第 1 版。
〔註 130〕《晨報》1927 年 4 月 29 日，第 3 版。

（一）常務委員會委員有王嗣昌、楊兆泰、李鴻文、秘書耿步瑞、歸仁瑞、財務幹事張建宇、庶務幹事夏國禎。（二）組織部部長閻錫山、秘書蔭楊潭、文牘幹事孫繩武、登記幹事尚宗琦、掌卷幹事邢樾、收發幹事金應升、指導幹事谷炳焄、李成林、韓甲三、任繼光、璩象咸、賈景德、李天培、趙炳炎。（三）宣傳部部長孔繁爵、秘書王夢蘭、王廷光、尤吉三，宣傳幹事吳邦俊、編輯滿恩濂、楊貫之、崔賓英，收發員劉奉浩，書記長解貽德，書記庫宗銀、高正、王樹勳、解正身、趙嘉德、王樹模、段鶴清、任奉璋、〔選〕兆平，此外還有宣傳員 50 人。〔註 131〕從特別黨部人事安排看，常務委員王嗣昌與楊兆泰，及宣傳部部長孔繁爵都為軍隊中閻之親信，而閻自己又控制較有實權的組織部。通過這種以閻系人物為主的人事安排，山西國民黨黨部基本處於閻錫山掌控之下。

　　山西清黨運動步入高潮後，太原國民黨電南京中央黨部，要求派員組織黨部公開辦公。〔註 132〕於是，晉省首從學校清黨，出現清校運動。太原女子師範學校朱志翰，因帶有共產主義色彩，在婦女界拉攏黨員，以致成為政府與社會各方極為注意的對象。當各校清校運動發動一二日後，政府即派多數軍隊前往學校監視，全校學生頓起恐慌。後由學校將朱等七八人開除，形勢才漸趨和緩，但清校運動帶來的驚慌仍很恐怖，女生紛紛登報聲明，否認加入共產黨籍者絡繹不絕。而帶有共產主義色彩的西北革命同志會開會追悼李大釗，也惹起山西的清黨大風潮。各級黨員因無藏身之地，多逃避外縣。其領袖胡遽然，雖與政府聯絡較多，但也覺得形勢險惡，於 1927 年 5 月 24 日潛逃榆次。胡的出逃，引起革命同志會會員的猜忌。他們以為共產運動失敗，勢將禍及己身，隨登報聲明「某之入會，係受某人愚弄」，「某之入會事前並未預聞」。會中重要份子大多出走，多數會員也自動退出，致使西北革命同志會完全解體。受太原清校運動影響，一些共產黨人紛紛向外縣潛逃。山西政府考慮到這些人會對外縣宣傳共產思想，可能會妨礙地方治安，為預防事情發生，決定將育才館學員分派各縣，宣傳三民主義，以作抵抗。〔註 133〕

　　「清黨」成為青年學生的政治話語權，甚或成為某些學生借機打擊異己的工具。他們借用清黨進行派系間的鬥爭。陽興中校為陽曲等 12 縣所公辦，

〔註 131〕《晨報》1927 年 7 月 21 日，第 6 版。
〔註 132〕《民國日報》1927 年 5 月 1 日，第 2 張第 2 版。
〔註 133〕《晨報》1927 年 5 月 28 日，第 5 版。

在太原各中學中資格較老，該校學生在校內左、右兩派各有勢力。山西清黨
運動發起後，該校右派學生以學生會職員米眞儒（米係太原市黨部委員之一）
係共產黨員，指控他破壞「革命運動」，並印發傳單宣佈他的「劣跡」，左派
學生亦群起聲援，代爲辯護，左右派對峙之勢已成，開展文字激戰，而學校
當局卻無權制止。衛戍司令恐其兩派以武力相見，故遣派武裝衛隊多名，晝
夜駐校監視。〔註134〕國民師範學校學生因追悼李大釗被認爲是共產黨人，兩
名學生先後被捕，後又拘捕兩名學生，押於衛戍司令部。武裝軍隊則密佈學
校，嚴密監視學生行爲。學校多數學生以「不堪受共產派之壓迫，目不齒其
強暴之行爲，一致聯合群作清校運動」，於5月11日致函各校學校聯合會請
其援助，散發宣言，警告同學，促其迅速覺悟，遠離共產革命。〔註135〕

山西清黨運動發起後，黨部代替了形同虛設的省議會，且省黨部內亦有人
借黨權進行權力鬥爭。閻錫山宣誓就職北方革命軍總司令後，認爲省議會無存
在必要，省黨部也急於遷入省議會辦公，遂將省議會解散。解散之時，各議員
均未知曉，然見省黨部人員紛紛而至，議員恍然大悟，相率出走，其中有自持
被褥者，有自提箱籠者，一時秩序頗亂。議會經閻錫山受命被黨部擊垮後，黨
部內部又展開權力博弈。省黨部執行委員會首向黨部監察員李肇基發難，認爲
李企圖破壞工人組織，並在城內坡子街52號引誘工人屢開秘密會議。因李係
國民黨職員，黨部對他口頭勸告，未做其他懲處，但在舉行黨部升旗典禮大會
時，忽有工人代表當場提出懲辦李肇基，同時又接山西工會代表聯合總會來
函，報告「李肇基近日確有破壞工人組織之會議，並將與會工人姜玉田、梁雲
生等捕獲，供有確實證據四紙，一併送交省黨部」。於是，第四次執監聯席會
議審查工會聯合總會來函內容、工人代表提案及李已往行爲等，認爲李有「反
革命」舉動，停止其監察職權，暫行開除黨籍6個月，以觀後效。〔註136〕李
到底是何身份，很難識別。而且「反革命」一詞在當時也沒有一種可靠的界定
標準，話語權基本掌握在實權派手中，誰擁有權力，誰就是眞正的「革命者」。
故筆者以爲，對李的判定難免會有黨內權力鬥爭的嫌疑。

又據稱黨員臺林一和共產黨人羅任一、王瀛、胡遽然等有聯繫。他們多
次在私寓秘密會議，黨部得訊後，經第三次執監聯席會議議決，書面警告臺

〔註134〕《晨報》1927年5月11日，第5版。
〔註135〕參見《太原共產黨勢力大挫》，《晨報》1927年5月16日，第2版。
〔註136〕《晨報》1927年6月20日，第2版。

林一。臺接到警告後，立即向黨部聲辯：「（一）羅任一與其相偕來晉，在私交上不能不有往來，且又確知其為本黨黨員，決非跨黨份子。（二）伊與王瀛、胡遽然並無何等關係。（三）與反動份子發生關係，本人自信不至有逾越黨紀之行動。（四）羅任一等沒有在其私寓開秘密會議之可能。」省黨部認為臺林一的聲辯毫無誠意，遂經第四次執監聯席會議審查，認定「臺林一既不接受本黨部之警告，甘與反動份子勾結，應按黨紀，開除黨籍，再議處分」。〔註137〕由此可見，山西清黨不僅僅清除的是跨黨份子，清黨運動嚴重擴大化，且確有派系權力鬥爭現象。

自山西清黨委員會成立後，清黨運動迅速擴大。僅就太原市的清黨，清黨委員會覺得範圍太狹，故又組織各市縣清黨宣傳會各委員在省黨部大議場舉行第一次會議，討論各種清黨手續、清黨範圍和方法。討論結果為，清黨範圍是依據中國國民黨山西清黨運動委員會清黨條例第一條規定，肅清黨內共產黨員、土豪劣紳、貪官污吏、反動投機及一切靡化惡化份子。各市縣清黨運動應分步驟，分別進行。第一步應集中精力將破壞國民黨的跨黨份子肅清後，再看其餘如有「反動者」，則輪流驅逐，以至肅清全數「反動份子」為止。各市縣情形未必一致，應慎重辦理。清黨具體事項為：（一）各市縣國民黨同志，應先團集堅固，集中力量。（二）各種「反動份子」，如尚有明瞭者，應先嚴密偵查。（三）各市縣如設黨部，則由黨部辦理，如黨部為跨黨份子等把持，則應請省黨部解散。如市縣黨部混有跨黨份子，則開除。如尚未設立黨部，則應趕速設立，以免「反動份子」在該地活動。（四）處分跨黨份子等辦法，應準據省執監聯席會議決議。（五）各市縣清黨，以能自了為原則。如「反動份子」勢力過大，不能自了時，市黨部需請求本縣縣黨部援助，縣黨部需請求鄰縣縣黨部援助，均須呈報山西清黨運動委員會，援助結果亦須呈報之。如不便直接請求時，須請求山西清黨運動委員會轉呈省黨部，請指令鄰縣縣黨部前往協助。〔註138〕

然而，就在晉省擴大清黨範圍之際，武漢國民政府卻意想拉攏山西牽制蔣介石，並派孔庚赴晉聯絡閻錫山。孔庚代表馮某於 6 月 16 日抵太原車站時，被右派份子捕送到閻錫山公署。〔註139〕孔庚於 17 日到達太原，山西民

〔註137〕《晨報》1927 年 6 月 20 日，第 2 版。
〔註138〕《晨報》1927 年 6 月 22 日，第 5 版。
〔註139〕《晨報》1927 年 6 月 23 日，第 2 版。

眾對孔來晉一時輿論大嘩，反對聲浪布滿全城，街市各牆壁遍貼紅綠紙和各種標語，甚或有種種怪狀諷刺畫。據報載孔來晉的政治任務有：（一）向當局接洽傾共。（二）請停止清黨運動。（三）以大宗款項供給共產黨黨費。（四）謀恢復共產黨勢力。（五）供給共產黨槍支。（六）要求允許共產黨公開運動。（七）請晉當局實行反蔣等。南京國民政府獲知孔庚聯繫山西後，亦擔心山西被其他勢力拉攏，遂派員視察已歸南京國民政府統轄的山西，特派中央黨部視察委員劉芙若和蔣介石代表何亞農、彭凌霄等 3 人赴晉，視察一切。省黨部於 17 日下午在黨部大議場開歡迎大會，歡迎南京國民政府代表。〔註140〕可見，山西對武漢方面和南京方面所派代表採取的是截然兩種不同的對待方式，敵視武漢，而歡迎南京，說明山西較為認同南京國民政府。

隨之，較為傾向武漢國民政府的山西籍黨人遭到打擊，紛紛躲避。素稱西北革命同志同盟會首領的胡遵然遭清黨委員會追捕，聞風潛逃，但不知其逃往何處？6 月 30 日，晉祠區黨部派人到省，向山西工會代表聯合總會報告「胡遵然現已逃至晉祠，又將陰謀破壞」。山西工會代表聯合總會得訊後，當即派工人糾察隊數 10 名，急往捕拿，於當日上午將胡遵然押到省垣，送往工會代表聯合總會處，後又將其交清黨委員會懲辦。由於清黨話語宣傳，胡遵然在民眾中的形象已被醜化。自胡遵然被捕到省後，各界人士認為胡「惡跡昭昭，在人耳目」，既被工會糾察隊拿獲，必須從嚴懲治，方能「一泄各界人士之恨」。於是，民眾三三五五，成群結夥，齊向緝虎營省黨部門首聚集，愈聚愈多，截至下午達 20000 餘人。緝虎營大街交通一時被斷絕，群眾大聲疾呼「殺死工賊胡遵然」，「殺死破壞國民黨的胡遵然」，「槍斃共產黨首領胡遵然」等口號，並派代表數人進內，向省黨部清黨委員會要求迅將胡遵然交出並當場處以死刑。〔註141〕

清黨委員會認為問題關係太大，況胡又係共產黨首領，必須嚴加審問後，才能處以死刑。在未能審問前，不能處死刑。群眾獲清黨委員會此種答覆甚為不滿，當即又派代表進內請求，要求將胡當場殺死，不達目的，他們決不中止，並在黨部外等候消息。到下午 4 時，適值大雨傾盆，群眾被雨所淋，然秩序絲毫未亂，精神更加亢奮。而進內代表仍未得具體答覆，群眾又派一代表向清黨委員會作誠懇請求，要求迅將胡交出。直候至 6 時許，清黨委員

〔註140〕《晨報》1927 年 6 月 22 日，第 5 版。
〔註141〕《晨報》1927 年 7 月 6 日，第 6 版。

會始派人向群眾宣告：「胡賊是當然要處以死刑的，但是本會在未能得到胡賊共產種種陰謀口供之前，尚不能遽定罪名，大約兩三天以後，定能審出他的口供來，到了那天，本會定請各界同胞到會，將胡賊予以槍斃」。群眾得到答覆後，始歡呼而散。〔註142〕

清黨成為其時政治活動的時髦，各地如遇有騷亂或打架鬥毆行為，都可將其掛上清黨標簽，從而將普通事件上昇到政治鬥爭的權力糾葛。如山西北方軍事政治學校〔註143〕隊長和學生因吃飯問題發生慘劇，省黨部亦將其歸結為共產黨的搗亂活動。事發後，榮鴻臚校長將隊長白某及學生10餘人，押往衛戍司令部，聽候懲辦。7月6日，據省黨部傳出消息，學校認為此次風潮是共產黨人所為。省黨部調查後，將學生中共產黨人10餘名逮捕，押送至清黨委員會懲辦，隊長白某回隊照常供職。自此次風潮後，學校門禁十分嚴厲，出入人員非有條據，一概不許出入，以防共產黨乘間而入。而且省黨部以為值此清黨期內，對於入黨黨員必須嚴加限制，以杜「姦人」混跡。故山西黨務改組委員會特發表清黨期內入黨變通辦法五項：（一）在清黨期內不許入黨，但有忠實努力，確能遵守黨紀者，仍許填具志願書。（二）已填志願書者，即須作黨的工作，如繳納黨費，填報工作表等。（三）各級黨部，對於已填志願書之人，隨時督促其工作，並嚴加審查，隨時報告上級黨部，及各級清黨委員會。（四）經各地清黨委員會核准，始許填繳入黨表。（五）再經三個月之審查，呈報中央核准，頒發新黨證，始得為正式黨員。〔註144〕

此外，清黨運動還向軍界滲透，進一步擴張黨權。當然，這種黨權擴張在某種意義上得到總司令閻錫山許可，但在某些時候閻對黨權不予理睬。如總司令部接山西清黨委員會函：「在清黨區域內，遇有搗亂份子，破壞本黨，阻礙進行，清黨會得直接通知該地軍警，嚴行緝拿」。當局接函後，承認各縣知事、各軍隊長官、各軍事機關均負清查「反動份子」之責，但對清黨委員

〔註142〕《晨報》1927年7月6日，第6版。
〔註143〕當本省改革之初，晉政府鑒於本省革命人材之缺乏，曾令軍官學校校長榮鴻臚，組織北方軍事政治學校，專為造就軍事政治兩種人材，定為一年半畢業，共招學生二千名。其時報名者已逾一千八百餘名，大約考試之期，亦必不遠。後因某種關係，又改變原來計劃，而以專門造就下級軍官人材為宗旨，故又改名為北方軍官學校。參見《晉省清黨運動》，《晨報》1927年7月23日，第6版。
〔註144〕《晨報》1927年7月11日，第6版。

會臨時借用各市縣軍用電信局電信報告一事，閻以爲各清黨委員拍發電報時須交所在地方縣公署轉發，並且晉省權力核心區域不准使用軍用電信，如陽曲、清源、太原三縣不能通報，其餘各縣可遵照辦理。〔註145〕

　　同時，黨權擴張在深入地方基層過程中也出現內卷化現象，即黨權與地方政權發生衝突，遭到地方政權抵制，黨部部分改組委員貪污腐化，與地方劣紳沆瀣一氣，反對黨權下移。如清源改組委員會常務委員王璋私用印信，壟斷黨務。辰子改委會常務張近仁報告改組及清黨二委員會之圖記被盜竊，而且張被「劣紳」收買，生活作風腐化。翼城改委會改組委員被捕，及朔縣改委會委員高夢卿也被捕。〔註146〕沁縣改組委員會據第四區固亦村田張氏呈報「劣紳」張翰如、「土豪」王樹棠，引誘黨務委員賭博。芮城清黨委員會請求設法辦理「反動份子」。浮山籌備委員會呈報縣巡官，借官勢訛賴平民，壓迫平民，縣署專事對其祖護。沁縣改組委員會呈報故縣鎮瑞生泰鋪長李自南揭示商會會長姜煥文故意縱放紙票，擾亂金融。沁縣商民協會呈報張翰如等侵吞公款 4 千餘元，經眾告發，承政員卻置案不理。潞城改組委員會報告承審李繩祖經大會議決剷除，當經縣長允許懲辦，並暫爲停職，但忽於 9 月 12 日復蒞庭審案。潞城留省各界公會呈報改組委員郭挭、郭俊是「劣紳走狗」，郭景璞是「劣紳」，楊沛霖、陳裕芝係跨黨份子，要求撤免。榆社商民協會等 22 團體聯席會議，報告石桂庭等 12 人誤控改組委員喬大濟，懇請從嚴懲辦。陽城改組委員燕開儲、武鴻恩呈報常務蘇天命私藏印信，擅發文電，私請加委改組委員。長子改組委員報告柴樹檀等私攜印信，逍遙家中。文水改組委員會呈報「劣紳」杜凝瑞勾結「土豪」高德峻、煙犯李領搗亂區分部 10 餘處，撕毀總理遺像。芮城改組委員呈報縣城宣佈戒嚴，致使聯席會議與黨部一切例會停止。〔註147〕可見，黨權在深入基層社會過程中，遭到地方社會的強烈抵抗。

　　另清黨期間被驅逐出境的著名共產黨王瀛與朱志翰（女子），密赴武漢後，又領命回晉，二人由京綏路轉道大同回晉，行至崞縣時被察覺。由縣黨部派警將其捕獲，立即致電省清黨委員會請示辦法。省黨部當即派員赴崞，

〔註145〕《晨報》1927 年 7 月 23 日，第 6 版。
〔註146〕《民國日報》1927 年 9 月 21 日，第 2 張第 2 版。
〔註147〕《民國日報》1927 年 10 月 6 日，第 2 張第 2 版。

於 9 月 2 日將他們 2 人押解回省，管押於衛戌司令部，聽候發落。〔註148〕此時太原清黨氣氛雖很濃，各通衢牆上遍貼「槍斃煽惑工人的共產黨首領胡遼然、王瀛、朱志翰」等標語。〔註149〕但究竟對其如何處置，省黨部沒有做出相關決定，而是在看閻錫山的態度。這一現象進一步說明國民黨黨權在面對閻錫山的地方威權時，顯得十分軟弱和無能，特別是黨權由省到縣的擴張難上加難。

二、「黨化政治」

山西貼上國民黨的政治標籤，並不意味著閻錫山就服從國民黨中央，而只是表明山西形式上要採納國民黨三民主義及其組織原則。更確切地說，閻是要與國民黨內重要勢力或派系取得政治上的聯合，以使晉省政治秩序在「革命」潮流激盪下依舊能夠合法地存在。所以，山西政治秩序經過北伐洗禮後並沒有實質性的改觀。誠如楊天石在其研究中所言：「易幟後，國民黨山西省黨部宣佈過一些改革方針，如建設廉潔之省、市、縣政府，掃除一切積弊，嚴禁收授賄賂陋規，裁撤閒散機關，禁止高利貸盤剝，提高工人、農民生活，實現男女平等之類，但大都是具文，並未真正實行。只有在實施『黨化教育』以及加強社會控制方面，倒是做了不少工作。」〔註150〕

事實上，山西更是如此，政治組織結構有技術性改革，制度運作沒有發生根本變化。1927 年 4 月，閻錫山在軍署召集軍政要人會議，共同籌商改組省政府方案。與會諸人推定閻和綏遠都統商震、警務處長南桂馨、前國民軍軍長徐次宸、右參議王世卿、中央黨部特派員羅任一、參謀長郭載陽、前參謀長臺林一、李勉之等 9 人為執行委員，總參議趙戴文等 6 人為候補執行委員，並推定軍實總監黃少齊、參謀長朱蘭蓀、左參議孔芸生 3 人為監察委員。至於其設施步趨，決定先布置軍備以固省防，並從軍政內部改組。然閻又覺得「督辦山西軍務善後事宜公署」名義和「督辦山西軍務善後事宜」頭銜，不適用於當時潮流，於 4 月 10 日明令取消。自 4 月 11 日起，暫以「晉綏總司令」名義，統轄軍民兩政。〔註151〕

〔註148〕《晨報》1927 年 9 月 8 日，第 6 版。

〔註149〕《晨報》1927 年 9 月 24 日，第 6 版。

〔註150〕楊天石：《論 1927 年閻錫山易幟》，《民國檔案》1993 年第 4 期。

〔註151〕《晨報》1927 年 4 月 16 日，第 5 版。

　　新組晉綏總司令部政治部擬定規模較大，凡晉綏兩處軍政等事皆歸其轄，委任警務處長南桂馨爲主任，武漢方面特派員羅任一爲副主任，積極籌備政治部。但在用人問題上發生爭執，南桂馨主張薦舉，羅任一主張考試。經再三酌商，雙方同意南的意見，然羅未徵南同意就先行推薦四五十人，所餘位置不過一二十位交由南填補。南很不高興，工作持消極態度，以作無形抵制。〔註152〕後假借清黨運動之手，閻錫山與南桂馨等將羅任一及其武漢派扣上「共產份子」的帽子，將其驅逐出晉。前文清黨對此曾有論及。可見，晉省雖易幟，但權力主使者仍在閻派之手，容不得他派或黨團對其干涉。

　　鑒於時局動盪不安，閻錫山爲牢控山西，首加強對軍政控制，多配置無線電臺，除太原、大同已於1926年晉北之戰配備外，擬於平定、潞安、臨汾、運城分設電臺4處，修訂《泄露軍機處罰條例》，重行通令各軍知照，規定軍機保護法條8則。〔註153〕除頒佈軍事處罰條例外，閻還認爲軍民兩政人員需時加檢查，不然優劣難分，1927年4月27日特令組織一晉綏檢查委員會，擬定組織法草案10條，通令軍政各機關一體遵照。〔註154〕後又頒佈政治檢查委員會條例，擴大政治檢查委員會權力。〔註155〕政治檢查委員會的長官爲委員長，委員長置辦事宜的最終決策權須交給晉綏總司令閻錫山。這一機構設置從制度層面感覺是有所革新的，但從權力實際掌控看，其只不過是閻錫山實施控政而借用制度標新的一種手法而已。

　　此外，閻錫山在形式上亦較爲迎合革命潮流，一面表示其是孫中山的信徒，另一面爲反映晉省政治革新趨向，決定將各軍隊、各學校、以及各軍政機關人員所著舊式制服一律取消，改爲中山服。然各軍隊因人數太多，一時難以做齊，軍需處忙著趕製。總部衛隊旅各官兵一律改換中山服，各學校也實行改穿中山服，並規定各機關中山服的更換必須迅速。據一個軍事機關人員於6月28日談道，「現下上峰，又令各機關人員，迅速改換。自七月一日起，出入人員，如不改著中山服，衛兵將予以攔阻」。這一命令發佈後，導致柳巷各大軍衣莊出面大包大攬，門口皆貼報條「本號包作中山服」，而各軍衣莊內購買中山服裝者更是人山人海。〔註156〕

〔註152〕《晨報》1927年4月24日，第5版。
〔註153〕《晨報》1927年5月1日，第5版。
〔註154〕《晨報》1927年5月7日，第5版。
〔註155〕《晨報》1927年8月5日，第6版。
〔註156〕《晨報》1927年7月3日，第3版。

閻錫山將晉綏軍改爲國民革命軍，並就任國民革命軍北方總司令後，總部會議接連不斷，除第一步布置軍事外，第二步規定凡事進行須遵守國民黨綱。閻認爲晉省已走上國民革命道路，從前舊有官制皆爲國民政府政制中所無，故特於 6 月 9 日下令將山西省長一職即行取消，隨之山西省長公署亦一併裁撤，所有全省政務暫由閻兼管。軍事部內部職務，除由秘書長賈景德、參謀長朱綬光佐理一切外，其餘職務分爲 3 部 10 處，一部是參議部，總參議趙戴文，左參議孔繁霨，右參議王嗣昌。二部是兵站總監部，總監黃國樑。三部是訓練總監部，總監孔繁霨。10 處分別爲：一秘書處，處長鄭崇德、高相搓；二參謀處，處長郭宗汾；三執法處，處長高步青；四軍醫處，處長薄桂堂；五軍務處，處長傅麟海；六軍需處，處長郭殿鳳；七副官處，處長陳增智；八交際處，處長梁汝舟；九軍械處，處長周維翰；十軍事政治處，處長武盡英。另設 1 總部行營部，作爲軍事機關重地，由總參贊溫壽泉、兵工廠總監黃國樑、糧服局局長徐一清負責。〔註 157〕

同時，閻錫山下令將晉北鎮守使、晉南鎮守使、冀寧道尹、河東道尹、雁門道尹亦即裁撤，任命警務處長南桂馨爲山西民政廳廳長、李鴻文爲山西財政廳廳長、王祿勳爲山西建設廳廳長、冀貢泉爲山西司法廳廳長、陳受中爲山西教育廳廳長、趙丕廉爲山西農工廳廳長、馬駿爲山西實業廳廳長、楊兆泰爲總司令部省政秘書廳廳長、《民話日報》社長樊象離爲總司令部省政秘書廳第一處處長。〔註 158〕民政廳下轄 3 科，財政廳下轄 5 科，實業廳下轄 2 科，司法廳下轄 4 科，建設廳下轄 2 科，教育廳下轄 1 科。各科皆設科長 1 人，承廳長之命，辦理一切應行事宜。〔註 159〕

另爲擴大他刷新政治的影響，閻錫山於 1928 年 3 月 1 日按照省政府與省黨部聯席會決議，通令各衙署局所將牆壁屏門原繪五色國旗與軍旗者，一律改繪青天白日滿地紅國旗與青天白日黨旗。各縣署大堂所有一切青天大老爺，及其它一切含有「封建意義」之匾額亦一律取消，改懸總理遺像遺囑，張貼建國大綱與總理訓辭等。凡各機關在職人員，黨員月薪在 60 元以上者不准兼薪，非黨員在 80 元以上者不准兼薪，至於純任教員者則不在此限，要求

〔註 157〕《申報》1928 年 2 月 12 日，第 3 張第 11 版。
〔註 158〕《晨報》1927 年 6 月 14 日，第 2 版。
〔註 159〕《晨報》1927 年 6 月 25 日，第 5 版。

各機關限期實行。〔註160〕3 月 6 日，南京國民政府會議決議任命閻錫山、楊兆泰、南桂馨、李鴻文、馬駿、孟元文、陳受中、王錄勳、冀貢泉為山西省政府委員，推定閻錫山為主席，任命南桂馨兼民政廳廳長，李鴻文兼財政廳長，陳受中兼教育廳長，王錄勳兼建設廳長。〔註161〕南京國民政府對山西政府官員的任命，一方面承認了之前閻錫山對晉省政府權力結構的調整，尊重閻的政府人事安排，另一方面亦授予了閻錫山繼續統治山西的合法權力。

而且國民黨早在 2 月 1 日南京召開的二屆四中全會上，就通過了廣州、武漢、開封、太原設政治分會的各項議案。政治分會的設立意味著什麼？它又有什麼作用呢？其實，它是各個政治山頭成立的法律依據，是中央政府對各山頭的承認。據李宗仁講「政治分會的權力極大，有任命所轄區內地方官吏，及處理政、軍、財、教、建各要政的全權。」〔註162〕由此說明，國民黨在北伐中聯合各實力派「打天下」到北伐結束後允諾「分天下」期許的實現。太原政治分會是對閻錫山掌握晉省獨立行政權的一種政治認可。6 月 12 日，閻錫山佔據北京，但仍不願放棄主持晉事，於 8 月 4 日返回太原，主動放棄北平分會，專任太原分會及山西省政府主席，並將其要求電致五次全會，〔註163〕積極籌備太原分會。21 日早 9 時，太原政治分會舉行第一次會議，閻錫山、趙戴文、賈景德和會議秘書長俞家驥等參會，通過大會議事細則、秘書處組織條例、晉綏察財政整理建議、統一財政收入機關、建設廉潔政府及建設委員會組織等六案。〔註164〕這樣，閻錫山通過對晉政府的改組及「黨化」粉飾性工作，使山西政治具備了黨國政治色彩。除控制晉省外，閻還遙控著京津地區。北平市政府要害部門負責官員大多由閻系人士出任，如公安局長趙以寬、社會局長趙正平等都屬閻派。平津最高軍政首長平津衛戍總司令（閻錫山兼任，由商震代理）、河北省政府主席（商震）、北平警備司令（張蔭梧）等職均由閻系黨人囊括。〔註165〕

〔註160〕《申報》1928 年 3 月 2 日，第 3 張第 9 版。

〔註161〕《申報》1928 年 3 月 7 日，第 1 張第 4 版。

〔註162〕廣西文史資料委員會：《李宗仁回憶錄》（下），廣西日報印刷廠 1980 年，第567 頁。

〔註163〕《申報》1928 年 8 月 5 日，第 2 張第 7 版。

〔註164〕《申報》1928 年 8 月 24 日，第 3 張第 9 版。

〔註165〕齊春風：《北平黨政商與濟南慘案後的反日運動》，《歷史研究》2010 年第 2期。

除晉政府以「黨化」標籤改組外，山西思想文化界亦進行著「黨化」意識形態的滲透，但這一「黨化」趨向是以閻錫山為中心的。山西特別黨部雖早已成立，但各軍人對其要旨未能徹底明瞭者尚多，故為訓練各軍人，閻錫山決定再添組一批指導員，以期隨時指導。6月9日，閻委任第4師中校參謀金中和、第6師少校參謀崔作棟、教導團步兵科副主任鄭紹成、第2師少校參謀崔作權、憲兵司令部部附魏允昭、教導團中校教官劉潛、炮兵司令部中校參謀張潛、第7師諮議趙仲璦、工兵司令部少校參謀李寅、衛生團中校團附郭如山、衛隊旅司令部上尉參謀王某等11人，為總司令部特別黨部組織部的指導員。同時，閻為擴大其在黨部影響力，連日在特別黨部舉行會議，討論黨務事宜，各軍政要人趙戴文、王世卿、孔茂如、徐次宸、南桂馨等每次都參加會議，服從閻調遣和指揮。

9日，會議議決擬再設宣傳廳，以擴大宣傳，喚醒民眾，實行用黨義加強社會控制。山西報界昔以《晉陽報》最盛，然因經濟阻力，《山西日報》一躍竟執報界牛耳，其它如《并州新報》、《新民日報》、《唐風日報》，皆因資本不足難以發展。為響應革命潮流，樊象離、皇甫恩注等發起《民話日報》，於6月1日宣告出版，每日出1大張。國民黨山西省黨部出於清黨目的，也發行一種《清黨日刊》，將有共產黨嫌疑人的姓名，充篇滿幅，極端攻擊，致使昔日曾四處託人介紹以入共產黨為榮的青年大為恐慌，紛紛登報聲明，脫離共產黨籍，太原各報廣告欄登載此種聲明的特別多。而且自閻錫山易幟後，這些報紙還登載種種標語，如「打倒竊取本黨黨權之共產黨」、「中國國民黨山西省黨部萬歲」等。街上各牆壁遍貼中山遺像和閻錫山近影，將閻的形象上昇到中山符號的程度。省城各書店為迎合潮流，也訂購大批國民黨方面的書籍，如《孫文主義淺說》、《中山實業淺說》、《三民主義淺說》、《建國大綱》等書，購者眾多。〔註166〕

平心而論，晉省易幟是鑒於時機緊迫和大勢所趨的一種應變之策，並非真正信仰三民主義而接受黨制，其換旗的倉促猶如張勳復辟時北京一夜之間拆去五色旗而懸掛清王朝龍旗一樣。山西在準備易幟時，外界絕鮮知曉，直到易幟前幾天，警廳始傳知各商民趕製青天白日旗幟，以便屆時懸掛。各成衣店見有利可圖，皆出而包攬，各商民以時機緊迫急不暇擇，任由衣店去做，

各成衣店則借機利市 3 倍。而且在各種禮儀活動中，閻錫山積極塑造國民黨的象徵性權威，欲將昔日有「軍閥」符號的他塑造為國民黨的合法政要。閻就職後，中國國民黨山西省黨部，為表示尊重黨綱起見，決定舉行升旗典禮，特於 6 月 9 日在東緝虎營門首紮有牌樓一座，牌樓上匾額寫「以黨建國」、「天下為公」、「世界大同」等句，對聯為「革命尚未成功」、「同志仍須努力」、「民有、民治、民享」、「民族、民權、民生」等，各大通衢皆貼種種標語，並通知各級黨部、各團體及各界民眾屆時務請參加升旗典禮，以資慶祝。上午 9 時左右，太原市黨部、山西農民協會、山西商民協會、山西全省學生聯合總會、薩哈納西工會聯合會、山西婦女解放同志會、山西婦女協會、太原學生聯合會，以及各團、各報館、各學校如時到齊，觀禮者約三四千人，當即開會，進行黨化意識形態的宣傳與灌輸。〔註167〕

　　與此同時，閻錫山出於造就軍事人材的目的，令榮鴻臚設立北方軍事政治速成學校 1 所，招生授課，其內容分軍事、政治二部。政治部設於國民師範，以 3 個月為畢業期。軍事部附屬於軍官學校，以 1 年為畢業期，只招學生 2000 名，分作 5 次招齊。6 月 14 日為第一期，準備取錄 400 名學生，在國民師範大禮堂考試，試題題目為「擁護南京國民政府宣言」及「歡送國民革命軍出師宣言」，黨義為「民族與國家的區別」及「什麼是民權」等。其次為口試及體格試驗，與試者約 1200 餘名。〔註168〕20 日為第 3 次試驗期，與試學生約 800 人。試題為「擬致國民革命軍前敵將士電」和「試述軍隊中政治工作之重要」，黨義試題為（一）本黨組織分幾級，名稱為何。（二）本黨過去曾叫過些什麼名稱。（三）本黨改組前，國內外為我國人民謀生路的有哪些派。（四）實行民生主義有哪些辦法。（五）民權主義之民權，與天賦人權之人權，有沒有分別。（六）什麼國家，我國皆將認為最惠國。（七）列強對於我們民族的三種壓迫是些什麼。（八）什麼是國民革命的主力軍。（九）發達實業的三大門徑是些什麼。（十）權與能有何分別。（十一）人類的四種重要糧食是些什麼。（十二）我們何以不能抵制外貨輸入。（十三）民生主義的第一個問題是什麼。（十四）辛亥革命失敗之原因何在。（十五）庚子賠款，本黨主張作何項費用。（十六）本黨以什麼為自治單位。（十七）什麼叫做均權主義。（十八）什麼是孫文學說。（十九）何謂領事裁判權。（二十）總理

〔註167〕《晨報》1927 年 6 月 14 日，第 2 版。
〔註168〕《晨報》1927 年 6 月 20 日，第 2 版。

於何年何月何日逝世。以上 20 個試題需用簡單白話作答，限 30 分鐘交卷。
〔註169〕

　　此後聽聞廣東等地陸續建立了軍官學校，爲適應時勢，閻錫山決定將北方政治速成學校改爲北方軍官學校。北方軍官學校於 9 月 1 日舉行開學禮，但因各生服裝尚未製全，未能及時上課，遂定於 6 日開課。校長榮鴻臚認爲入校學生僅有 1200 餘名，與原定 2000 名差距太大，於是再次張貼布告，續行招生，規定凡有高小畢業以上程度或有同等學歷者皆可應試。在校學生文化程度的總體概況是，大學生約占十分之二，中學生約占十分之七，高小生約占十分之一。〔註170〕

　　軍隊中也以黨化教育宣傳代替了昔日的孔孟教育，總司令部特別黨部、各軍特別黨部，以及師旅團營各級黨部紛紛成立，發行專刊宣傳三民主義。如第 7 軍司令官張蔭梧對三民主義革命精神認識較爲深刻，但其他許多軍官佐對三民主義不太瞭解。爲指導軍人思想，黨部特發行一種周刊，專門灌輸此類知識，以期各官佐易於學習。第 2 軍特別黨部也擬發行這種周刊，定名爲《北方國民革命軍第二軍特別黨部周刊》，設總編輯 1 人，聘朱昌充任，編輯 2 人爲呂皴榮、李存浩，校對 1 人爲喬養吾，庶務 1 人爲王名傑，這些職員都是義務工，一概不支薪。運作經費從軍司令部黨費項下開支，不足者再由軍屬各級黨部與各官佐備價購買。7 月 18 日，第一期出版，自軍以下各級黨部及各小組每處給一份，由黨部及小組所收黨費償付，而第 2 軍各官佐每員須出資購買一份，其餘之數則分送 2 軍以外各機關。〔註171〕

　　在「軍界」黨化的同時，山西教育界亦出現黨化傾向。太原城內橋頭街陽興中學〔註172〕認爲山西已歸黨治之下，應組織學會以資聯絡，6 月 21 日舉行成立大會，與會者三四百人，共同討論草擬簡章，定名爲陽興二縣學會，選馬鼎、路景、宋祖培、楊文通等 13 人爲執行委員，總會設於太原，各縣各區以及其它各處，有該會會員 5 人以上者可設立分會，但須經總會認可後設立。〔註173〕省立模範小學校校長李興義也以爲既歸黨治，三民主義必須切實

〔註169〕《晨報》1927 年 6 月 25 日，第 5 版。
〔註170〕《晨報》1927 年 9 月 8 日，第 6 版。
〔註171〕《晨報》1927 年 7 月 15 日，第 6 版。
〔註172〕學校由陽曲、太原、太谷、祁縣、榆次、清源、交城、徐溝、文水、岢嵐、嵐縣、興縣等 12 縣組成。
〔註173〕《晨報》1927 年 6 月 27 日，第 2 版。

奉行。爲使學校學生理解三民主義，6 月 22 日特召全體教職員開一聯席會議，議決在校成立一中山主義研究會，專門灌輸此項知識，並將全校學生分爲甲、乙、丙 3 組，每組每星期開 1 次會，各教員擔負講解之責。尙志女學校全體學生認爲山西女子政治人才較少，主張在黨治下急需設法培植此類人才，遂在學校開會，議決設法籌款，創辦一女子政治學院，專門造就女子政治人才。爲適應教育黨化，山西大學成立同學會，農專發起中山主義研究社，代縣留省法政專門學生李蔭棠等發起文化學社，學習和宣傳三民主義。各校教職員本來身穿短服者固屬不少，而一般老教學家十有八九皆身穿長服，但爲表革命精神，政府下令這些教職員一律改穿中山式制服。〔註 174〕

除了在政治、社會、軍事和教育層面進行黨化粉飾外，爲適應黨國體制的制度革新，山西省黨部還研究了山西的具體施政方針，以使晉省政治完全納入黨化政治行列。其主要從軍事、政治、財政、教育等方面對山西黨化政治建設做了規劃，並著重從民權與民生角度創設制度，表現出一種革新政治的新氣象。具體內容如下：

軍事方面：（一）按國民革命軍制度編晉綏所轄各軍，實行軍師旅團各部之黨代表制，並設立大規模之學校，訓練黨代表人才。（二）軍政民政，應劃分界限，軍政不得干涉民政。惟在戰爭期間之戒嚴地帶，民政方受軍政之指揮。（三）普及國民軍事教育。（四）規定改良士兵生活辦法，及待遇殘廢軍人、退伍軍人之條例。

政治方面：（一）建設廉潔之省市縣政府，掃除一切積弊，嚴禁收受賄賂陋規。（二）廢除區制村長制，實行鄉村自治。（三）裁撤一切閒散機關。（四）規定貪官、污吏、劣紳、土豪懲辦條例。（五）保障人民不違背中國國民黨，及國家法律之集會、結社、言論、出版自由。（六）籌辦訓練行政人員之黨校，實行考試制度。（七）廢除違反革命精神之一切法令，及一切惡例，並改良監獄，改善囚犯待遇。（八）收回外人在省購置之土地，及建築物。（九）組織山西政治委員會，討論並計劃本省一切政治問題。（十）舉辦戶口登記。

財政方面：（一）釐定全省預算決算，實行此財政公開。（二）廢除釐金，及一切苛捐雜稅。（三）徵收所得稅，遺產稅，奢侈稅。（四）釐定稅則，整頓稅收，剔除中飽，取消包稅制。（五）組織山西經濟委員會，調查並計劃本省一切經濟問題。（六）禁止高利貸盤剝，最高利率，年利不得過百分之

〔註 174〕《晨報》1927 年 6 月 27 日，第 2 版。

二十。（七）提高土貨價格。

教育方面：（一）實行黨化教育。（二）指定並增加教育經費。（三）普及義務教育。（四）提高女子教育及一切高等教育，男女同校。（五）收回外人所辦教育事業。（六）擴充省及市縣立圖書館，並建築博物院。（七）厲行平民教育，及平民識字運動。（八）提高小學教職員薪金，並改良鄉村教育。（九）實行軍功加俸制。

建設方面：（一）組織太原市政府。（二）最短期間，促成同蒲鐵路（由大同至蒲州）。（三）提倡森林，普及植樹運動，限制採伐已成之森林。（四）擴大實業教育，整頓農業、工業、商業、各專門學校。（五）籌辦全省電氣事業。（六）制定各種實業獎勵法。（七）以省款辦理大規模之化學工業事業，及其它工廠。（八）改良水利，並修築道路。（九）發展開墾及開礦事業。（十）建設公園公共會，及娛樂場。（十一）舉辦清丈田畝山地，舉行土地登記法，實行平均地權。

農民方面：（一）提高農民生活。（二）減輕佃農田租百分之二十五。遇饑荒時，得酌量減輕，或免付田租。（三）禁止先期收租。（四）設立農民銀行，辦理儲蓄，並以最低利息，貸款於農民，禁止私人與私立機關盤剝重利。（五）各市縣之廟產及一切公有產業，應歸農民銀行作基金。（六）各市縣公有之荒田，由政府召貧農耕種，規定最低之租稅。（七）應提倡並極力幫助農民協會，及農村會合作社。（八）設法防止並救濟荒災。（九）廢除包田制。（十）禁止租契，及抵　押　契約等不平等事件。（十一）制定保護貧農法。

工人方面：（一）提高工人生活。（二）廢除包工制。（三）制定勞動法，保障工人之各種自由。特別注重女工童工之保護。（四）制定工廠法。（五）制定勞動保險法。（六）例假休息，照發工資。（七）設立勞工補習學校，及工人子弟學校。（八）設立勞資仲裁會，以調節勞資間之衝突，務求滿足工人正當之要求，特別注意規定適合之工資。（九）提倡並扶助工人消費合作事業。（十）並扶助工會之組織。（十一）設立勞動介紹所。

商人方面：（一）禁止徵收不正當之附加稅。（二）提倡並扶助商民協會之組織。（三）嚴懲奸商操縱壟斷糧食。（四）設立生產品公賣局，及消費公賣局，以矯正私立商業壟斷必需品之弊。（五）舉辦商品展覽會。

婦女方面：（一）婦女在法律上、經濟上、政治上、教育上及社會上，與

男子有同等之權利。（二）提高婦女教育。（三）婦女有財產承繼權。（四）凡服務各機關之職業婦女，在生產期前後，應給予兩個月休息，並照發薪金。（五）提倡並扶助婦女團體之組織。（六）設立成年婦女補習學校。

學生方面：（一）學生對於學校行政，有建議權。（二）公立學校貧苦學生之成績優良者，得免收學費。（三）學生以求學爲唯一義務，但中學以上之學生，於課餘得參加社會運動。（四）中學以上學生，得受軍事訓練。（五）延長學期內授課，剷除學生在校一切惡習。〔註175〕

不過，省黨部雖爲山西施政擬定了一個長遠規劃，但閻錫山有著自己的政治意圖，在省黨部未討論晉省施政方針前，閻就於1927年3月初就著手決定山西以後的政治方針，並召集全省各行政區域代表，召開山西臨時政治會議。黨部對此會根本沒有發言權，甚至都不能列席會議，參會者是由閻錫山令各級地方政府選舉代表產生，而非經黨部推選。〔註176〕同時，省署通令各縣知事限於4月15日以前選出村代表，4月30日以前選出區代表，商議山西在「黨國體制」下的發展與建設。〔註177〕而且閻爲了盡量避免黨對縣知事的干擾，決定對縣知事選撥擬採用考試制度，定於9月25日舉行縣知事考試，並於23日正式成立縣知事考試委員會，委任政治檢查委員會委員長孟元文爲考試會會長，司法廳長冀貢泉、建設廳長王錄勳爲副會長，嚴格考試程序。〔註178〕

由上文所述可知，國民黨的「黨化政治」在山西雖開始「布景」，且範圍和影響也較大，但「黨化政治」卻只表現於意識形態的教化和宣傳，而沒有實質性的突破，山西省黨部也未能從根本上引導山西的政治方向，何談實現其「以黨領政」的目標，山西仍是閻派活躍的政治舞臺。原因是閻錫山在北伐中走得是「督撫式的革命」道路，黨權對山西滲透失敗，導致山西國民黨勢力十分微弱，即使國民黨趁著「革命」之風有所發展，然終久難以與閻錫山軍事集團相抗，結果黨部執行委員中多人都屬閻系，他們雖口頭喊叫「黨化政治」，而在權力實際運作與地方政治革新中卻不容黨權插手，仍以閻的政治理念爲中心。

〔註175〕《晨報》1927年7月10日，第3版。
〔註176〕《大公報》1927年3月17日，第6版。
〔註177〕《大公報》1927年3月24日，第6版。
〔註178〕《晨報》1927年9月28日，第6版。

三、村本政治與「三民主義」

閻錫山走上「督撫式的革命」道路後，雖口頭應承接受黨國體制，但實際仍維持其對晉省的既有統治，國民黨的政治創設在山西只做了一些粉飾性的工作，而真正的權力核心仍唯閻錫山獨尊，前文對此已有詳論。此處要探討地是三民主義對山西基層社會控制的影響，即村本政治中三民主義的色彩程度。由於其時國民黨的三民主義潮流佔據了話語的主導權，如要表示接受黨國體制，則非從尊奉三民主義入手不可。為此，閻錫山將三民主義政治標籤貼在了村本政治上，用三民主義解釋晉省村本政治，從而使村本政治在黨國體制下合法化。閻錫山這樣做的結果，實質上阻斷了三民主義對山西基層社會的滲透，弱化了其對晉省既有秩序的影響。

閻錫山為將村本政治披上三民主義的外衣，以使其能得到晉省民眾與南京國民政府的認可，特於 1927 年 8 月 20 日上午 10 時，在總司令部自省堂舉行村政會議，將其村政思想三民主義化。與會者有總部總參議趙戴文、實察所所長、村政處正副處長、統計處處長和省政府秘書廳長等，其餘還有自省堂各股長股員，以及各實察委員等，先進行「黨治」意識形態教化，將村政與黨政聯繫起來大談革命理論，認為欲實現三民主義，必須實行村制。共產主義是無產專政，而三民主義是全民革命。既以全民為單位，則村制是全民革命的根本辦法。不但山西要繼續進行，南京與全國亦要仿行，反駁農民協會、工人協會等組織實為國民黨的自殺政策，並對其舉例解說，譬如甲雇 1人，給資 2 角，乙雇 1 人，給資 4 角，該工人一定欲為乙工作，而農民協會經國民黨費了許多心力，組織而成，然其效果不過只能為佃農減租 25%，依共產黨主張，即一分租銀也不應出。〔註 179〕〔註 180〕

閻錫山認為「三民主義」與「村本政治」是等同的，村本政治的踐行就是在實現「三民主義」。他說「要實行三民主義，非注意村政不可，先就國民黨和共產黨於不同處說，國民黨是國民革命，共產黨是無產階級革命，國民革命不分界限，無產階級革命是要無產階級專政，所以既要實行國民革命，則非從全民下手不可，編村為全民基本團體，所以施行黨政，又非施行村政不可，山西編鄉不大不小，極便於施行村政，前南京中央黨部派人來山西和

〔註 179〕《晨報》1927 年 8 月 25 日，第 6 版。
〔註 180〕《民國日報》1927 年 9 月 1 日，第 3 張第 1 版。

我談論，說到國民黨的劃界，就是自殺，生出階級，就阻礙全民革命，比如分出農民協會，就是國民黨的自殺，這話我很相信，今年村政不只是村政而已，是要推到黨上作政治革命的基礎，這一點是要努力的。」〔註181〕接著，趙戴文針對「徹底不徹底」的問題，用佛教與儒教的義理做了闡述，進而延伸到「革命」含義。趙認為革命「要先從自身革起，總司令就是能先從自身革起的一個人，如他把自己財產歸公，又將財產公開，都是先從自己做起。」〔註182〕並對閻大加褒揚，稱讚閻是真正的「革命」者，而且還是「革命」的功臣。

在北伐與南征期間，山西一切政治設施仍以村本政治為基礎。村本政治經過10年間經營和積極籌劃，事實上雖多障礙，並歷經周圍環境掣肘，然晉民卻得以安居樂業，雞犬不驚，特別是晉省參戰時，按村徵糧而兵不饑，千里運草而馬不斃，實為村制的貢獻。故1928年2、3月間，雖當戰事正酣之際，閻錫山猶時以村政為懷，設中山學說研究會、村政綱要編輯所，以及召集節儉會議，徵募鄉勇自衛，其無一不與村本政治有密切關係。當閻移節京津後，其對晉民的第一步善後就表示，先以褒獎全省村閭鄰長為辭。另據總司令部某要人透露，北伐後三晉政治方針，以實施三民主義為原則，同時也斟酌地方情形，藉以發揮山西原有村本政治遺型，期望取長裁短，以適民情，並裕民生。然其間黨部卻對村本政治影響甚微，基層黨權低落，黨內部組織無系統，幹事人才極為缺乏，浮囂之氣太盛，排擠之念過切，故其一舉一動都未能取得社會同情，為時日久竟引起各方反感，此種現象尤以各縣縣黨部為甚，後來竟導致停止活動，由省黨部派指導員對其改組。〔註183〕

二屆四中全會召開後，國民黨訓政開始，晉省為響應黨政工作，趙戴文於1928年7月13日在省黨部報告，「本人近以職務與年歲關係，對於黨部諸同志，未能時常晤談，深以為歉，次對尊重黨權，注意個人行動，多所建白，再次則對黨內盛行之口號標語宣誓儀式等，力言其效用之大，勸勉大家光而大之，勿背其真正之意義」，同時大講打倒自己主義，「嘗見各項標語中，只有攻人之辭，而無克己之句，此實過於自恕，彼意無論處人處事，必

〔註181〕《民國日報》1927年9月1日，第3張第1版。
〔註182〕《民國日報》1927年9月1日，第3張第1版。
〔註183〕《申報》1928年6月21日，第3張第9版。

須人己兼顧，如欲打倒人，當先存一打倒自己之念（一）打倒自己之愛錢心，（二）打倒自己之怕死心，（三）打倒自己不公道心。黨員倘能個個如是則國治。」〔註184〕

　　隨後，趙將講話重點放在山西村本政治與三民主義的關係上，巧妙地用三民主義詮釋村本政治，即「民族主義者，如注重義務教育，編查戶口，化除家庭殘忍，嚴禁女子纏足，取締販吸鴉片提倡人群道德等等。關於民權主義者，如村民選舉村長副、息訟會和處民間爭執村民會議之議決村禁約、村監察會監督財政以及詢政會議，初選人函報等等。關於民生主義者，如獎進棉業，傳習蠶桑，擴充水利，創辦林政，公辦實業，礦產歸公等等」，並將「三民主義化」的村本政治創設要點呈送國民政府。〔註185〕

　　此外，針對村本政治與三民主義的關係，時人也曾撰文對其理論探討，他們認為村政是三民主義在鄉村的具體表現和最佳實踐。如茹春浦以為「三民主義之實行以養成人民自治能力為必要條件，村治為地方自治之中心；故村治即為實現三民主義之唯一方法。在縣組織法未公佈前，村治早已實行於山西省，因未經中央法律之規定，只可謂地方自治的特殊組織。」〔註186〕王鴻一認為「國家根本大政在農村，治道之正當起點亦在農村，則村本政治乃為真正之全民政治，更何疑乎？此就原理方面言，固如是也。再就事實方面言，益可知民治之基礎，民權之保障，捨村本政治更無所屬矣。」「惟村本政治，始可運用選舉考試兩權以為選材之方法，而謀治權之公開，民治基礎，民權保障，胥是賴焉。」〔註187〕可見，不僅閻錫山認為「村本政治」是實現「三民主義」的途徑，而且其時的一些社會精英亦通過論證，以為「村本政治」確能夠達到實行「三民主義」的目標。

小　結

　　承前文所論，北伐前夕閻錫山已是北方軍政勢力中的一股重要力量，北伐發生後他成為各股力量爭取的對象，而對他自身來講，他也意識到北洋軍

〔註184〕《申報》1928年7月23日，第2張第8版。
〔註185〕《申報》1928年7月23日，第2張第8版。
〔註186〕茹春浦：《村治之理論與實質》，《村治月刊》1929年第一卷第一期。
〔註187〕王鴻一：《建設村本政治》，《村治月刊》1929年第一卷第一期。

人政權的合法性已喪失殆盡，並正在被日益興起的激進勢力的政黨政治所吞滅，但他以爲這並不意味著激進勢力會取得最後的勝利，也不能做出判斷「誰才是最後眞正的贏家？」然他的目標很明確，即維持晉省既有的政治秩序。鑑於這種考慮，北伐初期，他與各股勢力都發生聯繫，同時觀望各派勢力的政治與軍事較量，以根據形勢判斷做出理性的行爲選擇。當強勢的革命力量從軍事上戰勝北軍，影響並擴展到晉省時，山西出現了各種國民黨與民眾的政治組織，呼籲並要求閻錫山走向「革命」。閻經過各種權力和利益的較量，最終選擇了「督撫式的革命」，表示接受孫中山的三民主義，進行易幟。但是，對於激進勢力內部的分裂，閻再次處於徘徊狀態，與三個政府都保持著聯絡，仍靜觀局勢變化，而各方勢力也在極力拉攏他，但他選擇的是能使其利益實現最大化的一方蔣介石，隨之完全拋棄了張作霖安國軍政府和武漢國民政府，而轉向了南京國民政府。

閻錫山政治轉向後，面對國民黨勢力向山西滲透，他採取了變相的壓制政策，首先確立了他是國民黨在山西眞正代言人的地位，並將自己標榜爲三民主義眞正的信徒和實踐者，將山西原有的村本政治套用三民主義理論加以闡釋，對原有政府結構採用黨治原則進行制度和人事上的變更，使政府班底變爲新體制下的權力機構，使晉省政治披上了黨治體制的合法外衣，實現了「新瓶裝舊酒」的政治轉向。山西國民黨也曾一度與閻錫山進行權力爭奪，但由於政體變遷後地方制沒有多少實質性變革，結果是閻的勢力未受削弱反而有所強化，另外把持黨權的幾個重要人物仍爲閻的親信，國民黨在晉省的活動受到閻錫山的嚴格控制，所以黨權不得不做出讓步，從屬於閻的威權。山西最終表面上由「民主共和」走向了「黨國體制」，在諸多形式和內容上有所變化，但山西的政治秩序仍是辛亥後建立的由閻錫山掌控的軍紳秩序。故由此可知，北伐也只是一種秩序重構的探索，實現了利益集團間的重新洗牌和勢力劃分，導致中央政府由「武人掌權文人代政」過渡到了「以軍控黨的領政」結構，而省級政治仍是軍紳政權的延續。

第六章　山西模式的解讀

第一節　山西模式形成的動因

　　1840 年以來，中國再次步入政治轉型，由帝制向民治轉變。〔註 1〕辛亥革命的發生將這種政治轉型迅速推上舞臺，導致經歷兩千年的帝制結束，民治秩序得以在摸索中構建，但因文武關係的變化，使得中央權威喪失及地方主義興盛，中國政治走向分裂，結果使山西模式之類的地方政治秩序得以產生和發展。故山西模式的出現及維繫與政治轉型是分不開的，前者的存在是後者在轉向民治社會進程中不成熟的表現，但從某種意義來講亦是君權向民權過渡的一個階段。具體言之，山西模式形成的動因主要表現爲以下五個方面：

一、「敢爲天下先」的歷史傳統

　　在中華民族之形成過程中，山西因其特殊地理位置，處於農耕文化與游牧文化的交融地帶，這種農牧雜處的地理特性塑造了山西順應時勢的革新精神與兼容並蓄的文化性格。而這種文化內涵又孕育了山西一種「敢爲天下先」的拼搏精神。此種精神在歷史演進中對山西社會變遷乃至中華民族的發展影響深遠。

〔註 1〕　唐德剛：《晚清七十年》（壹），臺北遠流出版事業股份有限公司 2010 年，第 8頁。

　　上至遠古時代，三家分晉和胡服騎射是較早對山西這一文化特徵的寫照。春秋時期長期的爭霸戰爭，許多小諸侯國被大國吞併。而有的國家內部自身也在發生變革，國君的權力被卿大夫剝奪。如晉國的勢力由六家大夫把持，其中兩家被打散，只剩下智家、趙家、韓家、魏家。智家勢力最大，其餘三家聯合滅掉了智家，分裂了晉國。由此推動了其時井田制向私有制的社會轉型。此外，胡服騎射也表現了山西「敢爲天下先」的精神。趙武靈王爲增強軍事實力，傚仿北方游牧民族，將「博衣大帶」的服飾改爲上衣下褲的「胡服」，廢除了戰爭狀態中不靈活的車戰和步戰，改爲速度快且調動靈活的「騎射」，使其成爲歷史上軍事改革的先驅。

　　魏晉南北朝時，以鮮卑族爲核心的北魏政權，爲了鞏固政治統治，孝文帝虛心向中原先進文化學習，推行改革，積極推動本民族的漢化，實行均田制，整頓吏治，並遷都城由平城到洛陽，實行漢制和移風易俗。孝文帝的改革促進了當時生產力的發展，增強了鮮卑族的統治。隋朝末年李淵父子晉陽起兵，建立唐王朝，開啓了大唐盛世之局。唐中期，具有革新和開放性的山西女性武則天，勇於突破文化和制度的羈絆，向男權主義挑戰，對李氏政權改制，開創了中國歷史上的女皇時代。明清之際，因人口增多之壓力和邊境貿易的便利，一些山西人由農業轉向商業，由起初的鹽業生意擴展到商業各個領域，開創了晉商的商貿時代，其創造的票號最爲著名，致使山西商人曾一度執金融之牛耳，成爲中國十大商幫之首，在中國商界稱雄達 500 年之久。晉商的誠信品格及商業原則源遠流長。可見歷史變遷中，山西這些輝煌成就的取得無一不浸注著「敢爲天下先」的精神特質。

　　或可說「敢爲天下先」這一歷史傳統，也是民國前期山西模式之所以能夠構建的一個重要因素。在君治向民治的轉型過程中，閻錫山掌晉，認識到共和體制不合其時中國，於是憑藉他嫻熟的政治手段，在混亂紛爭的政局中保持了晉省的穩定，同時又採眾家之長結合山西實情，創造出一套別具特色的用民政治，在以人治爲主法治爲輔的原則下，推進特殊時期人治的高效運作，開創了山西不同於他省的政治和社會環境。尤其是山西的村制理論成爲當時改造鄉村的一個範本，南京國民政府亦將其作爲新縣制推行的法規。民國後期，山西仍保持著它的獨特風格，閻錫山成爲其時山西歷史的締造者和改寫者。共產黨於 1936 年曾試圖進入山西，但卻遭到閻錫山勢力的頑強阻擊。抗日戰爭爆發後，山西成爲抗日的一個主戰場，擔負起了民族抗日之重任，

山西民眾充當著抗日的急先鋒。此外，在全民族抗日統一戰線未建立時，閻錫山與共產黨最先達成抗日民族統一戰線，隨之共產黨建立了與晉省有關的許多敵後抗日根據地，開闢了敵後戰場。中華人民共和國成立後，共產黨積極推動鄉村變革。以此為契機，山西農村大寨，在陳永貴的帶領下，開創了全國農業生產的典範，引起了全國轟轟烈烈地「農業學大寨」的政治運動。這些開創性的舉動或多或少都帶有山西「敢為天下先」的歷史烙印。

二、「督撫式的革命」

　　山西模式的出現首要對辛亥革命的「革命」路徑做一檢討。辛亥革命之所以於短暫時間內能夠使全國多數省份取得光復，是憑藉代表「新」一方的同盟會及新軍勢力與代表「舊」一方的立憲黨人及清政府權臣勢力合力的結果。這種結果的產生也是孫中山等革命黨人革命路徑的一種選取方式，他們將其稱為「督撫革命」，而從地方上層精英反清的角度看，則可將其稱為「督撫式的革命」。對此，臺灣蔣永敬先生曾做了專門研究。據蔣氏稱，孫中山、胡漢民等早期開始革命便很重視這種鬥爭方式，他們本想借助會黨力量發展革命勢力，但都未取得明顯成效。後首由胡漢民提出「督撫革命」這一策略，意想借會黨或清政府新軍的力量，特別是清政權上層勢力進行反滿，以獲得革命時用力少、見效快的革命效果。經他們內部多次討論，很快達成了一種共識。於是，他們一反過去「綠林」式的革命，將不同省籍的同盟會會員派往本省，開始遊說策反清政府新軍，以推翻清政權。〔註2〕辛亥之際武昌首義的成功上演就是革命派選用「督撫革命」路徑的一種結果。隨之，全國多數省份都進行了「督撫式的革命」，最終新舊合力推翻清政權，結束了帝制，民國鼎造。胡春惠在其研究中也間接表達出這種「督撫革命」的意味。他說：「辛亥年（1911）八月十九日武昌起義的發動，固然是導自革命黨人長時期在湖北新軍中活動的結果，但其能把辛亥革命武昌起義成功的突發性、孤立性，轉變成此後辛亥革命的穩定化、全國化的，卻是由於各省區地方勢力的紛紛響應。」〔註3〕

〔註2〕 蔣永敬、莊淑紅：《「督撫革命」與「督撫式的革命」》，（臺灣）《近代中國》
　　　　第十八輯 2008 年 7 月。
〔註3〕 《民初的地方主義與聯省自治》，第 33 頁。

　　選取「督撫革命」的路徑，反滿雖取得了成功，但問題也隨後出現了，握有軍權的各大山頭林立，中央政府的「削藩」政策無濟於事，尤其在威權人物袁世凱死後，這種軍人政爭表現得十分嚴重，派系之間的鬥爭以「統一」觀的戰爭或直接的戰爭形式呈現，國家走向分裂。然事實上，具有兩千年的文官政治傳統，與現代的差別主義〔註4〕法制規則的約束，提供給軍人的政治舞臺十分有限。再則，「督軍專政」逐漸滋生出濃烈的地域特性，抵消或抹殺了原有國家軍隊的中央統屬性質。這些因素，都使軍事勢力在革命時期積累的政治資源即其參政權逐步消耗殆盡。需要其回歸本位，擔當其原有的國防及治安任務。軍人政治成爲了政黨政治的對立面，其政治參與不再得到認同。這樣的位置轉換開始於袁世凱去世後的混亂局面。軍人集團公開召集政治性的南京會議、徐州會議，繼以 1917 年的「督軍團」干政事件爲焦點，聚集爲政治性軍人集團，引動各界的廣泛批判，稱之「督軍團」，隨即又出現了「軍閥」的貶稱。「軍閥」的貶義，就是社會認同情感變化的標尺，軍人政治由此被視爲「非法」與「非道」。〔註5〕在這一歷史情境中，軍人控政的合法性逐步喪失，而民族主義卻將兩股激進的力量凝合在一起，致使新生力量逐步壯大，國民黨與共產黨走到一起。他們「師法蘇俄」，採取「以黨領軍」的模式試圖建構「以黨領政」的秩序。這一想法在廣東獲得試驗成功後，遂借機北伐，以實現國家統一。然兩黨在整合路徑上的裂痕逐漸擴大，國民黨採取聯絡北洋體系及各地方實力派進行反正的策略，回歸「督撫革命」，卻不太認可共產黨的底層革命，結果兩黨在北伐過程中分道揚鑣。

　　蔣介石清黨運動後，在南京建立黨國體制，繼續進行北伐，而且這次北伐仍是承襲辛亥時的「督撫革命」，同樣在較短時間內拉攏了大多數軍事實力派，使他們紛紛走上了「督撫式的革命」，進行換旗。政治體制由「民主共和」過渡到了「黨國體制」，但遺留問題仍是各大山頭林立，國家權力被重新洗牌。而像閻錫山、馮玉祥、李宗仁等類的實力派仍繼續存在，其勢力

〔註4〕差別主義是指法定政治參與的權限範圍，現役軍人與普通公民有所區別：其基本宗旨在於限制軍人的參政權，使軍人在政治領域實行中立、保障文官的政治運作。它大體可以包括西方的「文官控制」、「政治中立主義」，以及中國人習用的「軍人不干政」等思想內容。參見徐勇：《近代中國軍政關係與「軍閥」話語研究》，中華書局 2009 年，第 167 頁。

〔註5〕徐勇：《近代中國軍政關係與「軍閥」話語研究》，中華書局 2009 年，第 512 頁。

通過「督撫式的革命」有增無減。閻錫山的晉省秩序仍保持了辛亥以來的軍紳政權，「國民黨」對晉省的影響仍不及閻的影響力。這一「似變而非變」的秩序重構不能不歸咎於是「督撫革命」與「督撫式的革命」合奏的產物。

三、制度規範失效

　　社會轉型期制度規範失效是山西模式出現的一個重要因素。民國鼎造後，中央層面的制度雖有創建，但地方制仍承襲清制，在短時間內沒有多少改觀。何況制度的變更非旦夕之間能夠收效，它的變革是一個漸進的過程。更何況當時新秩序中的制度變革仍處於摸索階段，還不能以配套的制度適應轉型體制的需要。且具有真正求「新」思想的社會精英又遊歷於權力核心之外，清朝權貴與投機政客處於權力中心。不過，袁世凱上臺後，在「統一」的旗幟下，憑藉其軍事威權，對地方制欲以進行一些改變，他的裁軍取得了一定的成就，而軍民分治卻收效甚微。此外，他還先後出臺一些限制軍人干政的措施。如 1913 年約法第 13 條確定了公民擁有集會等若干權力，同時規定軍人同公民有所區分，要執行軍中法紀。對於軍人的個人言論及參與社會活動方面，4 月 1 日頒佈的《陸軍懲罰令》第四章規定「犯行」，第 48 條第 19 款的「集會斂財及在外招搖者」等，結合軍紀對「集會」權力、結社組黨權力與軍人的選舉和被選舉權施加限制。〔註6〕袁死後，黎元洪繼任總統，但他不屬於北洋體系，很快失去了對國家的控制權。於是，傳統的制度發生變異，文治主義逐步向武治主義轉變。由於社會革命、政權轉手諸因素，民初「都督專政」的出現，從根本上衝擊了「晚清督撫」體制的文治性質，開啟了轉變爲「軍人體制」的大門。故從「督撫」專權演變爲民初「都督」，進至「督軍」的過程，即爲傳統文治轉向民國「軍人體制」即「軍人政治」的形成過程，〔註7〕而限制軍人的差別主義法則失去作用，具有民主憲政特徵的國會與約法等系列制度在軍人干政面前失去了應有的效力。

　　問題是文武關係何以會發生如此迅猛的轉變？對此，又須回到辛亥後新秩序重構這一歷史劇變的話題中。由於帝制結束緣於新舊力量的合力，而新

〔註6〕徐勇：《近代中國軍政關係與「軍閥」話語研究》，中華書局 2009 年，第 171～172 頁。

〔註7〕《近代中國軍政關係與「軍閥」話語研究》，第 116 頁。

共和國政治秩序的建立證明了軍人的力量，因爲它的成功可以直接歸因於
1912 年 1 月 26 日袁世凱與新建陸軍的上層領導合作的遜請清帝退位。〔註 8〕
這一舊體制的破滅本來就是軍人干政使然。鮑威爾認爲其由於「革命蔓延中
最觸目的特點之一，是宣告獨立的各省併沒有立刻建立統一的政權。反之，
由於強烈的地方觀念和缺少一個緊密結合的革命組織，各個地區傾向於各自
爲政。在多數場合下，各省分別建立獨立的『共和國』。在這些分裂的政治
結構之上，都由武人充任都督。由武人而不是由文人充任各省都督，標誌出
中國政治制度的劇烈變革，中國即使是在一個作爲征服者的皇朝 —— 例如
滿清 —— 的統治之下，也沒有這種情形。軍國主義代替了文人主政的傳統。」
〔註 9〕另一原因是，當時處於新舊過渡之期，社會層面對兵權參政並沒有多
少異議。誠如徐勇在其研究中所言：「民元前後基於傳統的文治主義，確立
了約束兵權參政的法制規則，以兵權參政爲非法。但由於當時動盪局勢下的
特殊條件，『兵權』一度擔任了現代轉型過程中的推動力量，兵權參政所具
有的必然性質，仍然獲得了不同程度的社會認知，出現了對於兵權參政的正
面的評價。」〔註 10〕

　　軍權的擴張與憲政的微弱，導致中央與地方的軍政關係失去平衡，結果
「中央的軍隊衰弱，甚至消滅；有力的都是各地軍閥的私軍。這些軍閥往往
有法律的地位，如東漢末的州牧都是朝廷的命官，但實際卻是獨立的軍閥。
唐代的藩鎮也是如此。此時地方的文官仍然存在，但都成爲各地軍閥的傀儡。
正如盛世的文官都爲大軍閥（皇帝）的工具一樣。名義上文官或仍與武官並
列，甚或高於武官；但實情則另爲一事。例如民國初年各省有省長有督軍，
名義上省長高於督軍；但省長的傀儡地位在當時是公開的秘密。並且省長常
由督軍兼任，更見得省長的不值錢了。」〔註 11〕唐德剛在研究此段歷史時對
此也做過評論，「在轉型期中的中國，國無定型，民無共識，政無法統。在無
法無天的狀態之下，一個泱泱有五千年文化傳統的文明古國，往往就被屈指
可數的一小撮政客和軍頭弄得河翻魚亂，民不聊生。而這些興風作浪的軍人

〔註 8〕　〔美〕齊錫生：《中國的軍閥政治》（1916～1928）中譯本，中國人民大學出
　　　　　版社 2010 年，第 14 頁。
〔註 9〕　〔美〕拉爾夫・爾・鮑威爾：《中國軍事力量的興起：1895～1912》（中譯本），
　　　　　中國社會科學出版社 1979 年，第 285 頁。
〔註 10〕《近代中國軍政關係與「軍閥」話語研究》，第 19 頁。
〔註 11〕轉引自《近代中國軍政關係與「軍閥」話語研究》，第 29 頁。

和政客，往往也都是一些能力非凡的領袖之才。若在一個有制度、上軌道的國度裏，他們往往都是些在建國治世方面了不起的人物，但是在一個無法無天的社會裡，他們就是害群之馬了。」〔註12〕此亦表露出其時制度失範與社會失序之關係。

四、權力斷層

山西模式是在國家權力微弱與地方主義滋長的歷史情境中產生的。筆者以為辛亥革命帶給中國最大的貢獻是「且夕之間」結束了帝制，進行新秩序的重構，但到底要建構一種什麼樣的秩序？當時國人心理並沒有準備，因為這種全國性的「革命」來得太突然，地方社會與新生力量都沒有充分準備好，而且這種變革是經過新舊政治力量合力反滿而促成的。然而，事實是全國多省獲得光復後，能控制社會局面的政治資源仍掌握在清遺臣（舊力量）之手，具有趨「新」思潮的革命派與立憲黨人也想進入權力核心圈，結果導致新舊力量間的博弈，並進行著「新舊」之爭，值得注意的是他們爭的是什麼？他們爭的是上層要建立一種什麼樣的政治秩序？對於這一問題的爭論，民眾習慣於恢復以往權威主義的統治，渴望出現一種新的威權政治維持局面。

基於國民這一需求，「新舊」之間互相做出讓步，以契約的形式達成共識，使具有憲政特徵的民主共和戰勝了君主立憲，而與此同時，具有威權色彩的軍事強人獲得了最高首腦的位置。「民主共和」確立，中央層面的新秩序已確立，但地方建置卻一仍其舊，只是地方政權使滿人退出權力中心而漢人介入，這些漢人多為軍人出身。然因時間緊促，中央對地方制度卻沒有多大改進，致使權勢中的文武關係發生變化，武人走向中心，文人或邊緣或依賴武人。這樣的結果使清末延續來的地方主義日益盛興，中央威權進一步低落。其時軍省主義的徵兆已經出現，但威權人物袁世凱的秉權使這種趨向並未凸顯。

那麼，袁世凱擔任總統後，他是如何施政的呢？袁是一個清朝的舊吏，可能在他頭腦中，權力是不容挑戰與質疑的，特別是他已處於國家權力的頂峰，手中又握有強大的軍隊，一時從心理上對權力均勢的制衡制度還是很不適應，而且對民主共和體制也不是很懂，在施政過程中總統權力又受限制，故他還是覺得集權好，遂上臺後要採取集權措施，玩弄權術，激化黨爭，借

〔註12〕《袁氏當國》，第 174 頁。

國會派系之爭擴張個人權力，憲政那套原則對他不起約束，導致共和體制名存實亡。當袁自感權威不容挑戰時，他就有了變更國體與政體的想法，想當皇帝，逐漸向帝制之路行進，但帝制的推行卻遭到國人的反對，以及部屬的眾叛親離，結果袁世凱帝制失敗後身亡。然何以帝制失敗？筆者以爲主要是當時的社會心態發生了變化，因晚清以來中國的社會已潛移默化地處於變革之中，人們往昔那個「天下」觀在向「國家」觀轉變，而社會精英群體的認知也發生了前所未有的變化，他們從全球的政治制度來看，覺得皇帝制不是走向現代化的有益之路，更不是走向民族獨立的必由選擇，特別是清帝制已經結束，在當時求「新」的心態中帝制是很難再恢復的。

袁死後，中央權力出現眞空，中央權威消失，權力斷層，社會嚴重失序，各省督軍的專政填補了省級及其以下層面國家權力眞空的間隙。地方主義與省主義日益凸現，如山西閻錫山在維持晉省秩序基礎上的獨特社會治理與控制，陳炯明的聯省自治，江蘇、浙江、湖南等的地方自治，西南的聯省自治與民主立憲運動以及廣西黃紹竑的城市建設等。這些多重社會景觀的出現在很大程度上是政治轉型期權力斷層的結果。

五、中西文化雜糅並用

儒家文化與日本的軍國主義思想是閻錫山建構山西模式的一種思想動力，但閻也不可避免地受到西方民治等思想的衝擊。閻錫山從小深受儒家思想影響，七歲時入村中小堡私塾，師從曲近溫，教讀《論語》、《孟子》、《大學》、《中庸》及古文學，他在前一日所學的內容，到第二日晨即可背誦。10歲至15歲入讀大堡義塾，學習《詩經》、《書經》、《易經》、《禮記》、《春秋》及《左傳》。17歲再入義塾，溫習經史，選讀子書。19歲考入山西武備學堂。〔註13〕到21歲，閻接受儒家傳統文化教育達十四年之久。22歲時，他考獲國家公費，赴日本振武學校和陸軍士官學校學習陸軍，直至27歲返晉。當時閻在日期間正是日本軍國主義盛行之時，故軍國主義對他的思想產生了深刻影響。他認爲：「必也採軍國主義以備戰而止戰，以強兵而睦鄰；至因國際權利，不得已而決裂，實有戰勝他國之資格。然後未強者自能一躍而躋於強國之林，已強者乃可常保其第一等國之聲價。愚敢斷言曰：所謂強國者，戰勝國之代

〔註13〕《民國閻伯川先生錫山年譜長編初稿》（一），第7～14頁。

名詞也。」可見閻比較推崇日本的軍國主義，並於 1915 年根據自己在日本的體會，寫成《軍國主義譚》，將軍國主義分爲物質與精神兩部分，以爲後者比前者更重要，如要軍事強國則須普及國民教育、造就專業人才、發達國民實業、完善警察制度。〔註 14〕

　　近代中國的過渡轉型大局決定了輸入外來政治文化、接受外來詞彙是當時的文化流向的主向。但中國的因應方式不只是被動方式，也包括了融合與反饋等諸多方式。〔註 15〕從閻錫山的教育經歷及其對山西的治理實踐來看，傳統儒家思想與日本軍國主義思想對他山西模式的構建影響至深。儒家的學說是指導中國社會結構和政治結構、社會行爲和政治行爲的基本理論。理論的權威、結構的穩固、行爲的效果都因外國在華勢力在中國的行爲而發生了動搖，引起了人們的疑問。從 1860 年以來，儒家的權威一再受到外國行爲、結構和後來介紹到中國的理論的衝擊而節節敗退。在敗退的過程中產生了兩種衛道的說法：第一是「西學源出中國說」，第二是「中學爲體，西學爲用」。兩者都認爲儒家的傳統了不得，「中國的道德天下第一」！〔註 16〕

　　但是，閻錫山堅持的是一種「中體西用」論的態度，將中西思想結合構建出自己的意識形態話語。他立足於儒家思想，同時也或多或少受到除軍國主義之外其它思潮的影響，如地方自治論、聯邦論與實用主義等，只要有利於自身勢力擴展的思想，閻則大加運用。如民粹和民治思想對其就曾產生一定影響，他在晉省加強社會控制的同時亦在爲改變民眾的貧困生活採取了大量有益措施。當地方自治與聯省自治運動在多省掀起之時，閻更是藉此「有道」與「合法」的機會治理山西，並輸送大量的晉省學生去北京高校深造，出國留學求經。俄十月革命與五四運動發生後，激進主義思想蔚然成風，他反對共產主義思想，禁止激進份子入晉，並對晉省出現的一些激進活動進行打壓，同時又用意識形態的話語勸導學生，但未對學生或民眾施以暴力。美國學者齊錫生對閻錫山這種中西雜糅的意識形態力量也曾進行過評價。他認爲：「閻錫山政府在山西是唯一可以施行政治、經濟和社會獎勵的政權機構。有抱負的人們想在省內尋找出路別無他擇，只有參加閻氏政府或軍隊。因

〔註 14〕賀淵：《1912～1927 年閻錫山治晉思想初探》，《近代史研究》1998 年第 1 期。

〔註 15〕《近代中國軍政關係與「軍閥」話語研究》，第 288 頁。

〔註 16〕《軍紳政權——近代中國的軍閥時期》，第 161 頁。

此，這就很難確定，是職業及其它的利益考慮，還是個人的或意識形態上的聯繫，使他們支持閻錫山。最多可以說，在山西代表這樣一種情況，意識形態可能吸引了某些除此而外沒有因此參加過別的政治勢力的人們。」〔註17〕

第二節　山西模式的特徵

一、閻錫山政治不倒

閻錫山的政治不倒是山西模式的一大特徵。在中國這樣一個具有悠久中央集權文化的國家中，地方政治歷來備受國家政權重視，特別是對地方主義與地方意識的憂患時刻為執政者警惕。為此，東漢桓帝曾頒佈「三互法」，其一即為地方官自身本籍迴避。自此中國建立了官吏任職迴避制度，任地方官必須避本籍，本籍人任本籍地方官，非結黨營私，即橫行鄉里，搞地方主義不可。清代規定，從總督、巡撫直到州縣一級官員，都不能在家鄉所屬的省、府、州、縣任職。朝廷特別任命的官員，即使不屬同一省、府、縣，但二地距離在 50 里之內者，也必須迴避。〔註18〕但自辛亥之後，民國北京政府建立，國家權力出現斷層，地方勢力坐大，中央權力很難在省級以下政權中得到很好地貫徹。而其時之山西地方政治表現尤為突出，作為晉籍人士之閻錫山牢固地掌控山西，在中央與地方拉幫結派，致使地方主義盛行，使得當時的山西在全國「獨樹一幟」，民國政壇上閻錫山的政治不倒揚名於海內外。

山西在辛亥革命以後，正如國家政權的重組一樣，即中央權柄被清政權軍事舊臣袁世凱控制，而山西地方政權亦由清政權軍事舊臣閻錫山掌控，且閻錫山的權勢較之以前更為強固。事實上，辛亥革命之際，各省政要紛紛走上「督撫式的革命」，在革去清地方政權命的基礎上，試圖建立新政治秩序，結果使省城裏的、地方上的上流階層發現，通過革命，他們的權力和權威得到了加強。〔註19〕閻錫山掌控山西政權後，像其它省份一樣，與北京政府的

〔註17〕〔美〕齊錫生：《中國的軍閥政治》（1916～1928）中譯本，第 46～47 頁。

〔註18〕劉修明、夏禹龍：《中國古代文官體制的現代啟示》，《齊魯學刊》1999 年第 6 期。

〔註19〕〔美〕周錫瑞：《改良與革命──辛亥革命在兩湖》（中譯本），江蘇人民出版社 2007 年，第 8 頁。

關係若即若離，在袁世凱執政時期，他懾於袁的威權，表現得對中央相對順從，但在中央與地方權力博弈中，他對中央是有所保留的。

國家權力的弱化、地方意識的強化及個人政治行為的強勢，使山西構建的新政治秩序，即軍紳政權，由起初的軍紳共治逐漸轉變為軍主紳輔的格局，且軍事強權時時打壓著紳、民政治利益的訴求，紳、民對軍權雖有挑戰，但因實力弱小終歸失敗，武人政治在山西的張力凸現。在中央權柄被軍人完全操縱、黨爭與派系之爭迭起之際，閻錫山卻在山西打著「保境安民」的旗號，進行著「獨立山西」的統治，表面上表示不競逐中央政權、不與其它省份爭地盤和人口，但事實上則不然，兼併馮玉祥部便是很好的例證。而且閻錫山與各政要關係密切，隨時關注國家權力的動向。隨著國家權勢的轉移，南方新生力量北伐，閻錫山覺察到將來政制之走向，遂再次響應「督撫式的革命」，融入黨國體制序列。然值得注意的是，自辛亥伊始就掌握政權的地方軍閥在經歷北伐後能夠幸存的，似只有閻錫山一人。一般的邏輯思維以為在國家政體發生改變後，地方政治亦隨之變化，但山西易幟後，黨國體制向山西滲透時卻出現了「內卷化」情勢，國民黨只能在晉省做些粉飾性的工作，而晉省的地方政權仍由閻錫山引領，沿襲著昔日軍紳政治的脈絡演進。

經過兩次政體變遷後，閻錫山仍能政治不倒，這與閻的性格及處事風格是分不開的。時人吳稚暉就曾對閻的性格做過如此評述，「閻氏的個性是內向型的，城府甚深，工心計，勤思考，決不作沒有把握的冒險犯難的事。他自述在日本士官學校肄業時，對於現代數學的公式定義殊不了了，每考試數學，輒以己意作答案，亦告及格，即知其個性的一斑了。」〔註20〕李宗仁對閻的印象是，「閻是中等身材，皮膚黧黑，態度深沉，說的一口極重山西土音，寡言鮮笑，唇上留著八字鬍鬚。四十許人，已顯蒼老，一望而知為工於心計的人物。據閻的同學程潛告我，閻在日本留學時成績平常，士氣十足，在朋輩之間，並不見得有任何過人之處。誰知其回國之後，瞬即頭角崢嶸，馳名全國，為日本留學生回國後，在政壇上表現最為輝煌的人物。錫山為人，喜慍不形於色，與馮玉祥的粗放，恰成一對比。」〔註21〕閻的同學孫傳芳覺得閻是一個「廚子將軍」，只懂得在廚房內活動，而很少跳出來活動。而劉傑卻認為「閻錫山待人重道義而和善，凡是有義行的人，不分地位高低，身份貴

〔註20〕《閻錫山傳記資料》（一），第53頁。
〔註21〕《李宗仁回憶錄》（下冊），第579頁。

賤，一樣的尊重。事例很多，我舉一個。一個乞丐名叫邊爾旺，住在一條大路旁的破窰裏，每月乞食畢就修這條路，以便行人，也不向行人要錢，路人有時給他幾個錢，他也用在修路上。閻先生築同蒲鐵路，就請他出山監土工，他也義不容辭的出來了。但除吃飽以外，分文不取，後來就把經他監督打通的一個最長的山洞名爲『爾旺洞』。待人和善，更是閻先生的素養，就對一個勤務兵，從不疾言厲色的斥責，縱有過失，也是溫語告誡。」〔註22〕

二、「動態中的靜態」

「動態中的靜態」是山西模式在政治轉型中的另一面相。從辛亥到北伐這一歷史演變過程中，山西自構建軍紳秩序後，在閻錫山的謀劃及士紳的參與下，他們既認可北京政府又與中央政府進行著權力與利益間的博弈，創設了穩定的晉域政治空間。尤其是當袁世凱威權政治消失後，中央政府失控、南北分裂局面複雜化、地方意識增強、文武關係詭論性演變，以及民族主義在政治中的有意識運用等歷史因素的紛呈，導致中國政治社會失序，全國局勢呈現出如歷史上的「五代」時期。國家統一再次成爲國人的政治訴求，和平統與武力統的變奏，成爲各大強勢軍事實力派對國家整合的目標。特別是經過新文化運動的洗禮，激進思想及其力量受西化影響對儒家秩序給予猛烈衝擊，而被堵上入仕之門的中下層知識分子也通過思想輿論陣地對現有體制進行抨擊，構想確立一種不同於「現秩序」的新秩序。

與失序相伴的是軍國主義、民族主義與政黨政治的互相競技與融合，致使派系之爭、政爭與軍事勢力間的戰爭層出不窮。期間，山西在閻錫山與晉紳的共同斡旋下不輕易偏向任何一個派系或集團，也不會隨意出兵與他人爭地盤，在受到鄰近較強軍閥的威脅，則利用「晉人治晉」的地方感情，獲得地方支持有效地抵擋外來侵略，絕不會讓其它勢力滲入山西，而是根據形勢判斷，做出最後的行爲選擇，從而使晉省避免了戰爭的紛擾，使其成爲京畿附近一塊「世外桃源」。即使在由於北洋內部紛爭而使北京政府失去政權合法性，及廣州以黨領政模式確立的情況下，閻錫山仍不會盲從，而是綜合考慮各種政治因素後，以和平的方式融入到黨國體制，實現了晉省表面化的政治轉型，實際仍是延續辛亥以來的軍紳秩序。政爭、戰爭的連續不斷及政體的

〔註22〕《閻錫山傳記資料》（二），第64頁。

變更都未對山西的既有秩序構成挑戰與威脅，從而使晉省在政治裂變與整合中保持了「動態中的靜態」。

三、社會控制：村本政治

　　獨特的社會控制是山西模式的一大顯著亮點。袁世凱死後，中央威權喪失，軍人政治眞正開始上演，閻錫山仍堅持認同北京政府，但對中央表現得不是那麼馴服。其間，其它省份與中央關係也如山西一樣，而西南省份甚或脫離中央宣告獨立，另組建一政權與北京政府相抗。然與認同中央政府的其它省份相比，山西又表現得「相對自主」，地方意識與政治區域化更加明顯，閻錫山在晉省像治理國家一樣，運用自己的施政理念建造著自己的「獨立王國」，創造出一套富有成效的治晉理論——用民政治，並將其付諸實踐，加強了對基層社會的控制。他的這種鄉村控制對杜贊奇的權力「內卷化」提出挑戰。杜氏認爲在1900～1942年的華北鄉村，國家權力很難滲透到鄉村，致使國家權力「內卷化」。〔註23〕但是，作爲華北省份之一的山西卻不同，在晉省閻錫山即是「國家」的象徵，他代表著國家行政，行使著國家的管理權，使晚清以來微弱的鄉村控制不僅沒有衰弱，在山西反而得到加強。閻的體制是中國舊行政制度在20世紀復活的例證，即將徵稅責任落實到具體的村，並使村因此成爲一個基本的政治行政單位。〔註24〕

　　其中，「用民政治」中的村本政治在晉省乃至全國都很突出。閻錫山不僅對村本政治在思想理論和文本上進行了完美地構築，而且在實踐中對其也是不遺餘力地推行，取得了一定的社會效應，獲得了「模範省」的殊榮。他的村本政治是構建山西模式不可或缺的一種重要力量，實現了對鄉村的社會控制，在強社會弱國家的歷史情境中創造了晉省的「強國家弱社會」，並以官治爲主導的方式推動著晉省的社會變遷，同時在很大程度上也取得了晉人對其政權的「合法性認同」。

　　閻錫山的鄉村社會控制在整個民國時期都很典型。當時惟有桂系的地方建設能與其相互媲美，但閻錫山的村本政治更具特色。據加拿大學者黛安娜·

〔註23〕〔美〕杜贊奇：《文化、權力與國家：1900～1942年的華北農村》（中譯本），江蘇人民出版社1994年。

〔註24〕〔美〕費正清：《劍橋中華民國史》（第二部）中譯本，上海人民出版社1992年，第374頁。

拉里對桂系的研究，並將桂系在廣西的建設與閻錫山在山西的建設比較而言，山西比廣西與其它省的交往密切，而且山西在商業和工業方面發達得多。二者的相似之處是都很務實嚴謹，相信軍人採用的方式，而不相信知識分子解決問題的方法，但雙方的差異更大。首先，閻錫山比桂系領袖受外國思想影響多，他雖反共，但對蘇俄以及蘇俄現代化建設的成就尊重，同時亦受歐洲專制法西斯運動的吸引。其次，閻錫山不像桂系領袖那樣相信可以通過軍隊化走上復興之路。他對地方控制依靠的是無所不在的警察力量，及其編村制度，而桂系是通過民團制度將對地方的控制與軍隊化結合在一起的。再次，閻錫山的政治立場也像桂系那樣明確，但他不在意如桂系領袖那樣，使自己在全國範圍成為一個受人矚目的政治人物。〔註25〕山西體制強調的是保守性的社會目標和道德維護；廣西則強調軍國主義和社區建設。二者都宣揚地方自治，但實質上是要強化官僚政治統治。〔註26〕

現代學者張鳴也對閻錫山的村本政治做過一定的反思，他認為「軍閥也是中國人，他們不見得全都沒有愛國心，或者一生中任何時候都對民族國家無動於衷，閻錫山在山西的村政改革，儘管他的著眼點是山西，軍閥割據式的，但有沒有包含尋求一條挽救中國農村危機的道路的意思，現在已經不太好說了，不過完全否認恐怕也缺乏根據。」〔註27〕筆者對此說法是較為認可的，由於辛亥後普遍王權的喪失，導致傳統的文化道德秩序崩潰，使得社會精英不得不考慮鄉村秩序的維繫或重構。閻錫山在晉省鄉村搞得「村本政治」或許正是這種現實的考慮和需要。

第三節　承繼性、現代化與地方意識：政治轉型期的多重面相

縱觀全文，筆者以為山西模式是在政治轉型中山西一直由閻錫山控制的

〔註25〕〔加拿大〕黛安娜·拉里著，陳仲丹譯：《中國政壇上的桂系》，江蘇教育出版社2010年，第242～243頁。申曉云：《桂系元戎——李宗仁》，蘭州大學1998年，第158頁。

〔註26〕〔美〕費正清：《劍橋中華民國史》（第二部）中譯本，上海人民出版社1992年，第375頁。

〔註27〕張鳴：《鄉村社會權力和文化結構的變遷（1903～1953）》，陝西人民出版社2008年，第76頁。

一種穩定且準獨立的軍紳秩序。它是政體變遷中國家權力、地方政治與個人行為三者要素合力作用的結果。首先，搞清山西模式是什麼的情況下，其次，要探究它能夠反映一些什麼問題？筆者認為可有以下三個方面的考慮：

一、歷史的承繼性與不可跨越性

　　山西模式是民國時期典型的一種地方主義，它與中國歷史上的地方主義有著一定的承繼關係。傳統的政治文化中，中央集權的大一統觀備受士人擁護，但大一統觀也時時受到地方本位的地方主義挑戰。帝制時代，每當大一統的中央皇權式微之時，一些平素自行其是的地方諸侯，就走向公開的地方主義，成為「反叛」中央的政治力量。千百年來，國家政治這種分分合合、治亂相繼的局面，由此得以延續。民國一代國家政治上的地方主義在相當程度上承繼了這種政治傳統，但也有所不同，那就是大一統觀的政治合法性理念由「忠君」變成了「民意」。〔註28〕政治內容雖有所變化，但社會演進仍呈現出了混亂時代軍事主義與精英政治的雙管齊下，特別是軍事強人在短暫時間內使亂的時代逐步過渡到有序。然嚴重的問題出現了，軍人控政的地方主義逐漸興盛。而且，這種政治地方主義在歷史車輪的滾動中頻頻出現，始終難以克服。它的存在一定意義上說明歷史演進中的不可跨越性。

　　事實上，這種歷史的承繼性與不可跨越性在「大一統」上也得到了很好的印證。民國北京政府的一段時間內，中國處於分裂性政治，但「大一統」的歷史觀念並沒有受到時人的質疑與否定，各種社會力量都為國家的統一在思考與努力。山西模式雖表現的是一種地方主義，但它在文化層面又對「大一統」頂禮膜拜，承認一個主權國家及一個中央政府，尤其是在一些重大的外交事件中，軍事強人閻錫山等是秉承中央意旨的，基本能夠與北京政府的步調一致。在由「民主共和」過渡到「以黨領政」模式後，各省紛紛走上「督撫式的革命」，在政治上仍保持了一種強烈的地方主義，但他們「革命」的行為卻表現得是一種「大一統」思想。這一複雜的社會表象充分體現了歷史的承繼性與不可跨越性特徵。

〔註28〕王續添：《經濟・文化・外力——民國地方主義成因探析》，《教學與研究》1999 年第 4 期。

二、山西模式與中國政治現代化進程之關係

　　山西模式是一種省主義的典型代表，如從中央集權與地方分權的角度來看，山西模式的地方主義色彩很強，它與中央頻繁地進行著權力與利益的博弈，在某種意義上閻錫山就是「國家」的權力象徵，猛烈地衝擊了以往「普天之下，莫非王土，率土之濱，莫非王臣」的君權至上觀念。這種地方分權有利於中國的政治民主化進程。此外，1912～1928 年期間，以士紳與學生、軍人爲代表的民眾參政現象很多，其積極性也很高。閻錫山控制的山西也不乏此例，許多士紳與學生的參政意識與活動對晉政權存在影響。這是中國走向政治民主化的一種良好勢頭。但是，政治制度化程度並不高，處於「新舊」轉型期的制度更新比較緩慢，士紳與學生只是中國人口極小的一個比例，而當時的軍人參政非常突出，傳統的文武關係發生變化，武人在政治中的角色影響較大，導致出現「武人主政文人代政」的局面。美國學者亨廷頓將這種武治主義稱爲「普力奪政體」。〔註29〕山西模式的軍紳政權組織同樣是以軍事主義見長，皇帝威權被閻錫山權威替代，閻的個人權威在晉省不容挑戰與質疑，而且他設計的用民制度加強了對基層社會的控制，形成了一套嚴密的村本政治制度，但它是以「官治」主導，而民眾的「民治」程度不是很高。故山西模式對晉省民眾來講，政治民主化步履維艱。

　　從國家「大一統」角度來看，領土完整和政治獨立亦是一個國家現代化的應有之義。正如美國學者齊錫生所言：「民眾的最大願望是通過權力和統一，實現民族主義，而不是繼續分裂的地方主義。地方主義只是作爲躲避內戰的暫時手段才被接受，如果那裡的民眾不響應，地方主義就不能紮根。因此，只有在幾個地方，如山西和東北，帶有鮮明地方特徵的軍閥統治取得了某些成功。」「全國一致的統一傾向，使所有軍閥的獨立政權的合法性很容易受到責難。國際關係在這方面要穩定得多，因爲領土完整和政治獨立是被普遍承認和遵守的。但是，在中國，各個軍閥的統治被認爲是不合法的。唯一被認爲完全合法的是在北京設有中央政府的統一國家，因此軍閥體系本身是

〔註29〕亨廷頓認爲，在政治制度化程度低而參與程度高的政治體制內，社會力量借助它們各自的方式直接在政治領域裏進行活動，稱這樣的政治體制爲普力奪政體是恰當的。〔美〕塞繆爾・P.亨廷頓：《變化社會中的政治秩序》（中譯本），上海人民出版社 2008 年，第 61 頁。

非法的，軍閥們沒有權利維持領土完整或政治獨立。」〔註30〕地方主義是一種對當地認同以及當地整合的強烈意識，這種意識顯然存在，它使當地能面對更大政體中的騷亂而具有凝聚力和穩定性。〔註31〕

　　而山西模式的存在恰恰是在短時期內阻礙了中國的政治獨立。對於像山西模式的這種軍事主義特徵與現代化之關係，美國學者韋幕庭亦有所論及「軍事主義是中國在二十世紀上半葉所面臨的三個主要問題之一。它與其它兩個相異的問題不可分地連接在一起，控制了中國人生活的重要方面以及中國國家和社會的現代化需要。我所說的『軍事主義』，指的是一種有組織的政治權力體系，其中武力在權力分配和政策確立上通常起著決定性的作用。在中國，從 1912 年開始，情況就是這樣。1950 年以前，軍事主義在中國特別具有另外一個特點，即權力的地區分配到了這樣一種程度，以至於沒有一個軍事權力機構能夠制服所有的對手，並建立一個統一、集中和等級制的政治結構。這是一個古老且經常發生的中國問題」。〔註32〕

　　從山西模式與現代化之關係來看，二者之間有著一種悖論，它們既存在一定的共性，也存有很多衝突。這種歷史現象的多個面相反映了社會演變進程中的矛盾性與複雜性。加拿大學者黛安娜‧拉里在研究民國時期的桂繫時也注意到了這一問題，認為「地方主義和國家主義並不一定是對立的，它們可以共存。」「實際上，即使是從幾乎完全相反的角度來看待地方主義的運作也不荒謬，可以把地方主義看作是將中國聯合在一起的力量。假如地方主義處於退縮狀態，是對中心衰落的反應，那麼它只是讓中國分裂為原先定好的部分，不會專斷地對之進行劃分。它這樣做的目的只是為了溝通，總是認為中心還會重新出現，地方主義作為一種政治力量會心甘情願地順從重新出現的中心。它為中心守住據點，保持了溝通已滅亡的舊秩序和將出現的新秩序之間的連續性。」〔註33〕

〔註30〕〔美〕齊錫生：《中國的軍閥政治》（1916～1928）中譯本，第 162 頁。
〔註31〕《中國政壇上的桂系》（中譯本），第 2 頁。
〔註32〕C. Martin Wilbur , Military separatism and the process of reunification under the Nationalist regime,1922-1937,in Hoping-ti and Tsou Tang, eds, China in crisis, 1, pp. 203-263. Chicage: Unversity of chicage press, 1968, pp. 203-204. 轉引自徐勇：《近代中國軍政關係與「軍閥」話語研究》，第 289 頁。
〔註33〕《中國政壇上的桂系》（中譯本），第 3、10 頁。

三、「社會精英創造歷史」

「人民群眾是歷史的創造者」這是一個不容爭辯的事實，但它在肯定民眾力量偉大的同時也在充分肯定著個人，特別是傑出人物在歷史演進中的作用。1911～1928 年政體變遷中的社會演變，始於個人在應對新世紀的挑戰中所出現的需要、動機和行為。〔註 34〕即在擴大政治參與的階段，政治行動的成功機會取決於不同的社會集團和不同類型的政治領袖。在傳統政治制度脆弱，或已崩潰或已被推翻的地方，具有超凡魅力的領袖常常能臨危受命，力圖以強大的個人號召力去彌補傳統和現代性之間的差距，足以推進制度化的發展，擔當起「偉大的立法者」或「開國之父」的角色。〔註 35〕筆者以為在社會轉型期的閻錫山在山西就充當了這種領袖角色。故在很大程度上可以說，閻錫山憑藉自己的個人魅力創建了山西模式這段歷史，他對山西模式的建立起著主觀性的重大推動作用。他使山西在全國處於動蕩與混亂之中保持了「有序」，實現了晉省社會的穩定與民眾的安居樂業，採取「中體西用」方式帶動了晉省農業、教育等的改革與發展，使封閉貧窮的山西有了新的面孔，而且閻對山西的治理得到了當時社會的廣泛贊同。由此可見，在中國官本位的社會中，以「官」為主的社會精英群體對國家與區域發展的帶動是必不可少的。

然而，中國社會長期存有一個困惑，即社會精英可以是軍閥嗎？軍閥對歷史有推動作用嗎？據當代學者徐勇在研究民國時期軍政關係與軍閥話語時的論斷，軍閥本是一個中性詞，但由於受「革命」話語的影響，它逐漸變為一個貶義詞。另據前人的研究成果，軍閥完全可以充當社會精英的角色，軍閥類型的精英也可創建歷史。如徐著中提及，對於當時中國分裂局勢的責任歸屬，社會主體輿論將其歸於軍閥，但羅素卻有不同看法，他肯定了軍閥督軍統治之下，社會經濟發展有了新氣象。〔註 36〕而且，羅素以為「督軍之在中國，雖容易獲得，卻不能常保其位。因為中國向來對於當兵多以為不名譽的事情，所以他們都是厭惡督軍。故這種因督軍之互相傾軋而生的無政府狀

〔註 34〕〔美〕張信：《二十世紀初期中國社會之演變——國家與河南地方精英 1900～1937》（中譯本），中華書局 2004 年，第 10 頁。

〔註 35〕〔美〕塞繆爾·P. 亨廷頓：《變化社會中的政治秩序》（中譯本），上海人民出版社 2008 年，第 195 頁。

〔註 36〕《近代中國軍政關係與「軍閥」話語研究》，第 313 頁。

態，也許就不會消滅。實在，就其間所生的禍害並沒有我們西人所設想那麼大。商業仍是日有發展，貯蓄銀行中也仍有不少款子。中國的地面與歐洲是差不多大小，但是她的無政府情狀，較之全歐洲卻還自愧勿如呢。」〔註37〕徐勇在其研究中亦認為「不宜將軍閥的標籤隨意貼在幾乎所有軍人身上，即便對於那些可以劃入軍閥範圍的軍人，也不能簡單化地加以全盤否定式的批評，需要客觀具體地分析其思想與作為。尤需注意的極端說法是，一些研究家將團長或旅長以上的軍人統統稱之為『軍閥』，不止是對於這些軍人的不公正，也是對於『研究與批判』話語的片面化與隨意化。」〔註38〕因此，可以肯定地說，某些軍閥在一定時期也是很有為的。

〔註37〕仲雲譯：《羅素論遠東問題》，《東方雜誌》（第二十二卷第五號），1925 年 3
月 10 日，第 39～40 頁。
〔註38〕《近代中國軍政關係與「軍閥」話語研究》，第 260 頁。

參考文獻

一、檔案資料

（一）未刊檔案

1. 《晉支部同盟會改組國民黨員》，B7-1-00001，太原：山西省檔案館。

2. 《山西省黨部組織系統表》，B7-1-00003，太原：山西省檔案館。

3. 《〈益世報〉刊登關於國民黨山西省黨部成立的材料》，B7-01-00003，太原：山西省檔案館。

4. 《山西省雁門道尹公署委任董秉錢等的通知》，B13-01-00001，太原：山西省檔案館。

5. 《山西省政府河東雁門道職員表》，B13-01-00002，太原：山西省檔案館。

6. 《山西省督軍公署化名冊》，B13-01-00003，太原：山西省檔案館。

（二）已出版檔案

1. 中國第一歷史檔案館：北京師範大學歷史系：《辛亥革命前十年間民變檔案史料》，北京：中華書局 1985 年。

2. 何智霖：《閻錫山檔案要電錄存》（第 1～9 冊），臺北：國史館印行 2003 年。

3. 葉健青：《閻錫山檔案要電錄存》（第 10 冊），臺北：國史館印行 2005 年。

4. 中國第二歷史檔案館：《善後會議》，檔案出版社 1985 年。

5. 中國第二歷史檔案館編：《中華民國史檔案資料彙編》（第一輯辛亥革命），南京：江蘇古籍出版社 1991 年。

6. 中國第二歷史檔案館：《中華民國史檔案資料彙編》（第二輯南京臨時政府），南京：江蘇古籍出版社 1991 年。

7. 中國第二歷史檔案館：《中華民國史檔案資料彙編》第三輯軍事（一）

（上），南京：江蘇古籍出版社 1991 年。

8. 中國第二歷史檔案館：《中華民國史資料彙編》第三輯軍事（二），南京：江蘇古籍出版社 1991 年。

9. 中國第二歷史檔案館：《中華民國史料長編》（第 25 冊），南京大學出版社 1993 年。

10. 中國第二歷史檔案館：《中國國民黨第一、二次全國代表大會會議史料》（上），江蘇古籍出版社 1986 年。

二、資料集

1. 馮玉祥：《我的生活》，哈爾濱：黑龍江人民出版社 1981 年。

2. 中國第二歷史檔案館：《馮玉祥日記》，南京：江蘇古籍出版社 1992 年。

3. 韓信夫、姜克文：《中華民國大事記》（一），北京：中國文史出版社 1997 年。

4. 蔣永敬：《北伐時期的政治史料——一九二七年的中國》，臺北：正中書局 1981 年。

5. 《李宗仁回憶錄》（下冊），南寧：廣西日報印刷廠 1980 年。

6. 《李大釗全集》（第四卷），石家莊：河北教育出版社 1999 年。

7. 劉大鵬著、喬志強整理：《退想齋日記》，太原：山西人民出版社 1990 年。

8. 羅家倫：《革命文獻》，臺灣：中國國民黨中央委員會黨史料編纂委員會 1953 年。

9. 季嘯風、沈友益：《中華民國史史料外編》（第 27 冊），桂林：廣西師範大學出版社 1996 年。

10. 全國協政文史資料研究委員會：《辛亥革命回憶錄》（第六集），北京：中華書局 1963 年。

11. 榮孟源：《中國國民黨歷次代表大會及中央全會資料》，光明日報出版社 1985 年。

12. 《山西村政彙編》，沈雲龍：《近代中國史料叢刊》第一編第九十八輯，臺北：文海出版社 1973 年。

13. 山西文史資料編輯部：《山西文史資料全編》（第七卷），山西省運城市福利文化用品廠 2001 年 3 月。

14. 《孫中山全集》第 9 卷，北京：中華書局 1986 年。

15. 天津編譯中心：《顧維鈞回憶錄》縮編（上），北京：中華書局 1997 年。

16. 《徐永昌日記》（第二冊），臺北：永裕印刷廠 1990 年。

17. 《閻伯川先生最近言論集》，B-0020，藏於山西省檔案館。

18. 閻伯川先生紀念會編：《民國閻伯川先生錫山年譜長編初稿》（一），臺灣

商務印書館股份有限公司 1988 年。

19.《閻伯川先生言論類編》（卷一、卷三上），B0018 和 B0019，藏於山西省
　　檔案館。

20.《閻司令長官抗戰復興言論集》，B-7、B-8、B-9，藏於山西省檔案館。

21.《閻錫山早年回憶錄》，傳記文學出版社 1968 年。

22.《閻錫山傳記資料》，臺灣天一出版社 1985 年。

23.《袁大總統書牘彙編》，上海：廣益書局 1920 年。

24. 曾業英：《蔡松坡集》，上海人民出版社 1984 年。

25. 章伯鋒：《北洋軍閥：1912～1928》，武漢出版社 1990 年。

26. 趙政民：《閻錫山軍事活動年譜》，太原：山西古籍出版社 1999 年。

27. 中國第二歷史檔案館：《蔣介石年譜初稿》，北京：檔案出版社 1982 年。

28. 中國史學會：《辛亥革命》（六），上海人民出版社 1957 年。

29. 中國史學會：《辛亥革命》（八），上海人民出版社 1957 年。

30. 卓遵宏：《國史擬傳》（第四輯），臺北：彙擇印刷有限公司 2001 年。

三、報刊雜誌

1.《晨報》

2.《晨鐘報》

3.《大公報》

4.《民國日報》

5.《申報》

6.《時報》

7.《政府公報》

8.《村治》

9.《村治月刊》

10.《東方雜誌》

11.《每周評論》

12.《現代評論》

四、專　著

（一）民國時期著作

1. 陳希周：《山西調查記》（上冊），南京共和書局 1923 年。

2. 郭葆琳：《山西地方制度調查書》，山東公立農業專門學校農業調查會刊
　　行 1935 年。

3. 《晉陽日報》卅週年紀念特刊：《三十年來之山西》，1936 年。

4. 賈士毅：《民國財政史》，上海商務印書館 1927 年印行。

5. 陸世益：《山西修路記》，出版地不詳，1921 年。

6. 全國經濟委員會經濟專刊第五種：《山西考察報告書》，1936 年。

7. 《山西村政彙編》，沈雲龍：《近代中國史料叢刊》第一編第九十八輯，臺灣文海出版社 1973 年 12 月前。

8. 山西省社會處：《山西省社政工作概況》。

9. 山西政書編輯處：《山西現行政治綱要》，大國民印刷廠 1921 年。

10. 現代化編譯社：《閻伯川先生與山西政治的客觀記述》，南京：中國文化服務社印刷廠 1946 年。

11. 王承基：《山西省疫事報告書》，上海中華書局，出版時間不詳。

12. 文公直：《最近三十年中國軍事史》（上冊），上海太平洋書店印行 1930 年。

13. 刑振基：《山西村政綱要》，晉新書社 1929 年。

14. 周成：《山西地方自治綱要》，上海：泰冬圖書局 1929 年。

15. 周宋康：《山西》，中華書局 1939 年。

（二）現當代著作

1. 艾斐、景占魁：《閻錫山》，河北人民出版社 1984 年。

2. 陳伯達等：《閻錫山批判》，新華書店晉察冀分店 1945 年。

3. 陳夥成：《國共合作北伐記》，軍事科學出版社 1996 年。

4. 陳少校：《閻錫山傳》，香港致誠出版社 1966 年。

5. 陳少校：《閻錫山之興與滅》，香港致誠出版社 1972 年。

6. 陳志讓：《軍紳政權——近代中國的軍閥時期》，桂林：廣西師範大學出版社 2008 年。

7. 鄧亦武：《1912～1916 年北京政府統治研究》，武漢：湖北人民出版社 2006 年。

8. 丁中江：《北洋軍閥史話》（四），臺北：遠景出版事業公司 1973 年。

9. 董江愛：《山西村治與軍閥政治》，北京：中國社會出版社 2002 年。

10. 杜維運：《史學方法論》，北京大學出版社 2006 年。

11. 高韜先：《辛亥革命》，上海時代書局 1950 年版。

12. 雒春普：《閻錫山傳》，山西人民出版社 2004 年。

13. 黃仁宇：《中國大歷史》，北京：三聯書店 2008 年。

14. 黃宗智：《中國研究的範式問題討論》，北京：社會科學文獻出版社 2003

年。

15. 郭彬蔚譯編：《日閻勾結實錄》，人民出版社 1983 年。

16. 韓玲梅：《閻錫山實用政治理念與村治思想研究》，人民出版社 2006 年。

17. 胡春惠：《民初的地方主義與聯省自治》，北京：中國社會科學出版社 2001 年。

18. 胡全福：《張學良與閻錫山秘聞錄》，東方出版社 2005 年。

19. 蔣順興、李良玉：《山西王閻錫山》，河南人民出版社 1990 年。

20. 景占魁：《閻錫山與同蒲鐵路》，山西人民出版社 2003 年。

21. 來新夏：《北洋軍閥史稿》，武漢：湖北人民出版社 1983 年。

22. 李德芳：《民國鄉村自治問題研究》，北京：人民出版社 2001 年。

23. 李茂盛：《閻錫山大傳》，太原：山西人民出版社 2010 年。

24. 李茂盛：《閻錫山晚年》，安徽人民出版社 1995 年。

25. 李茂盛等：《閻錫山全傳》，當代中國出版社 1997 年。

26. 李泰棻：《梁善濟與閻錫山爭奪山西省長內幕》，《文史資料存稿選編》（軍事派繫上），北京：中國文史出版社 2002 年。

27. 梁啟超：《中國歷史研究法》，上海古籍出版社 1998 年。

28. 梁漱溟：《鄉村建設理論》，上海人民出版社 2006 年。

29. 苗培成：《往事紀實》，臺北：正中書局 1979 年。

30. 苗挺：《三晉梟雄：閻錫山傳》，中國華僑出版社 2005 年。

31. 馬小芳：《中國共產黨與閻錫山集團統一戰線研究》，中共黨史出版社 2005 年。

32. 莫建來：《皖系軍閥統治史稿》，天津古籍出版社 2004 年。

33. 喬希章：《徐向前與閻錫山》，中國青年出版社 1991 年。

34. 山西省政協文史資料研究委員會：《閻錫山統治山西史實》，太原：山西人民出版社 1981 年。

35. 山西史志研究院：《山西通史》，北京：中華書局 1997 年。

36. 山西史志研究院：《山西通史》（近代卷卷陸），太原：山西人民出版社 2001 年。

37. 申國昌：《守本與開新：閻錫山與山西教育》，山東教育出版社 2008 年。

38. 申曉雲：《桂系元戎——李宗仁》，蘭州大學出版社 1998 年。

39. 唐德剛：《袁氏當國》，桂林：廣西師範大學 2004 年。

40. 陶菊隱：《北洋軍閥時期史話》（第二冊），北京：生活·讀書·新知三聯書店 1957 年。

41. 王東傑：《國家與學術的地方互動——四川大學國立化進程（1925～1939）》，北京：三聯書店 2005 年。

42. 王柯：《民族與國家：中國多民族統一國家思考的系譜》，中國社會科學出版社 2001 年。

43. 王奇生：《黨員、黨權與黨爭——1924～1949 年中國國民黨的組織形態》，上海書店 2003 年。

44. 王人博：《憲政文化與近代中國》，法律出版社 1997 年。

45. 王樹森：《閻錫山這個人》，上海人民出版社 1999 年。

46. 王翔：《閻錫山與晉系》，江蘇古籍出版社 1999 年。

47. 王向民：《民國政治與民國政治學：以 1930 年代爲中心》，上海：世紀出版集團 2008 年。

48. 王振華：《閻錫山傳》，北京：團結出版社 1898 年。

49. 魏宏運：《中國近代歷史的進程》，廣東人民出版社 1989 年。

50. 文聞：《晉綏軍集團軍政秘檔》，中國文史出版社 2009 年。

51. 吳文蔚：《閻錫山傳》，臺中文宏美術印刷廠 1983 年。

52. 夏明方：《民國時期自然災害與鄉村社會》，北京：中華書局 2000 年。

53. 相從智：《中外學者論張學良楊虎城和閻錫山》，人民出版社 1995 年。

54. 謝本書：《袁世凱與北洋軍閥》，上海：上海人民出版社 1984 年。

55. 徐勇：《近代中國軍政關係與「軍閥」話語研究》，北京：中華書局 2009 年。

56. 《閻錫山和山西省銀行》，中國社會科學出版社 1980 年。

57. 楊奎松：《國民黨的「聯共」與「反共」》，北京：社會科學文獻出版社 2008 年。

58. 楊天宏：《政黨建置與民國政制走向》，北京：社會科學文獻出版社 2008 年。

59. 于建嶸：《岳村政治——轉型期中國鄉村政治結構的變遷》，北京：商務印書館 2001 年。

60. 岳謙厚、段彪瑞：《媒體·社會與國家：〈大公報〉與 20 世紀初期之中國》，北京：中國社會科學出版社 2008 年。

61. 曾成貴、江抗美：《國共合作的北伐戰爭》，河南人民出版社 1986 年。

62. 曾華璧：《民初時期的閻錫山——民國元年至十六年》，臺北：臺灣大學出版委員會 1981 年。

63. 張紀仲：《山西歷史政區地理》，太原：山西古籍出版社 2005 年。

64. 張鳴：《鄉村社會權力和文化結構的變遷》，西安：陝西人民出版社 2008

年。

65. 張玉法：《中國現代政治史論》，臺灣東華書局 1988 年。

66. 中共中央黨校編寫組：《閻錫山評傳》，中共中央黨校出版社 1991 年。

67. 中國第二歷史檔案館：《善後會議》，檔案出版社 1985 年。

68. 中國社會科學院近代史研究所民國史研究室、四川師範大學歷史文化學院：《一九一○年代的中國》，北京：社會科學文獻出版社 2007 年版。

69. 中國社會科學院近代史研究所民國史研究室、四川師範大學歷史文化學院：《一九二○年代的中國》，北京：社會科學文獻出版社 2005 年。

70. 周俊旗、汪丹：《民國初年的動盪——轉型期的中國社會》，天津人民出版社 1996 年。

（三）譯　著

1. 〔澳大利亞〕費約翰：《喚醒中國——國民革命中的政治、文化與階級》（中譯本），北京：生活・讀書・新知三聯書店 2004 年。

2. 〔德〕馬克斯・韋伯：《經濟與社會》（上、下卷），北京：商務印書館 2006 年。

3. 〔法〕盧梭：《社會契約論》（中譯本），北京：商務印書館 1980 年。

4. 〔加拿大〕黛安娜・拉里：《中國政壇上的桂系》（中譯本），南京：江蘇教育出版社 2010 年。

5. 〔美〕丹尼斯・朗：《權力論》（中譯本），北京：中國社會科學出版社 2001 年。

6. 〔美〕李懷印：《華北村治——晚清和民國時期的國家與鄉村》（中譯本），北京：中華書局 2008 年。

7. 〔美〕吉爾伯特・羅茲曼：《中國的現代化》（中譯本），南京：江蘇人民出版社 2003 年。

8. 〔美〕柯文：《歷史三調——作為事件、經歷和神化的義和團》（中譯本），南京：江蘇人民出版社 2005 年。

9. 〔美〕拉爾夫・爾・鮑威爾：《中國軍事力量的興起：1895～1912》（中譯本），北京：中國社會科學出版社 1979 年。

10. 〔美〕齊錫生：《中國的軍閥政治（1916～1928）》（中譯本），北京：中國人民大學出版社 1991 年。

11. 〔美〕塞繆爾・P. 亨廷頓：《變化社會中的政治秩序》（中譯本），上海：上海人民出版社 2008 年。

12. 〔美〕唐納德・G・季林：《閻錫山研究——一個美國人筆下的閻錫山》（中譯本），哈爾濱：黑龍江教育出版社 1990 年。

13. 〔美〕王國斌：《轉變的中國——歷史變遷與歐洲經驗的局限》（中譯本），

南京：江蘇人民出版社 2008 年。

14. 〔美〕詹姆斯・R・湯森、布蘭特利・沃馬克：《中國政治》（中譯本），南京：江蘇人民出版社 2007 年。

15. 〔美〕張信：《二十世紀初期中國社會之演變 —— 國家與河南地方精英 1900～1937》（中譯本），北京：中華書局 2004 年。

16. 〔美〕周錫瑞：《改良與革命 —— 辛亥革命在兩湖》（中譯本），南京：江蘇人民出版社 2007 年。

17. 王笛：《街頭文化 —— 成都公共空間、下層民眾與地方政治，1870～1930》（中譯本），北京：中國人民大學出版社 2006 年。

五、期刊論文

（一）民國時期期刊論文

1. 段掞庭：《建設村本政治與村治前途的障礙》，《村治月刊》1929 年第一卷第四期。

2. 李樸生：《山西村政的「白麵」問題》，《村治》1930 年第一卷第八期。

3. 梁漱溟：《北遊所見紀略》，《村治月刊》1929 年第一卷第四期。

4. 呂振羽：《北方自治考察記》，《村治月刊》1929 年第一卷第一期。

5. 呂振羽：《鄉村自治問題》，《村治月刊》1929 年第一卷第六期。

6. 米迪剛：《山西鑿泉計劃案》，《村治月刊》1929 年第一卷第八期。

7. 茹春蒲：《山西村治之實地調察》，《村治月刊》1929 年第一卷第七期。

8. 《山西各編村勤儉會之組織》，《村治月刊》1929 年第一卷第三期。

9. 王鴻一：《建設村本政治》，《村治月刊》1929 年第一卷第一期。

10. 王景尊：《開發山西礦業計劃》，《村治月刊》1929 年第一卷第二期。

（二）現當代期刊論文

1. 陳芳：《閻錫山的倫理道德觀》，《晉陽學刊》2011 年第 1 期。

2. 成新文：《早年閻錫山的儒學情結》，《晉陽學刊》1999 年第 5 期。

3. 崔海霞、丁新豔：《閻錫山與山西的工業近代化（1912～1930）》，《晉陽學刊》2003 年第 1 期。

4. 董江愛：《山西編村制度研究》，《山西大學學報》2003 年第 1 期。

5. 董江愛：《民國初期山西地力和人力開發》，《生產力研究》2002 年第 6 期。

6. 董江愛：《論閻錫山統治下的村治腐敗與權力失衡》，《晉陽學刊》2002 年第 6 期。

7. 董江愛：《村民自辦還是政府官辦？ —— 與孟令梅先生商榷》，《晉陽學

刊》2002 年第 2 期。

8. 段雲章：《孫中山與陳炯明的合與離》，《民國檔案》1989 年第 2 期。

9. 樊卡婭：《毛澤東爭取閻錫山合作抗日的前前後後》，《晉陽學刊》2005 年第 4 期。

10. 范力：《閻錫山與中原大戰》，《歷史教學》1993 年第 4 期。

11. 付尚文：《清末山西編練新軍及辛亥革命時期閻錫山充任晉省都督紀實》，《河北大學學報》1979 年第 1 期。

12. 郭學旺：《閻錫山與傳統儒學》，《晉陽學刊》1994 年第 4 期。

13. 郭友亮：《論閻錫山「村治」改革的措施和成效》，《農業考古》2008 年第 3 期。

14. 韓信夫：《閻錫山的黨統主張與北平擴大會議》，《民國檔案》1994 年第 2 期。

15. 賀淵：《1912～1927 年閻錫山治晉思想初探》，《近代史研究》1998 年第 1 期。

16. 黃敏：《馮玉祥與大革命的時局演變》，《求索》2006 年第 7 期。

17. 賈雙全、成新文：《閻錫山與山西商人》，《晉陽學刊》2001 年第 4 期。

18. 蔣永敬、莊淑紅：《「督撫革命」與「督撫式的革命」》，（上海）《近代中國》（第十八輯）2007 年。

19. 金以林：《寧粵對峙前後閻錫山的反蔣倒張活動》，《近代史研究》2005 年第 5 期。

20. 景占魁：《評辛亥革命後的閻錫山》，《晉陽學刊》2002 年第 6 期。

21. 景占魁：《應當肯定閻錫山在辛亥革命中的作用》，《晉陽學刊》1986 年第 6 期。

22. 景占魁：《簡論閻錫山在山西的經濟建設》，《晉陽學刊》1994 年第 3 期。

23. 景占魁：《論閻錫山的教育思想》，《晉陽學刊》1993 年第 2 期。

24. 景占魁：《簡評抗戰時期的閻錫山》，《晉陽學刊》1989 年第 5 期。

25. 景占魁：《閻錫山經濟思想簡論》，《晉陽學刊》1991 年第 5 期。

26. 景占魁：《論閻錫山的軍火工業》，《晉陽學刊》2000 年第 4 期。

27. 孔祥毅：《閻錫山的貨幣金融思想與實踐》，《山西財經大學學報》1993 年第 5 期。

28. 李德芳：《閻錫山與山西村制變革》，《晉陽學刊》2001 年第 5 期。

29. 李穎：《大革命時期的共產國際與中國國民黨》，《民國檔案》2006 年第 3 期。

30. 梁四寶、劉卓珺：《從西北實業公司看閻錫山的用人思想與實踐》，《晉陽

學刊》2001 年第 3 期。

31. 梁四寶、張宏：《閻錫山與山西公路建設》，《山西大學學報》2004 年第 2 期。

32. 劉存善：《閻錫山在山西長期執政的原因》，《晉陽學刊》2000 年第 2 期。

33. 劉峰搏：《閻錫山與一九二七年山西易幟考論──以中央與地方關係爲透視點》，《山西師大學報》2008 年第 2 期。

34. 劉建生、劉鵬生：《閻錫山與山西商業貿易》，《晉陽學刊》1996 年第 2 期。

35. 劉曼容：《孫中山對馮玉祥北京政變的認識變化考析》，《學術研究》2004 年第 11 期。

36. 劉書禮、張生：《略論閻錫山與晉系軍閥的崛起》，《山西大學學報》1995 年第 1 期。

37. 魯輝：《論閻錫山與蔣介石的政治關係》，《晉陽學刊》1992 年第 5 期。

38. 羅志田：《五四前夕士人心態與政治》，《歷史研究》2006 年第 4 期。

39. 羅志田：《「有道伐無道」的形成：北伐前夕南方的軍事整合及南北攻守勢易》，《中國社會科學》2003 年第 5 期。

40. 羅志田：《北伐前期美國政府對中國革命的認知與對策》，《中國社會科學》1997 年第 6 期。

41. 羅志田：《北伐前夕北方軍政格局的演變：1924～1926 年》，《史林》2003 年第 1 期。

42. 羅志田：《從新文化運動到北伐的文化與政治》，《社會科學研究》2006 年第 4 期。

43. 羅志田：《對共和體制的失望：梁濟之死》，《近代史研究》2006 年第 5 期。

44. 羅志田：《林紓的認同危機與民初的新舊之爭》，《歷史研究》1995 年第 5 期。

45. 羅志田：《民族主義與民國政治》，《開放時代》2000 年第 5 期。

46. 羅志田：《南北新舊與北伐成功的再詮釋》，《開放時代》2000 年第 9 期。

47. 羅志田：《天下與世界：清末士人關於人類社會認知的轉變──側重梁啓超的觀念》，《中國社會科學》2007 年第 5 期。

48. 羅志田：《五代式的民國：一個憂國知識分子對北伐前數年政治格局的即時觀察》，《近代史研究》1999 年第 4 期。

49. 羅志田：《西方的分裂：國際風雲與五四前後中國思想的演變》，《中國社會科學》1999 年第 3 期。

50. 羅志田:《中外矛盾與國內政爭:北伐前後章太炎的「反赤」活動與言論》,《歷史研究》1999 年第 6 期。

51. 莫世祥:《廣州「正式政府」述論》,《廣東社會科學》,1991 年第 4 期。

52. 齊春風:《北平黨政商與濟南慘案後的反日運動》,《歷史研究》2010 年第 2 期。

53. 任振河:《張學良五訪閻錫山》,《近代史研究》1994 年第 2 期。

54. 孫小金:《儒家聖人政治與西方契約政治比較》,《深圳大學學報》2005 年第 3 期。

55. 田西如:《閻錫山與日本軍國主義的關係》,《晉陽學刊》1993 年第 5 期。

56. 王貴安:《閻錫山守土抗戰原因探析》,《山西師大學報》1995 年第 2 期。

57. 王金海:《閻錫山的限共政策》,《晉陽學刊》1984 年第 6 期。

58. 王金香:《閻錫山禁煙述評》,《晉陽學刊》1995 年第 2 期。

59. 王靜:《閻錫山與西安事變》,《晉陽學刊》1994 年第 2 期。

60. 王明星:《閻錫山與山西窄軌鐵路》,《中國社會經濟史研究》1997 年第 4 期。

61. 王奇生:《「革命」與「反革命」:一九二○年代中國三大政黨的黨際互動》,《歷史研究》2004 年第 5 期。

62. 王奇生:《北伐中的漫畫與漫畫中的北伐》,《南京大學學報》2004 年第 3 期。

63. 王奇生:《清黨以後國民黨的組織蛻變》,《近代史研究》2003 年第 5 期。

64. 王先明:《歷史記憶與社會重構——以清末民初「紳權」變異爲中心的考察》,《歷史研究》2010 年第 3 期。

65. 王續添:《民國時期的地方心理觀念論析》,《史學月刊》1999 年第 4 期。

66. 王續添:《經濟‧文化‧外力——民國地方主義成因探析》,《教學與研究》1999 年第 4 期。

67. 謝俊美:《略論聯邦制和聯省自治運動》,《華東師範大學學報》1995 年第 5 期。

68. 楊奎松:《「容共」,還是「分共」?——1925 年國民黨因「容共」而分裂之緣起與經過》,《近代史研究》2002 年第 4 期。

69. 楊天宏:《國民黨與善後會議關係考析》,《近代史研究》2000 年第 3 期。

70. 楊天石:《論 1927 年閻錫山易幟》,《民國檔案》1993 年第 4 期。

71. 楊天石:《蔣介石與前期北伐戰爭的戰略策略》,《歷史研究》1995 年第 2 期。

72. 閻鍾、劉書禮：《略論閻錫山與山西的軍事工業》，《山西大學學報》1996年第 4 期。

73. 葉昌綱、黃仁傑：《閻錫山與日本的前期關係》，《晉陽學刊》1984 年第 5 期。

74. 葉昌綱、劉書禮：《四十年來閻錫山研究概觀》，《山西大學學報》1994年第 2 期。

75. 葉昌綱：《閻錫山的日本觀》，《山西大學學報》1993 年第 4 期。

76. 葉世昌：《閻錫山的物產證券論和孫冶方對它的批判》，《復旦學報》1994年第 1 期。

77. 岳謙厚、許永峰、劉潤民：《1930 年代閻錫山之「土地村公有」理論——以〈大公報〉報導及其所刊文章爲中心的討論》，《山西大學學報》（哲社版）2007 年第 6 期。

78. 曾景忠：《九一八事變後閻錫山的擁蔣統一立場——對閻錫山與蔣介石關係的一段側面觀察》，《山西師大學報》1994 年第 10 期。

79. 曾謙：《近代山西的農業問題及其解決》，《農業考古》2008 年第 6 期。

80. 曾業英：《論一九二八年的東北易幟》，《歷史研究》2003 年第 2 期。

81. 張廣漢、葉昌綱：《閻錫山私通日本的歷史考察》，《抗日戰爭研究》1997年第 4 期。

82. 張啓耀：《南京國民政府前期山西農民生活水平分析》，《中國經濟史研究》2009 年第 1 期。

83. 張穎、王振坤：《抗戰時期閻錫山與日本的秘密勾結》，《歷史教學》1987年第 5 期。

84. 鄭永福：《「聯治」思潮與軍閥「聯省自治」評析》，《史學月刊》1985 年第 3 期。

85. 智效民：《抗戰前閻錫山同蔣介石的關係》，《晉陽學刊》1995 年第 4 期。

86. 智效民：《閻錫山與辛亥革命的幾個問題》，《晉陽學刊》1992 年第 1 期。

87. 祖秋紅：《「山西村治」所體現的文化問題》，《首都師範大學學報》2003年 S1 期。

六、碩博論文

1. 安曉輝：《中國共產黨與閻錫山抗日民族統一戰線研究》，廈門大學 2007年碩士論文。

2. 韓玲梅：《閻錫山實用政治理念與村治思想研究》，南開大學 2004 年博士論文。

3. 劉輝：《解放戰爭時期閻錫山政權與美國特殊利益關係述評》，中國人民大學 2005 年碩士論文。

4. 龍石川：《現代化的儒學實踐——以閻錫山為例》，臺灣政治大學 2006 年碩士論文。

5. 馬小芳：《中國共產黨與閻錫山集團抗日民族統一戰線研究：1936～1940》，中國人民大學 2003 年博士論文。

6. 中國昌：《守土經營與模範治理的雙重變奏——閻錫山與山西教育》，華中師範大學 2007 年博士論文。

7. 武菁：《閻錫山政治思想及其實踐研究》，南京大學 2010 年博士論文。

8. 楊東生：《閻錫山的軍事工業建設思想研究》，國防科學技術大學 2009 年碩士論文。

後　記

　　書稿是在博士論文基礎上修改而成的，同時也獲得教育部人文社會科學研究青年基金項目「政制轉型與山西政治秩序重構研究（1911～1928）」（項目編號爲 12YJC770072）的資助。課題的立項對於一個後學來說是一種莫大的鼓勵和支持，不過不負重託，課題終於還是完成了。

　　本書稿在撰寫中得師長、同學和親人助益甚多。首要感謝我的博士生導師申曉雲教授和李玉教授，二人高尚的人格、淵博的學識和嚴謹的學問是我做人和求學的重要「導航」。同時要感謝對我人生起過轉折作用的碩導岳謙厚教授，他指引我踏上了學問的探求之路。發自內心的感激他們，如果沒有他們的幫助，我眞的不知道能不能寫出這本書。當然也要眞誠感謝南京大學張憲文教授、崔之清教授、陳謙平教授、張生教授、馬俊亞教授，山西大學的衛廣來教授、行龍教授、李書吉教授、郭衛民教授、王守恩教授、郝平教授、李模教授、周山仁博士和吳文清教授，以及在查閱資料過程中給予我諸多幫助的各位老師。

　　當然，在我求學過程中，我的同學和朋友都在默默地地支持我，盡最大努力幫助我，尤其值得感謝的同學是李衛平、董春燕、馬超、童振華、費晟、朱明軒、崔衛東、孟春波、李寧和武永平，對於他們無私的幫助，我不知道何以爲報，只能通過自己的刻苦努力，取得更多成就，這或許就是他們期望得到的回報吧。

　　衷心感謝父母的艱辛養育，妻子的大力支持，女兒的快樂成長。感謝臺灣花木蘭文化出版社對大陸學術文化和年青人的鼎力支持。

2015 年 3 月